人力资源和社会保障法治宣传教育丛书
全国人力资源和社会保障“七五”普法教材

法治建设读本

全国人力资源和社会保障系统法治宣传教育领导小组办公室 组织编写

中国劳动社会保障出版社

图书在版编目(CIP)数据

法治建设读本/全国人力资源和社会保障系统法治宣传教育领导小组办公室组织编写. -- 北京：中国劳动社会保障出版社，2018
(人力资源和社会保障法治宣传教育丛书)
ISBN 978-7-5167-3727-9

Ⅰ.①法…　Ⅱ.①全…　Ⅲ.①社会主义法制-建设-研究-中国
Ⅳ.①D920.0

中国版本图书馆 CIP 数据核字(2018)第 274410 号

中国劳动社会保障出版社出版发行
(北京市惠新东街 1 号　邮政编码：100029)
*
三河市潮河印业有限公司印刷装订　　新华书店经销
880 毫米×1230 毫米　32 开本　11.25 印张　296 千字
2018 年 12 月第 1 版　　2018 年 12 月第 1 次印刷
定价：45.00 元

读者服务部电话：(010) 64929211/84209101/64921644
营销中心电话：(010) 64962347
出版社网址：http://www.class.com.cn

编辑说明

根据党中央、国务院关于开展第七个五年法治宣传教育的工作部署和全国普法办公室的要求，结合人力资源社会保障系统普法工作的需要，我们组织编写了全国人力资源和社会保障“七五”普法教材之《法治建设读本》一书。

全国人力资源和社会保障“七五”普法教材按照法治建设、就业创业、社会保障、人才队伍建设、劳动关系和收入分配五个业务内容分册出版。《法治建设读本》共分为八章，系统介绍了法学基础理论、立法与法律实施、人力资源和社会保障法律制度、行政许可、行政处罚、行政复议、行政诉讼以及国家赔偿制度等内容，同时附录了常用法律法规汇编。各个部分基本按照概念特征、程序规范、相关规定的结构编排，以便广大读者查阅。

本书收录了截至2018年10月有效的政策法规文件，出版后被修改或者被废止的，以新情况为准。

参与本书编写的人员有（按姓氏笔画排序）：马玉珍、王学琳、孔德美、冉新民、乐亦博、吕鸿雁、刘呈祥、芮立新、来蕾蕾、邹方哲、陈彤、孟晗、袁山、高永贤、高明、崔丽杰、康朝勇、蒋慕鸿、谭超运。

编　者

2018年10月

目　录

第一章　法学基础理论 …………………………………… (1)
　第一节　法的概念、特征和本质 ……………………… (1)
　第二节　法的形式和效力 ……………………………… (3)
　第三节　法的要素 ……………………………………… (13)
　第四节　法律行为和法律关系 ………………………… (15)
　第五节　法律责任 ……………………………………… (27)
第二章　立法与法律实施 ………………………………… (31)
　第一节　立法的概念和原则 …………………………… (31)
　第二节　立法体制和程序 ……………………………… (34)
　第三节　法律实施检查 ………………………………… (47)
　第四节　人力资源和社会保障立法与法律实施 …… (51)
第三章　人力资源和社会保障法律制度 ……………… (59)
　第一节　劳动就业法律制度 …………………………… (59)
　第二节　社会保障法律制度 …………………………… (81)
第四章　行政许可 ………………………………………… (103)
　第一节　行政许可概述 ………………………………… (103)
　第二节　行政许可标准化 ……………………………… (108)
第五章　行政处罚 ………………………………………… (115)
　第一节　行政处罚概述 ………………………………… (115)
　第二节　行政处罚程序 ………………………………… (120)

第三节　现行人力资源和社会保障行政处罚制度 …（125）
第六章　行政复议 ……（155）
第一节　行政复议概述 ……（155）
第二节　行政复议受案范围 ……（156）
第三节　行政复议管辖 ……（161）
第四节　行政复议当事人 ……（162）
第五节　行政复议程序 ……（165）
第六节　违反行政复议法的责任 ……（178）
第七章　行政诉讼 ……（180）
第一节　行政诉讼概述 ……（180）
第二节　行政诉讼受案范围 ……（182）
第三节　行政诉讼管辖 ……（188）
第四节　行政诉讼参加人 ……（194）
第五节　行政诉讼证据 ……（199）
第六节　行政诉讼程序 ……（202）
第八章　国家赔偿制度 ……（209）
第一节　国家赔偿的概念 ……（209）
第二节　国家赔偿的归责原则 ……（210）
第三节　行政赔偿的范围 ……（211）
第四节　行政赔偿请求和赔偿义务机关 ……（214）
第五节　行政赔偿程序 ……（216）
第六节　行政赔偿的追偿与追惩制度 ……（218）
第七节　国家赔偿的方式 ……（219）
第八节　国家赔偿的计算标准 ……（220）
附录　常用法律法规汇编 ……（223）
中华人民共和国宪法修正案（2018 年 3 月 11 日） …（223）

中华人民共和国行政诉讼法（2017 年 6 月 27 日第二次修正） …………………………………… (229)
中华人民共和国国家赔偿法（2012 年 10 月 26 日第二次修正） …………………………………… (248)
中华人民共和国行政处罚法（2017 年 9 月 1 日第二次修正） …………………………………… (259)
中华人民共和国行政复议法（2017 年 9 月 1 日第二次修正） …………………………………… (270)
中华人民共和国立法法（2015 年 3 月 15 日修正） … (280)
中华人民共和国行政许可法（2003 年 8 月 27 日） … (302)
中华人民共和国行政强制法（2011 年 6 月 30 日） … (318)
人力资源社会保障部关于印发《全国人力资源社会保障系统法治宣传教育第七个五年规划（2016—2020年）》的通知（2016 年 8 月 23 日） …………… (333)
人力资源社会保障部关于印发《人力资源和社会保障法治建设实施纲要（2016—2020 年）》的通知（2016 年 9 月 2 日） ………………………………… (341)

第一章　法学基础理论

第一节　法的概念、特征和本质

一、法的概念

“法”与“法律”在规范性的语汇中有着十分明显的区别。“法”在拉丁文、法语、德语、意大利语、西班牙语等西方语汇中，均表示“权利”“公平”“正义”等较为抽象的含义。“法律”则表示“规范”“规则”等具体的、明确的含义。所以，西方学者把“法”视为永恒的、具有普遍意义的正义原则和道德公理，称其为自然法；把“法律”视为由国家立法机关制定与颁布的具体行为规则，称其为制定法。

在我国，一般不对“法”和“法律”加以严格区分，常混合使用，指通过设定某种权利和义务，去规范人们（包括自然人和法人）的行为，从而确认、保护和发展一定的社会关系和社会秩序的行为规则。

“法”在现代汉语中有广义和狭义之分。广义的法，是指法的整体，包括由国家制定的宪法、法律、法令、条例、决议、指令、规章等规范性法律文件和国家认可的惯例、习惯、判例、法理等。狭义的法，是指拥有立法权的国家机关根据法定权限，依照法定程序所制定的规范性法律文件。

二、法的基本特征

总结以往法学研究的成果，可以把法的特征概括为以下四个方面。

（一）法是调整人的行为的社会规范

首先，在社会体系中，法属于社会规范的范畴。作为社会规范，法既区别于思想意识和政治实体，又区别于非规范性的决定、命令。其次，法的调整对象是人的行为，也可以说是社会关系。因为社会关系不过是人与人之间的行为互动或交互行为，法调整人的行为，同时也就调整了社会关系。作为法的调整对象的行为，是指人的外在行为。

（二）法是出自国家的社会规范

法是由国家制定或认可的，必然具有国家意志的属性，具有高度的统一性和普遍适用性。法的统一性首先体现为各个法律在根本原则上的一致；其次是一般情况下，一个国家只能有一个总的法律体系，且该法律体系内部各个法律之间不能相互矛盾。从法的统一性又可以引申出法的普遍适用性，即法在本国主权范围内具有普遍约束力，所有国家机关、社会组织和个人都必须遵守。

（三）法是规定权利和义务的社会规范

法是通过对人们权利和义务的规范来构建机制，影响并指引人们的行为动机，从而调整社会关系。法律通过规定权利，使人们获得某种利益或自由；义务则意味着人们必须作或者不作一定行为。正是由于法通过规定权利和义务的方式调整人们的行为，因此，一系列法定的权利和义务成为人们在法律上地位的体现。

（四）法是由国家保证实施的社会规范

法是以国家强制力为后盾，由国家强制力保证实施的。法的国家强制性，既表现为国家对违法行为的否定和制裁，又表现为国家对合法行为的肯定和保护；既表现为国家机关依法行使权力，又表现为公民可以依法请求国家保护其合法权利。是否具有国家强制力，是衡量一项规范是否为法的决定性标准。

三、法的本质

法的本质可以归结为两个方面。

（一）法是统治阶级意志的体现

法是意志的产物，属于社会结构中的上层建筑。法不论是由统治阶级的代表集体制定的，还是由最高政治权威个人发布的，其反映的都是统治阶级的阶级意志，代表着统治阶级的整体利益，而不是某个人的利益。而统治阶级意志本身也不是法，只有“被奉为法律”才是法。“奉为法律”，就是经过国家机关把统治阶级的意志上升为国家意志，并客观化为法律。

（二）法的内容是由统治阶级的社会物质生活条件决定的

社会物质生活条件指与人类生存相关的地理环境、人口和物质资料的生产方式，其中，物质资料的生产方式是决定性内容。生产方式是生产力与生产关系的对立统一，生产力代表人与自然界的关系，生产关系代表生产过程中发生的人与人的关系。生产方式是根本因素。除了社会物质生活条件以外，政治、思想、道德、文化、历史传统、民族、科技等因素也对统治阶级的意志和法律制度产生不同程度的影响。

在法的阶级性与社会物质生活条件的制约性的关系上，我们强调社会物质生活条件是法的更深层次的本质，不是要用社会物质生活条件的制约性去否定阶级性。在马克思主义的理论体系中，法的阶级性与社会物质生活条件的制约性是统一的。第一，社会物质生活条件都是由一定的阶级，即统治阶级来代表的。第二，社会物质生活条件只有通过统治阶级及其国家的意志这个必不可少的中介，才能体现在法律中。第三，马克思主义关于阶级和阶级斗争的学说正是从社会物质生活条件的分析中得出的。

第二节　法的形式和效力

一、法的形式

法的形式指具体的法的外部表现形态，它所指称的主要是法由何种国家机关制定或认可，具有何种表现形式。法的形式表明法所存在的方式，是一国的法和法律规范的既成产品，是以一定形式存在的已然的法。法的形式问题有重要意义。

首先，法的形式是区分法与其他社会规范的一个重要标志。不是所有的社会规范都是法，只有具备法的形式的社会规范才是法。要把某种意志上升为法，必须使这种意志采取法的表现形式。

其次，不同法的形式由不同国家机关或主体产生，立法主体应就自己所能产生的法的形式立法，不能产生不属于自己权限范围的法的形式。研究法的形式有助于解决什么样的国家机关有权产生什么形式的法的问题。

再次，不同法的形式可表现不同法的效力等级，研究法的形式有助于明了哪些法的效力更高，什么样的法具有最高效力，以采取适当的法的形式表现不同法的效力等级。

最后，不同法的形式适合于调整不同的社会关系，亦有不同技术特点。研究法的形式，有助于采取适当的法的形式调整一定的社会关系，运用特定立法技术制定或认可特定形式的法，也有助于适用、实现相应的法的形式。

二、当代中国主要的法的形式

我国法的形式的一个显著特征是，自古以来形成了法的形式以成文法为主的传统。当代中国成文法形式包括：宪法、法律、行政法规、地方性法规、自治条例和单行条例、行政规章、特别行政区法、国际条约。其中，宪法及法律、行政法规在我国法的形式体系中分别居于核心地位和重要地位。不成文法主要是政策、习惯和判例，在我国法的形式中处于次要和附属地位，作为我国法的形式的补充。当代中国法的形式主要有：

（一）宪法

宪法既是法的形式概念，也是法的体系概念。作为法的形式，宪法是国家最高权力机关经由特殊程序制定和修改的，综合性地规定国家、社会和公民生活的根本事项的，具有最高的法的效力的一种法。

根据《中华人民共和国宪法》（以下简称《宪法》）第六十二条的规定，只有全国人民代表大会有权进行宪法修改。我国现行《宪法》自颁布实施以来，先后作过五次修改，共有52条修正案，分别是：1988年4月12日，第七届全国人民代表大会第一次会议通过的宪法修正案，共2条；1993年3月29日，第八届全国人民代表大会第一次会议通过的宪法修正案，共9条；1999年3月15日，第九届全国人民代表大会第二次会议通过的宪法修正案，共6条；2004年3月14日，第十届全国人民代表大会第二次会议通过的宪法修正案，共14条；2018年3月11日，第十三届全国人民代表大会第一次会议通过的宪法修正案，共21条。

（二）法律

这里所说的法律，是指作为当代中国法的形式的一种，不是各种法的总称。法律是由全国人民代表大会及其常务委员会根据法定职权和程序制定和修改的，规定和调整国家、社会和公民生活中某一方面带有根本性的社会关系或基本问题的法，是我国法的形式体系的主导。

（三）行政法规

行政法规是由最高国家行政机关国务院依法制定和修改的，有关行政管理和管理行政两方面事项的规范性法律文件的总称。

（四）地方性法规

地方性法规由特定地方人民代表大会及其常务委员会依法制定和变动，效力不超出本行政区域范围。作为地方司法依据之一，地方性法规是在法的形式体系中具有基础作用的规范性法律文件的总称。

（五）自治法规

自治法规，是民族自治地方的权力机关所制定的特殊地方规范性法律文件即自治条例和单行条例的总称。自治条例，是民族自治地方根据自治权制定的综合的规范性法律文件。单行条例，是民族自治地方根据自治权制定的调整某一方面事项的规范性法律文件。

（六）行政规章

行政规章是有关行政机关依法制定的事关行政管理的规范性法

律文件的总称，分为部门规章和地方政府规章。部门规章，是国务院所属部委根据法律和国务院行政法规、决定、命令，在本部门的权限内所发布的各种行政性的规范性法律文件，亦称部委规章。地方政府规章，是特定地方的人民政府根据法律、行政法规制定的规范性法律文件。

（七）国际条约

国际条约，是指两个或两个以上国家或国际组织之间缔结的，确定其相互关系中权利和义务的各章协议，不仅包括以条约为名称的协议，也包括国际法主体间形成的宪章、公约、盟约和规约等。

（八）其他法的形式

其他法的形式主要包括：中央军事委员会制定的军事法规和军内有关方面制定的军事规章，“一国两制”条件下特别行政区的规范性法律文件，有关机关授权其他机关所制定的规范性法律文件。

三、法的一般分类

法的一般分类，指的是适合于各国和地区的法的分类。通常可从以下六个角度划分。

（一）国内法和国际法

这主要是以法的创制和适用范围为标准对法所作的分类。国内法，是指由国内有立法权的主体制定，效力范围一般不超出本国主权范围的法律、法规和其他规范性法律文件的总称。国际法，是指由参与国际关系的两个或两个以上的国家或国际组织制定、认可或缔结的确定其相互关系中的权利和义务，并适用于他们之间的法的总称。

（二）成文法和不成文法

这主要是以法的创制方式和表现形式为标准对法所作的分类。成文法，又称为制定法，是指有立法权或立法性职权的国家机关制定或认可的以规范化的成文形式出现的规范性法律文件。不成文法，是指由国家机关认可的、不具有文字形式或虽有文字形式但却不具有规范化成文形式的法，一般指习惯法，也包括判例法和不成文宪法等。法学上的成文法和不成文法的区分，不完全看法是否有文字表现形式，而要看是否有规范化的成文形式。

（三）根本法和普通法

这是以法的地位、效力、内容和制定程序为标准对法所作的分类。这种分类主要适用于成文宪法制国家。根本法，是指在整个法的形式体系中居于最高地位的一种规范性法律文件。在中国这样一个单一制国家，根本法就是宪法的别称。在中央和地方都有立宪权的联邦制国家，根本法是宪法的一种，即联邦宪法。普通法，是指宪法以外的所有法的统称。普通法所包括的法，种类繁多，它们各自的地位、效力、内容和程序亦有差别。

（四）一般法和特别法

这是以法的适用范围为标准对法所作的分类。一般法，是指对一般主体、一般事项、一般时间、一般空间范围内有效的法，如刑法、民法。特别法，是指对特定主体、特定事项有效，或在特定区域、特定时间有效的法，如战时法。

（五）实体法和程序法

这是以法所规定的内容为标准对法所作的分类。实体法，一般指以规定主体的权利和义务关系或职权和职责关系为主要内容的法，如民法、刑法、行政法等。程序法，通常指以保证主体的权利和义务得以实现或保证主体的职权和职责得以履行所需程序或手续为主要内容的法，如民事诉讼法、刑事诉讼法、行政诉讼法等。事实上，实体法中有某些程序方面的内容，程序法中也有权利和义务或者职权和职责的内容。如果简单地认为实体法是规范权利和义务的法，程序法是规定实现权利和义务程序的法，就误解了实体法和程序法这种分类。

（六）公法和私法

这种划分主要存在于民法法系，是民法法系划分部门法的基础。划分的标准在于法所保护的利益是国家公益还是私人利益，凡保护国家公益的法为公法，保护私人利益的法为私法。公法一般包括宪法、行政法、刑法和程序法。私法在民法法系国家一般划分为民法和商法两大部门。

四、法的效力

法的效力，是指法律和以法律为根据而产生的非规范性法律文件所具有的约束力或强制力。从世界各国的情况看，法的效力主要从空间、时间和适用对象来确定，即法在什么地方、什么时间、对什么人具有普遍的约束力或强制力。法的效力的实质是法律的生效范围问题。在理论上可以将法的效力分为三个方面：法的时间效力、法的空间效力和法的对人的效力。但是在实践中这三个方面是紧密联系的，它们从不同的角度共同描述着法的效力、解决法的效力的范围问题。

（一）法的时间效力

法的时间效力，是指法律在什么时间具有或者丧失约束力和强制力。它包括法律何时开始生效、何时效力终止，以及法律对其颁布以前的事件和行为是否具有溯及力。

1. 法的生效时间

法的生效时间一般要在法律中加以明确规定。法的生效时间通常有以下几种情况。

自法律公布之日起开始生效。例如，1993 年 7 月 2 日第八届全国人民代表大会常务委员会第二次会议通过的《中华人民共和国农业法》第六十六条规定："本法自公布之日起施行。"

由法律明文规定其具体的生效时间。这是一种比较常见的情况。例如，1994 年 7 月 5 日第八届全国人民代表大会常务委员会第八次会议通过的《中华人民共和国劳动法》（以下简称《劳动法》）第一百零七条规定："本法自 1995 年 1 月 1 日起施行。"

规定法律在具备某种条件后开始生效。例如，1986 年 12 月 2 日第六届全国人民代表大会常务委员会第十八次会议通过的《中华人民共和国企业破产法（试行）》（以下简称《企业破产法（试行）》）第四十三条规定："本法自全民所有制工业企业法实施满三个月之日起试行。"而《中华人民共和国全民所有制工业企业法》直到 1988

年4月才通过，《企业破产法（试行）》的生效时间为1988年8月1日。

2. 法的终止生效

法的终止生效或称法的终止，即法绝对地失去其约束力和强制力。法的失效在现实中一般有明示废止或默示废止两种方式。

明示废止，是指在新法或者其他法律中明文规定旧法废止。这种直接用语言文字明确表示的方式被称为“积极的表示方式”，是世界上多数国家普遍采用的做法。

默示废止，是指不明文规定废止旧法，而是在司法实践中认定新法与旧法规定相冲突而终止旧法的效力。一般认为，只有立法机关所立新法客观上与原有的法有矛盾，而立法时没有被发现的情况下，才采用“新法优于旧法”或者说“后法优于前法”的原则默示废止旧法。

在具体实践中，法的终止一般有以下几种情况。

有权的国家机关颁布特别的决定或命令等专门的法律文件，宣布废除某项法律，从宣布废除之日，该法终止生效，或者宣布修改某法的某些条款，使旧条款失效。

新法律取代原有法律，同时在新法中明文宣布旧法自新法生效之日起终止生效。

新的法律公布并生效后，根据新法优于旧法的原则，原有法律自行丧失效力。

某些法律本身规定了有效期限，期限届满而又无延期施行的特别规定的，该法自行终止生效。

某些法律因其担负的历史任务完成，或其所依据的特定条件业已消失，或其所调整的社会关系不复存在，则自然失效。如新中国成立初期公布实施的《中华人民共和国土地改革法》等。

3. 法的溯及力

法的溯及力又称法溯及既往的效力，是指新的法律颁布施行后，对其生效以前所发生的事件或行为是否适用的问题。如果适用，则具有溯及力；如果不适用，则不具有溯及力。一般情况下，法律只应适用于它生效后发生的事件和行为，即坚持“法不溯及既往”的原则，国家不能用现在制定的法律指导人们过去的行为，更不能由于人们过去从事了某种当时是合法而现在看来是违法的行为，而依照现在的法律处罚他们。这已成为世界各国法律普遍确认和采用的一个基本原则。但是“法不溯及既往”的原则不是绝对的。作为“法不溯及既往”原则的补充，许多国家还同时认为法律规范的效力可以有条件地适用于既往行为，即“有利追溯”原则。如在刑法中，目前各国确认有无溯及力一般有以下几种情况：

从旧原则——新法没有溯及力；

从新原则——新法有溯及力；

从轻原则——比较新法与旧法，哪个对行为人的处罚较轻就按照哪个法处理；

从新并从轻原则——新法原则上有溯及力，但如果旧法的处罚较新法轻，就按照旧法处理；

从旧兼从轻原则——新法原则上没有溯及力，但如果新法不认为是犯罪或者对行为人的处罚比旧法较轻时，就适用新法。

现代各国刑法大都采用从旧兼从轻原则，我国也是采用这一原则。《中华人民共和国刑法》（以下简称《刑法》）第十二条规定：“中华人民共和国成立以后本法施行以前的行为，如果当时的法律不认为是犯罪的，适用当时的法律；如果当时的法律认为是犯罪的，依照本法总则第四章第八节的规定应当追诉的，按照当时的法律追究刑事责任，但是如果本法不认为是犯罪或者处刑较轻的，适用本法。”

（二）法的空间效力

法的空间效力是指法律在什么地方，或者说是在哪些地域内具有约束力和强制力。根据国家主权原则，对于一个主权国家来说，其法律应当适用于其主权管辖范围内的全部领域，包括领陆、领海、领空及底土，还包括延伸意义的领土（如本国驻外使领馆、航行或停泊在任何地方的悬挂本国国旗的船舶及飞行器）。就具体的法律来说，由于法律内容和制定机关的不同，其空间效力也不同。法的空间效力大致可分为域内效力和域外效力两种情况。

1. 法的域内效力

法的域内效力是指法在本国主权管辖领域内的约束力和强制力。一是法律在全国范围内有效；二是法律在国家局部地域有效。

2. 法的域外效力

法的域外效力是指法不仅在本国领土内具有约束力和强制力，有时其效力也及于本国主权管辖范围之外。这是因为在现代社会，国际经济文化交流日益频繁，为了在国际交流中维护国家的主权和利益，各国大都规定了有的法律在一定条件下可在本国领域之外生效。

（三）法的对人的效力

法的对人的效力指的是法适用于哪些人（包括自然人、法人或其他社会组织），对什么人具有约束力。

1. 法的对人的效力的一般原则

属人原则。法的对人的效力以其国籍为参照。只要是本国公民，无论其在国内还是在国外，一律适用本国法；外国人或无国籍人不适用本国法。

属地原则。法的对人的效力以地域为参照。只要是在本国主权管辖领域内，无论本国公民还是外国人或无国籍人，都无一例外地适用本国法。而本国法在域外对任何人都没有效力。

保护主义原则。法的对人的效力以维护本国利益为基础。不管是本国公民还是外国人或无国籍人，也不论是在本国领域内还是在本国领域外，只要侵害了本国或本国公民、法人和组织的利益，都要受到本国法律的追究。

结合主义原则。在确定法的对人的效力时，以属地原则为基础，同时结合属人原则和保护主义原则。目前许多国家都采用这一原则，以加强对本国和本国公民、法人和组织利益的保护，我国也采用此种原则。

2. 我国法律对人的效力的规定

具体地说，我国法律对人的效力的规定，主要包括以下两个方面。

一是我国法律对我国公民的效力。根据我国宪法和法律规定，我国法律适用于我国领域内的所有公民、国家机关、武装力量、政党、社团、企业事业单位，在我国，法律面前人人平等。在国外，中国公民原则上仍受我国法律保护，并应遵守我国法律，在违反我国法律时应受我国法律的追究。但是由于各国法律规定不同，既要尊重所在国司法主权，又要遵守国际公约、国际私法，因而也会发生一些法律适用的冲突。对此，我国本着既要维护中国的主权，又要尊重他国的主权的原则，采取原则性与灵活性相结合的方法来协商解决法律适用冲突。如《中华人民共和国民法通则》（以下简称《民法通则》）第一百四十三条规定："中华人民共和国公民定居国外的，他的民事行为能力可以适用定居国法律。"即我国公民在一定条件下，在国外也可以适用外国法。

二是我国法律对外国人、无国籍人的效力。根据国家主权原则，外国人在中国领域内，除法律有特别规定的，都应当适用中国法律。如我国《宪法》第三十二条规定："中华人民共和国保护在中国境内的外国人的合法权利和利益，在中国境内的外国人必须遵守中华人民共和国的法律。"《民法通则》第八条规定："在中华人民共和国领域内的民事活动，适用中华人民共和国法律，法律另有规定的除外。本法关于公民的规定，适用于在中华人民共和国领域内的外国人、无国籍人，法律另有规定的除外。"《中华人民共和国民事诉讼法》《中华人民共和国刑事诉讼法》等法律也有类似的规定。但是，我国法律又规定享有特权和豁免权的外国人犯罪应当追究刑事责任时，按照国际惯例通过外交途径解决。

关于外国人在中国领域外能否适用中国法律的问题，主要反映在刑法适用方面。如我国《刑法》第八条规定："外国人在中华人民共和国领域外对中华人民共和国国家或者公民犯罪，而按本法规定的最低刑为三年以上有期徒刑的，可以适用本法，但是按照犯罪地的法律不受处罚的除外。"作出这样的规定，其目的是为了保护中国的国家利益，保障中国驻外工作人员、留学生、侨民的合法利益。

第三节　法的要素

一、法的要素

法的要素是指法的基本成分，即构成法律的基本元素。任何时空中以整体形态存在的法律都是由基本的要素构成的。如果我们把整体形态的法律看成一个系统，那么法律要素就是构成系统的元素。法的要素的基本特征有：个别性和局部性，多样性和差别性，整体性和不可分性。

法的要素包括法律概念、法律规则和法律原则。

法律概念是有法律意义的概念，是认识法律与表达法律的认识之网上的纽结，即对各种有关法律的事物、状态、行为进行概括而形成的法律术语。具体来讲，法律概念具有表达功能、认识功能和提高法律合理化程度的功能。其按功能可分为描述性概念和规范性概念，按确定性程度可分为确定性概念和不确定性概念，按涵盖面大小可分为一般法律概念和部门法律概念。

法律规则是规定法律上的权利、义务、责任的准则、标准，或是赋予某种事实状态以法律意义的指示、规定。法律规则是构成法律的主要要素，具有可重复适用性和适用的普遍性两大特色。与法律原则相比，法律规则还具有三个明显特点：微观的指导性、较强的可操作性和较高程度的确定性，确定性指内容相对明确和效力相对明确。其按不同的标准可做不同的划分，其中具有较大研究价值的分类有以下几种：第一，按法律规则的内容划分，可以分为授权性规则、义务性规则和权义复合性规则；第二，按法律规则的形式特征划分，可以分为规范性规则和标准性规则；第三，按法律规则的功能划分，可以分为调整性规则和构成性规则；第四，按法律规则的强制性程度划分，可以分为强行性规则和指导性规则。

法律原则是法律的基础性真理、原则，或是为其他要素提供基础或本源的综合性原理或出发点。法律原则可以是非常抽象的，也可以是很具体的。它的功能主要表现在三个方面：第一，为法律规则和概念提供基础或出发点，对法律的制定具有指导意义，对理解法律规则也有指导意义；第二，直接作为审判的依据；第三，法律原则可以作为疑难案件的断案依据，以纠正严格执行实在法可能带来的不公。法律原则的基本分类中对法学研究具有较大价值的分类有以下三种：第一，按法律原则产生的基础不同来划分，可以分为政策性原则和公理性原则；第二，按法律原则的覆盖面不同来划分，可以分为基本法律原则和具体法律原则；第三，按法律原则的内容不同来划分，可将法律原则分为实体性原则和程序性原则。

二、法律原则与法律规则的区别以及法律原则适用的规则

法律原则与法律规则同为法的要素，两者有共性，不过法律原则与法律规则之间还是存在着一些区别。

第一，在对事及对人的覆盖面上，法律原则较宽，法律规则较窄，即法律原则有更大的宏观指导性，某一法律原则常常成为一系列规则的基础。第二，在变化速率方面，法律原则有较强的稳定性。法律原则通常是社会重大价值的积淀，不会轻易改变，相比之下，法律规则的改变要容易得多。第三，在是否适用的确定性方面，原则较为模糊，而规则较为明确；当原则与原则、规则与规则相互冲突时，选择的方法也不同。相互冲突的规则的适用常常是要么无效，要么有效，即“全有或全无”。确定相互冲突的原则的适用时，常常要对冲突的原则所代表的利益做出权衡，以确定某些原则比其他原则具有较大的“分量”。

与法律规则的适用相比较，法律原则的适用具有三个明显的特点。一是法律原则的适用存在于法律运作的全过程。法律规则的适用只发生在将规则个别化的场合，即司法与执法领域，而法律原则的适用不仅存在于这一场合，而且存在于立法领域。二是法律原则的适用有个“分量”问题，或者说法律原则可以“部分”地适用，当两个法律原则发生碰撞时，可以将两个法律原则不同程度地适用。三是法律原则的适用可以排斥规则的适用，这是在法律规则与个案

相连接产生与法的精神不一致的结果，即发生个案不公正的时候。

由于法律原则的适用可能存在的弊端，因此法律原则的适用必须遵守一定的规则。第一，只能适用法律原则，禁止适用道德原则、政治原则等非法律原则。第二，法律规则优先适用。在选用法律的时候，优先选择法律规则，适用法律原则是例外，即所谓“禁止向一般条款逃逸”。因为法律原则的抽象性程度高于规则，法律规则是法律原则的细化与具体化，因此，在理论上应当假定法律规则正确体现了法律原则的精神，在存在法律规则的场合下，应当适用法律规则。第三，严格说明理由。在没有可使用的规则而适用法律原则时，特别是在排斥规则而适用法律原则时，法律适用则有充分说明理由的义务。

第四节 法律行为和法律关系

一、法律行为的基本特征和分类

所谓法律行为，就是人们所实施的、能够发生法律上效力、产生一定法律效果的行为。

（一）法律行为的基本特征

根据法律行为的定义，法律行为具有下列特征。

1. 法律行为是具有社会意义的行为

所谓社会意义，是指法律行为能够产生社会效果，造成社会影响，具有交互性。或者说，法律行为不是一种纯粹自我指向的行为。法律行为的发生，一定会对行为者本人以外的其他个人或集体、国家的利益和关系产生直接或间接的影响。

2. 法律行为具有法律性

所谓法律性，是指法律行为由法律规定、受法律调整、能够发生法律效力或产生法律效果。具体说来，首先，法律行为是由法律所调整和规定的行为。其次，法律行为是能够发生法律效力或产生法律效果的行为。所谓能够发生法律效力，具有两层含义：第一，法律行为往往是交互性的，处在一定的关系（法律关系）之中，或对其他行为有支配力，或受其他行为的支配。第二，法律行为一旦形成，就受法律的约束或保护。所谓发生法律效果，是指法律行为能够引起人们之间权利义务关系的产生、变更或消灭，它们可能会受到法律的承认、保护或奖励，也可能会受到法律的否定、撤销或惩罚。

3. 法律行为具有意志性

法律行为是人所实施的行为，自然受人的意志的支配和控制，反映了人们对一定的社会价值的认同、一定的利益和行为结果的追求以及一定的活动方式的选择。或者说，正是通过意志的表现，行为才获得了人的行为的性质。在法律行为的结构中，只存在意志和意识能力强弱的差别，纯粹无意识的行为是不能被看作法律行为的。

（二）法律行为的分类

根据不同的分类标准，可以对法律行为做不同的划分。

根据行为主体性质和特点的不同，可以将法律行为划分为个人行为与集体行为、国家行为，单方行为与多方行为，自主行为与代理行为。

根据行为的法律性质的不同，可以将法律行为划分为合法行为与违法行为、公法行为与私法行为。

根据行为的表现形式与相互关系的不同，可以将法律行为划分为积极行为与消极行为、主行为与从行为。

根据行为构成要件的不同，可以将法律行为划分为表示行为与非表示行为、要式行为与非要式行为①、完全行为与不完全行为。

二、法律行为的结构（构成要件）

法律行为的结构主要包括内在方面和外在方面。

① 要式行为，是指必须具备某种特定形式或程序才能成立的法律行为。非要式行为，是指无须特定形式或程序即能成立的法律行为。

（一）法律行为的内在方面

法律行为的内在方面，又称“法律行为构成之心素”，是法律行为内在表现的一切方面。它是行为主体在实施行为时一切心理活动、精神状态及认知能力的总和。主要包括三个方面。

1. 动机

行为是受一定动机支配的，法律行为也是如此。动机是指直接推动行为人去行动以达到一定目的的内在动力或动因。需要引起动机，动机产生行为，行为趋向目的，目的实现满足，满足导致新的需要。这就是行为的内在方面的系统循环。法律行为的动机本身不是法律所直接调整的对象，但由于动机不同，行为人对行为的选择不同，可能产生不同的后果，法律则必须根据行为的后果，来考察和评价行为的动机。在法律上必须对法律行为的动机作全面的、综合的考察，以便确定其是否正当、是否合法。从法律的角度看，行为动机的正当合法与否，与行为动机的善恶与否并非一一对应。

2. 目的

目的是行为的本质要素。它是指行为人通过实施一定的行为达到或力求实现某种目标和结果的主观意图。在法律行为的结构中，目的构成行为的灵魂，并给予行为以规定性。考察法律行为，应当研究法律行为的目的。法律行为的目的往往采取表达的方式来体现，其表达可以采取明示的方式，也可以采取默示的方式，可以采取书面的方式，也可以采取口头的方式。在实际行为的过程中，行为人由于受动机、认识能力、态度、价值观或情势等方面的影响，对自己行为的表达有时候充分，有时候不充分，甚至出现错误的表达，产生“目的（或意思）”与“表达”之间的分离，这些情形都决定着对法律行为的定性，是分析法律行为有效或无效、合法或违法的根据。应当指出，法律行为目的的表达并不是一切法律行为成立或有效的必备要件，例如，民法中的无因行为（不当得利、无因管理等）即不以原因（目的）存在作为成立或有效的前提条件。

3. 认知能力

法律行为的认定需要考察行为人对自己行为的法律意义和后果

的认识能力。行为目的的形成并不完全是一个盲目的过程，它基于人的认知能力、水平，基于人对行为意义、后果的认识与判断。在法律活动中，行为人受主观、客观多方面因素的影响，常常会发生主观认识与客观存在之间不相一致的情况，这就是所谓的认识错误。从法律角度看，它包括事实错误和法律错误两个方面。前者是指行为人所认识的内容与所发生的客观事实相背离。后者是指行为人对事实认识无误，但由于误解或不知法律而对该事实的法律意义和法律后果认识有误。

（二）法律行为的外在方面

法律行为的外在方面，又可称之为“法律行为构成之体素”，是法律行为外在表现的一切方面。其大体上包括三个要素。

1. 行为

这里指人们通过身体或言语或意思而表现于外的举动。人的意志或意思只有外化为行动并对身外之世界（对象）产生影响，它才能成为法律调整的对象。法律行为之外在行动上大体分为两类：身体行为，指通过人的身体的任何部位所做出的为人所感知的外部举动；语言行为，即通过语言表达对他人产生影响的行为，它又包括书面语言行为和言语行为。

2. 手段

这里是指行为人为达到预设的目的而在实施行为过程中所采取的各种方式和方法。其中包括：行动的计划、方案和措施，行动的程式、步骤和阶段，行动的技术和技巧，以及行动所借助的工具和器械等。

3. 结果

法律行为必须要有结果，因此结果是法律行为事实的重要内容之一。判断法律行为结果，主要有两个标准：行为造成一定的社会影响；该结果应当从法律角度进行评价。

最后，需要强调的是，判断一个行为是不是法律行为，除了要看它是否符合构成（成立）要件外，在多数情况下还要看它是否经过确认以及由谁予以确认。行为的确认，不属于法律行为自身的结构，故不以法律行为之构成要件看待。但它对于法律行为（尤其是要式行为、违法行为一类的法律行为）的有效性而言，同样是不可或缺的。

三、法律关系及其特征

法律关系是指在法律规范调整一定社会关系过程中所形成的人与人之间的权利和义务关系。法律规范是法律关系产生的前提，如果没有相应的法律规范的存在，就不可能产生法律关系。法律关系是法律规范的实现形式，是法律规范的内容（行为模式及其后果）在现实社会生活中的具体贯彻。人们按照法律规范的要求行使权利、履行义务并由此而发生特定的法律上的联系，这既是一种法律关系，也是法律规范的实现状态。在此意义上，法律关系是人与人之间的符合法律规范的关系。

法律关系与其他社会关系（如朋友关系、恋爱关系、政党社团的内部关系等）相比较，具有以下特征。

（一）法律关系的内容是由法律规范所确认的权利与义务关系

法律规范所确认的人与人之间的联系表现为法律上的权利义务关系。法律对各种不同的法律关系中各当事人的权利和义务都作了具体的规定，尽管人们可以经过协商约定各自的权利和义务，但约定权利和义务的范围、内容、性质等都不得违反法律的有关规定，最多只是在法律规定的基础上做出某些取舍。因此，所谓约定的权利义务，其实也是法律规定的，是依法订立的。

人们在进行社会活动、与他人相互交往中会产生各种社会关系，只有为法律所调整，即人们按照（或违反）法律规定进行活动，形成了法律上的权利与义务，才能构成某种法律关系。如劳动者与某一用人单位，依据劳动法的规定，签订了劳动合同，他们之间便形成了劳动关系或劳动过程中的权利义务关系。这一法律关系的形成，是劳动者与用人单位参加社会生产活动形成社会关系的体现，更是劳动法调整劳动者与用人单位社会关系的结果。

（二）法律关系以相应的现行法律规定为前提

法律关系是以规定这一法律关系的现行法律规定为根据。法律规定了法律关系的种类、性质和各种法律关系中当事人之间的权利和义务。没有法律规定不能形成法律关系。例如，朋友关系、师生关系等，法律并未对其作出规定，这些社会关系不受法律的调整，其参加者之间不存在法律上的权利与义务。因此，这类不受法律调整的社会关系，不具有法律关系的性质。

法律关系的形成还有赖于一定的法律事实，由于法律事实的存在，法律的规定才会形成现实的人与人之间的权利义务关系。但是，哪些客观情况能够影响法律关系，也要由法律来加以确定。

（三）法律关系一经形成就受到国家强制力的保护

法律关系的强制性是指一旦某种社会关系接受法律的调整成为法律关系后，即受到法律的保护，任何人不得违反或破坏，否则就要由相应的国家机关追究其法律责任。例如，劳动关系一旦依法成立，任何一方都不得自行随意变更或解除；如果当事人一方未依法变更或解除，则对方有权请求相应的国家机关或有关机构依法予以救济。

法律关系有不同的种类，如法律调整平等民事主体之间财产和人身关系而形成的民事法律关系，调整劳动者与用人单位之间劳动权利与义务而形成的劳动法律关系，因侵害他人人身和财产触犯刑法而形成的国家或被害人同犯罪人之间的刑事法律关系，等等。

四、法律关系的构成

法律关系由主体、客体和内容三个要素构成。法律关系主体、法律关系客体、法律关系内容三个要素相互联系，相互制约，缺一不可。如果缺少其中一个要素就不能形成具体的法律关系。一个要素的改变，将带来整个法律关系的变化。

（一）法律关系的主体

法律关系的主体是指法律关系的参加者，即在法律关系中享有权利或承担义务的人和组织。

在每一具体的法律关系中，主体的多少各不相同，但大体上都归属于相对应的双方。享有权利的一方称为权利人，承担义务的一方称为义务人。

1. 法律关系主体的种类

在我国，法律关系主体主要有以下几类。

(1) 自然人。自然人是指有生命并具有法律人格的个人，既指本国的公民，也指居住在一国境内或在境内活动的外国公民和无国籍人。此外，我国还有一类由公民集合的特定主体，即个体工商户、个人合伙等，可以参与一定范围的法律关系。

公民是一个法律概念，与自然概念的“人”、政治概念的“人民”不同，是指由法律规定的具有特定国籍的人。各个国家对于哪些人属于本国公民，在法律上有严格、明确的规定。我国《宪法》第三十三条规定：“凡具有中华人民共和国国籍的人都是中华人民共和国公民。”

(2) 法人（各种机构、组织）。法人是与自然人相对称的概念，指具有法律人格，能够以自己的名义独立享有权利或承担义务的组织。它包括三类：各种国家机关（立法机关、行政机关、司法机关等），各种企事业组织，各政党、社会团体。对这些机构和组织主体，法学上统称为“法人”。

(3) 国家。国家作为一个整体，只有在特殊的条件下才能成为法律关系的主体。国家作为法律关系主体的地位比较特殊，既不同于一般公民，也不同于法人，国家可以直接以自己的名义参与国内的法律关系，但在多数情况下则由国家机关或授权的组织作为代表参与法律关系。

2. 法律关系主体的资格

法律关系主体作为法律关系的参加者，必须具有外在的独立性，能以自己的名义享有权利和承担义务，具有一定的意志自由。这种意志自由在法律上的表现就是权利能力和行为能力。

权利能力，是指法律关系主体依法享有权利和承担义务的资格，是参加任何法律关系都必须具备的前提条件。各种具体权利的产生必须以主体的权利能力为前提，不同的法律关系所需要的权利能力不同。公民的权利能力分为一般权利能力和特殊权利能力两种。我国法律规定，一般权利能力是所有公民普遍享有的，始于公民的出生，终于公民的死亡，与权利主体不能分离，如人身权利能力等。特殊的权利能力须以一定的法律事实出现为条件才能享有，如参加选举的权利能力须以达到法定年龄为条件。又如我国《劳动法》规定公民必须达到最低就业年龄 16 周岁，才具有参加劳动法律关系的资格。国家机关、企业事业单位、社会团体和其他组织的权利能力始于法人依法成立，终于法人被撤销或解散。法人权利能力的内容和范围与法人成立的宗旨和目的直接相关，并由有关法律和法人组织的章程加以规定。

行为能力，是指法律所确认的，由法律关系主体通过自己的行为实际行使权利和履行义务的能力。在法律关系中，就法人来说，其权利能力和行为能力同时存在，两者是统一的；如果法人无行为能力了，法人就不复存在了，法人的权利能力和行为能力是同时产生和同时消灭的。然而就公民来说，具有行为能力的人必须具有权利能力，但是具有权利能力的人，却不一定都具有行为能力，丧失行为能力并不意味着权利能力的丧失。我国把自然人的行为能力分为三类：第一类为完全行为能力人，第二类为限制行为能力人，第三类为无行为能力人。

与行为能力直接相关的是责任能力。责任能力即对自己的行为承担法律责任的能力。完全行为能力人即完全的责任能力人，限制行为能力人即限制责任能力人，而无行为能力人则是无责任能力人。

一般来说，公民只有对自己的行为具有明确的认识能力，能够意识到自己行为的意义，并能预见到行为后果，才能被认为具有行为能力。如根据《民法通则》的规定，公民的民事行为能力按年龄和精神健康状况分为以下三类。

（1）年满 18 周岁的公民是完全民事行为能力人，即能够通过自己的行为取得权利，承担义务。

（2）已满 10 周岁不满 18 周岁的公民和不能完全辨认自己行为

的精神病人是限制民事行为能力人，即行为能力受到一定限制，只能以与其年龄、智力相适应的行为享有权利、承担义务。

（3）未满10周岁的公民和不能辨认自己行为的精神病人是无民事行为能力人，指完全不能以自己的行为取得权利、承担义务。

（二）法律关系的客体

法律关系客体，是指法律关系主体的权利和义务所共同指向的对象，也称权利客体和义务客体。它是法律关系主体之间的权利和义务联系在一起的客观基础或者说是一个中介。没有客体为中介，就不可能形成法律关系。因此，法律关系客体是构成任何法律关系都必须具备的一个要素。

构成法律关系的客体应满足下述三个条件：一是必须是一种资源，能够满足人们的某种需要，因而被认为具有价值；二是必须具有一定的稀缺性，因而不能被需要它的人毫无代价地占有利用；三是必须具有可控制性，因而可以被需要它的人为一定目的占有和利用。

根据我国法律的规定，法律关系的客体大致有以下几类。

1. 物

作为法律关系客体的物，是指在法律关系中可以被主体作为财产权利对象的物品或其他可以支配的物质财富。它们可以是劳动创造的财富，如机器、工具、房屋等；也可以是天然存在的，如森林、土地等。可以是有固定形状的，如建筑物、各种生产资料；也可以是无固定形状的，如天然气等。但是，并不是说自然界的一切物都可以成为法律关系的客体，当某一物尚不能为人类所认识、控制和支配，从而也没有相应的法律加以确认、规定和保护时，这种物就不是法律关系的客体，不具有法律意义。

2. 非物质财富（或称精神财富）

作为法律关系客体的非物质财富或精神财富，是指权利主体通过智力活动所取得的成果，即权利主体通过脑力劳动在科技、文化等精神领域内创造的产品，包括科学发明、学术著作、艺术作品、专利等。非物质财富是知识产权所指向的对象。由于它是与人身相联系的智力成果和精神财富，故被称为“和人身相联系的非物质财富”。

3. 行为

在法律关系客体的意义上，行为指的是法律关系中的义务人以作为或不作为的方式满足权利人的利益要求。如果作为，是一种积极的行为，是从事一定的活动；如果不作为，是一种消极的行为，是对一定活动的抑制。其结果表现为两种：一是物化结果，即义务人的作为或不作为凝聚在一定的物体上；二是非物化结果，即义务人的作为或不作为没有转化为一定的物体，而是表现为服务行为、行为效果等。

4. 人身利益

作为法律关系客体的人身利益，主要是指人格利益和身份利益，是人格权和身份权的客体。人身利益作为法律关系的客体，必须注意以下三点：

（1）活人的整个身体或者部分不得作为法律上的物，禁止任何人将活人整体或者部分作为物进行转让、买卖，否则就是违法犯罪行为。

（2）权利人自身不能滥用人身，如自杀、自残，或用人身进行伤风败俗的活动，这也是法律所禁止或不提倡的行为。

（3）人身能否充当客体，必须严格依法进行，不允许超越法律，严禁对他人人身非法强行行使权利。

（三）法律关系的内容

法律关系的内容，是指法律关系主体间在一定条件下依照法律或约定所享有的权利和承担的义务。它是人们之间利益的获取或付出的状态。

1. 法律权利

法律权利，是指法律关系主体依法享有的某种权能或利益。它表现为允许权利享有者为了满足自己的利益而采取由其他人的法律义务所保证的法律手段，即权利人有可以自己决定作出一定行为的权利，也有可以要求他人作出或不作出一定行为或履行一定法定义务的权利，同时还有当自己的权利受到侵犯时，请求国家机关予以保护的权利。法律权利的特点在于：

（1）它来自法律的规定，得到国家的确认和保障。如我国《劳动法》第三条规定："劳动者享有平等就业和选择职业的权利、取得劳动报酬的权利、休息休假的权利、获得劳动安全卫生保护的权利、接受职业技能培训的权利、享受社会保险和福利的权利、提请劳动争议处理的权利以及法律规定的其他劳动权利。"

(2) 它是保证权利人利益的法律手段。权利与利益密切相关，权利人实现自己利益的行为是法律权利的社会内容，而权利则是这一内容的法律形式。

(3) 它确定权利人从事法律所允许的行为的范围，在这一范围内，权利人满足自己利益的行为或要求义务人从事一定行为是合法的，而超过这一范围，则是非法的或不受法律保护的。

2. 法律义务

法律义务，是与法律权利相对称的一个概念，指法律关系主体依法承担的某种必须履行的责任，表现为义务人应按权利人的要求作出或不作出一定行为，以满足权利人利益的法律手段。

义务是由法律确定的，法律对于义务的内容、履行方式等作出了具体的规定。规定人们作为义务的法律规范被称为义务性规范或命令性规范，规定人们不作为义务的法律规范通常被称为禁止性规范。要求任何公民、法人和其他组织履行义务是遵守法律的基本要求。法律义务是保障社会正常运转的基本条件，是建立社会秩序的必要条件，也是保障每个公民正常地、不受他人干涉地行使其权利的必要条件。法律义务的产生有三种情形：

(1) 来自法律的直接规定，即法律规定了人们必须承担一定的义务，这是每一个人都同等地承担的法律义务。如我国《劳动法》中规定的与用人单位形成劳动关系的劳动者的义务有："劳动者应当完成劳动任务，提高职业技能，执行劳动安全卫生规程，遵守劳动纪律和职业道德。"

(2) 由于当事人担任了一定职务或从事一定业务而获得的义务，如国家工作人员必须依法履行公务的义务。

(3) 因当事人的先行行为而产生的义务，如用人单位与劳动者签订劳动合同的行为，使用人单位和劳动者都承担了履行劳动合同的义务等。

法律义务的特点在于义务的必要性。义务人必须作出或不作出一定的行为，否则权利人的利益不可能得到满足。如果义务人不履行义务，就要受到国家强制力的制裁。同时，义务人的必要行为也是在一定范围内的，超过这一范围，义务人有权利拒绝权利人的要求。

3. 法律权利与法律义务的关系

法律权利与法律义务是相对的。法律在赋予法律关系的主体一定权利的同时，也就设定了一定的义务。在任何法律关系中，权利人享受权利依赖于义务人承担义务，义务人不承担义务，权利人不可能享受权利。权利与义务表现的是同一行为，对一方当事人是权利，对另一方当事人则是义务；而且不能一方只享受权利不承担义务，另一方只承担义务不享受权利。法律主体在行使权利的同时，必须履行自己的义务，不得滥用，否则其权利不可能得到真正的保障。

五、法律关系的产生、变更和消灭

法律关系的产生、变更和消灭是指法律关系的主体、客体和内容的变化。

法律关系产生、变更和消灭，须具备一定的条件，主要有：法律规范，即引起法律关系产生、变更、消灭的法律依据；法律关系主体，即权利和义务的承担者；法律事实，即法律规范所假定出现的情况。其中法律规范和法律关系主体是法律关系产生、变更、消灭的抽象条件和一般条件，而法律事实则是具体条件。法律关系只有在一般条件与具体条件都具备的情况下才能产生、变更和消灭。

法律事实在产生法律关系的条件中占有突出地位。只有法律规范并不能在主体间产生法律关系，因为法律规范只是规定在某些事实存在的情况下主体间的权利义务关系，而在这些事实没有产生的情况下，法律规范所规定的主体间的关系只是一种可能性，并不是现实的关系。因此，法律事实具有使法律规范转化为现实的作用。只有主体也不能产生法律关系，因为主体的存在只表明主体具有享受权利和承担义务的资格，具有以自己的行为参加到法律关系中的能力，并不意味着主体实际享有权利和承担义务。比如，在中国女性年满20周岁、男性年满22周岁就可以成为婚姻法律关系的主体，但是只有男女双方到指定的主管机关登记这一法律事实发生时，才可能产生婚姻法律关系。

第五节　法律责任

一、法律责任的特征

法律责任，一般是指法律所规定的行为人因其违法行为、违约行为或者由于法律的特别规定而应当承担的某种具有强制性的、不利的法律后果。

责任的本意是分内应做之事，与法律上的义务有相通之处。法律责任与法定权利义务有着密切的联系，因此也可以说，法律责任是指法律关系中的主体因侵犯权利，或者违反义务，或者没有履行某种法定义务而按照法律规定必须承担的法律后果。承担法律责任，就是指法律关系中的有关当事人，由于未能执行或者未能正确执行法律规范的具体规定，造成了应当承担的法律后果，所必须受到的由法律规定的制裁或者惩罚。

法律责任不同于政治责任、道义责任等其他社会责任，具有以下特征。

第一，法律责任以违法行为存在为前提。只有对违法者才能追究法律责任，不构成违法，不承担法律责任。

第二，法律责任由有权的国家机关依法追究。有权的国家机关是指法律授权的国家机关。追究法律责任只能由国家机关在法律规定的权限范围内对违法者施行，其他任何组织或者个人都无权行使追究法律责任的职权。

第三，法律责任以国家的强制力作保证，依靠国家强制力强制违法者承担相应的法律责任。强制性表现为，如果违法行为人逃避或者抗拒法律责任，有权的国家机关可以依法强制执行。

二、法律责任的种类

法律责任同违法行为密切相关，不同性质的违法行为要承担不同的法律责任。一般按照违反法律的性质将违法行为分为四种，即违宪、刑事违法、民事违法、行政违法。与违法行为的种类相对应，法律责任的种类也有四种，即违宪法律责任、刑事法律责任、民事法律责任、行政法律责任。

（一）违宪法律责任

违宪法律责任是违反宪法的行为所导致的。违宪行为包括有的国家机关制定的法律、法规或规章与宪法相抵触，有的国家机关违反宪法的规定行使职权等。追究违宪法律责任的国家机关是监督宪法实施的国家权力机关。承担违宪法律责任的形式主要有：撤销有关国家机关所制定的同宪法相抵触的法律、法规、规章，罢免国家机关的领导成员，罢免人大代表等。

（二）刑事法律责任

刑事法律责任是由刑事违法行为（即犯罪）引起的。追究刑事法律责任的国家机关是司法机关。承担刑事法律责任的方式是对犯罪人实施刑罚。

（三）民事法律责任

民事法律责任是公民、法人或其他组织违反民事法律规范而应承担的法律责任。民事法律责任由司法机关依法追究。承担民事法律责任的方式有多种，主要有停止侵害、排除妨碍、消除危险、返还财产、恢复原状、支付违约金等。

（四）行政法律责任

行政法律责任是由行政违法行为导致的法律责任。行政违法是指违反国家有关行政管理的法律、法规的行为，如国家工作人员违法行使职权的行为，公民、法人违反国家行政管理法律、法规的行为。行政法律责任由有权的国家行政机关追究。承担行政法律责任的形式主要有行政处分、行政处罚等。

三、法律责任的构成

法律责任的构成是指认定法律责任所必须考虑的条件。法律责任的构成包括责任主体、违法行为或违约行为、损害后果、因果关系、主观过错五个方面。

（一）责任主体

责任主体是指因违法、违约而承担法律责任的人，包括自然人、法人和其他社会组织。责任主体是法律责任构成的必备条件。违法、违约行为首先是一种行为，而行为是由人的意志支配的活动，因此，实施违法或违约必须有行为人。但是，并非任何人都可以成为违法行为或违约行为的实施者，没有行为能力的人就不可能成为实施违法行为或违约行为的人。因此，责任主体与法律责任的有无、种类、大小有着密切的关系。

（二）违法行为或违约行为

违法行为或违约行为是法律责任构成的核心要素。违法行为或违约行为包括作为和不作为。作为是指人的积极的活动，直接从事法律所禁止或合同所不允许的行为自然要承担法律责任。不作为是指人的消极的活动，行为人在能够履行自己义务的情况下不履行义务。区分作为与不作为，对于确定法律责任的范围、大小具有重要意义。

（三）损害后果

损害后果是指违法行为或违约行为侵犯他人或社会的权利和利益所造成的损失和伤害，包括实际损害、丧失所得利益以及预期可得利益。损害结果可以是对人身的损害、财产的损害、精神的损害。损害结果表明法律所保护的合法权益遭受了侵害，因而具有侵害性。同时，损害结果具有确定性，它是违法行为或违约行为已经实际造成的侵害事实，而不是推测、臆想、虚构的情况。损害结果的确定性，表明损害事实在客观上能够认定。损害结果一般根据法律、社会普遍认识、公平观念并结合社会影响、环境等因素来认定。

（四）因果关系

因果关系是违法行为或违约行为与损害后果之间的必然联系。

因果关系是一种引起与被引起的关系，即一种现象的出现是由先前存在的另一种现象而引起的。因果关系是归责的基础和前提，是认定法律责任的基本依据。因果关系是客观的，不以人的意志为转移，只能根据事物之间的客观关系来判断因果关系的有无。事实上的因果关系极为复杂，一个结果可能由多种原因造成，法律只考虑其中与法律责任认定有关的因素。因果关系是法律所规定的因果关系，具有法定性。

（五）主观过错

主观过错是指行为人实施违法行为或违约行为时的主观心理状态。不同的主观心理状态对认定某一行为是否有法律责任及承担何种法律责任有着直接的关系。主观过错包括故意和过失两种。所谓故意，是指明知自己的行为会发生危害社会的结果，希望或放任这一结果发生的心理状态。所谓过失，是指应当预见自己的行为可能会发生损害他人、危害社会的结果，因为疏忽大意而没有预见，或已经预见而轻信能够避免发生这种结果的心理状态。

四、法律责任的功能

法律责任的功能是惩罚、救济、预防。法律责任的惩罚功能，就是惩罚违法者和违约人，维护社会安全与秩序。法律责任的救济功能，就是救济法律关系主体受到的损失，恢复受侵犯的权利。救济，即赔偿或补偿，指把物或人恢复到违约或违法行为发生前它们所处的状态。法律责任通过设定一定的财产责任，赔偿或补偿在一定法律关系中受到侵犯的权利或者在一定社会关系中受到损失的利益。法律责任的预防功能，就是通过使违法者、违约人承担法律责任，教育违法者、违约人和其他社会成员，预防违法或违约行为的产生。法律责任通过设定违法和违约行为必须承担的不利的法律后果，表明社会和国家对这些行为的否定态度。这不仅对违法者或违约人具有教育、震慑作用，而且也可以教育其他社会成员依法办事，不做有损社会、国家、集体和他人合法利益的行为。

第二章 立法与法律实施

第一节 立法的概念和原则

一、立法的概念

立法是特定国家机关在其法定职权范围内，依法定程序，制定、修改和废止法律规范以及认可法律规范的活动。

理解立法的概念，需要把握以下特征。

第一，立法是国家的一项专门活动，是国家履行职能的主要方式之一。首先，它是由国家专门机关进行的，其他任何组织、团体和个人，非经国家机关授权，都不得进行立法活动。其次，它不是任何国家机关都可以进行的，而是享有立法权的国家机关的专有活动，这种权限是由宪法等法律规定的。最后，它不是国家机关的唯一职能，国家机关的职能包括立法、行政、司法等，立法职能的履行主要是通过法的制定活动来实现的，并且为其他国家职能的履行和实现提供标准和依据。

第二，立法是一种严格按照程序进行的活动。首先，立法活动必须遵循法定的程序。其次，不同效力等级的法律，有不同的程序规定。违反法定程序制定的法律不具备法律效力。

第三，立法既包括法律的创制，也包括对已有法律规范的修改和废止。首先，立法是对社会实行国家领导的一种方式，直接目的是产生具有普遍约束力的法律规范。其次，立法不仅包括产生新的法律规范的活动，而且包括对已有的规范从法律上加以认可或者进行修改和废止的活动。

二、立法的基本原则

立法的基本原则，是指立法活动必须遵循的指导思想和方针、准则。根据《中华人民共和国立法法》（以下简称《立法法》）的规定，我国立法应当遵循以下原则。

（一）遵循宪法的基本原则

宪法是国家的根本大法。宪法规定了国家的根本制度和根本任务，是社会主义法治的基础，具有最高的法律效力。合宪是立法活动最基本、最重要的原则。一切法律、行政法规、地方性法规、规章、自治条例和单行条例、规范性文件必须符合宪法的精神，不得与宪法相抵触。

（二）依照法定权限和程序

立法应依法定权限进行。一是主体要合法，必须是具有立法职权的特定机关。二是立法主体要在法定权限范围内立法，不得越权立法。同时，立法要遵循法定的程序。程序对保证立法质量具有重要意义，没有程序公正，就很难保证实体公正和结果公正。应当提高对程序重要性的认识，严格按照法定的程序立法。

（三）从国家利益出发，维护社会主义法制的统一和尊严

坚持社会主义法制的统一，是法制建设的一条根本原则。《宪法》第五条规定："国家维护社会主义法制的统一和尊严。"宪法具有最高的法律效力，一切法律、行政法规、地方性法规、规章、自治条例和单行条例都不得同宪法相抵触；法律的效力高于行政法规、地方性法规、规章；行政法规的效力高于地方性法规、规章；地方性法规的效力高于本级和下级地方政府规章，省、自治区的人民政府制定的规章的效力高于本行政区域内的设区的市、自治州的人民政府制定的规章等。在内容上，下位法不得与上位法抵触，抵触即无效。维护法制的统一也是实行社会主义市场经济的客观要求。因为只有法制的统一，才能形成全国统一的、开放的、有序的市场，有利于公平竞争。所以，维护法制的统一和尊严是维护国家统一以

及国内市场统一的重要保障。为了维护社会主义法制的统一，在起草制定人力资源和社会保障法律、行政法规、地方性法规、规章时，要从国家的整体利益出发，从人民长远、根本的利益出发，防止不从国家整体利益考虑，只考虑地方、部门利益的狭隘观点。

（四）体现人民意志，发扬社会主义民主

法是上升为国家意志的行为规范。我国是人民民主专政的社会主义国家，人民是国家的主人，因此，立法一定要体现人民的意志，代表和反映全国人民长远的、整体的、根本的利益。体现人民意志，必须发扬社会主义民主。其一，立法应当体现人民的意志，立法权在根本上属于人民，由人民行使。人民代表大会是人民行使立法权的主要形式。其二，立法的内容要体现人民性，坚持以人为本、立法为民。在立法工作中，始终坚持把实现好、维护好、发展好最广大人民的根本利益作为出发点和落脚点。其三，立法过程和程序民主，要发扬社会主义民主，坚持立法公开，保障人民通过多种途径参与立法活动。如通过公布法律法规草案和举行立法座谈会、论证会、听证会等，广泛听取各方面意见尤其是基层群众的意见，切实做到集思广益、凝聚共识，使制定的法律法规充分体现人民群众的共同意愿。

（五）从实际出发，科学合理地规范社会关系

坚持立法从我国国情和实际出发，是法制建设的客观要求。在立法工作中，应当从实际出发，适应经济社会发展和全面深化改革的要求，紧紧围绕经济建设这个中心任务，紧紧围绕全面建设小康社会的奋斗目标，紧紧围绕推动科学发展和促进社会和谐。正确把握改革发展稳定的关系，妥善处理法律稳定性和实践变动性的关系，妥善处理法律前瞻性与可行性的关系，确保立法进程与改革开放和社会主义现代化建设进程相适应。立法还要科学合理地规定公民、法人和其他组织的权利与义务，国家机关的权力与责任。有的地方和部门在立法工作中对公民的义务强调得多，对公民权益保护力度不够；对部门的权力强调得多，对应负的责任规定不够。这些都是在立法工作中应当克服和避免的。同时，法律规范应当明确、具体，

具有针对性和可执行性。

第二节 立法体制和程序

一、立法体制

（一）立法体制的概念

立法体制，是关于一国立法机关设置及其立法权限划分的体系和制度，即有关法的创制的权限划分所形成的制度和结构，它既包括中央和地方关于法的创制权限划分的制度和结构，也包括中央各国家机关之间及地方各国家机关之间关于法的创制权限划分的制度和结构。

（二）我国现行的立法体制

我国是统一的、单一制的国家，各地方经济、社会发展又很不平衡。与这一国情相适应，在最高国家权力机关集中行使立法权的前提下，为了使法律既能通行全国，又能适应各地方的不同情况和需要，《立法法》根据《宪法》确定的“在中央的统一领导下，充分发挥地方的主动性、积极性”的原则，确立了我国统一而又分层次的立法体制。

全国人民代表大会及其常务委员会行使国家立法权。根据我国《宪法》规定，全国人民代表大会和全国人民代表大会常务委员会行使国家立法权。全国人民代表大会修改宪法，制定和修改刑事、民事、国家机构的和其他的基本法律。全国人民代表大会常务委员会制定和修改除应当由全国人民代表大会制定的法律以外的其他法律；在全国人民代表大会闭会期间，对全国人民代表大会制定的法律进行部分补充和修改，但是不得同该法律的基本原则相抵触；解释法律。

国务院即中央人民政府根据宪法和法律，制定行政法规。

省、自治区、直辖市的人民代表大会及其常务委员会根据本行政区域的具体情况和实际需要，在不同宪法、法律、行政法规相抵触的前提下，可以制定地方性法规；设区的市的人民代表大会及其常务委员会根据本市的具体情况和实际需要，在不同宪法、法律、行政法规和本省、自治区的地方性法规相抵触的前提下，可以制定地方性法规，报省、自治区的人民代表大会常务委员会批准后施行。

经济特区所在地的省、市的人民代表大会及其常务委员会根据全国人民代表大会的授权决定，还可以制定法规，在经济特区范围内实施。

自治区、自治州、自治县的人民代表大会有权依照当地民族的政治、经济和文化的特点，制定自治条例和单行条例，对法律、行政法规的规定作出变通规定。自治区的自治条例和单行条例报全国人民代表大会常务委员会批准后生效，自治州、自治县的自治条例和单行条例报省、自治区、直辖市的人民代表大会常务委员会批准后生效。

国务院各部、委员会、中国人民银行、审计署和具有行政管理职能的直属机构，可以根据法律和国务院的行政法规、决定、命令，在本部门的权限范围内，制定规章。此类规章被称为部门规章。

省、自治区、直辖市和设区的市、自治州的人民政府，可以根据法律、行政法规和本省、自治区、直辖市的地方性法规，制定规章。此类规章被称为地方政府规章。

中央军事委员会根据宪法和法律，制定军事法规。中央军事委员会各总部、军兵种、军区，可以根据法律和中央军事委员会的军事法规、决定、命令，在其权限范围内，制定军事规章。

中华人民共和国特别行政区根据宪法的规定，在《中华人民共和国香港特别行政区基本法》和《中华人民共和国澳门特别行政区基本法》的框架内行使立法权。

在分层次的立法体制中保证法制统一，主要靠两种制度。一是明确不同层次法律规范的效力。宪法具有最高的法律效力，一切法律、法规都不得同宪法相抵触。法律的效力高于行政法规，行政法规不得同法律相抵触。法律、行政法规的效力高于地方性法规和规章，地方性法规和规章不得同法律、行政法规相抵触。地方性法规的效力高于地方政府规章，地方政府规章不得同地方性法规相抵触。二是实行立法监督制度。行政法规要向全国人民代表大会常务委员会备案，地方性法规要向全国人民代表大会常务委员会和国务院备案，规章要向国务院备案。全国人民代表大会常务委员会有权撤销同宪法、法律相抵触的行政法规，有权撤销同宪法、法律和行政法规相抵触的地方性法规，国务院有权改变或者撤销不适当的规章。

二、立法程序

立法程序，是指立法机关制定、修改和废止法律的法定步骤和方式。立法程序是立法决策民主化和科学化的重要保障，对于规范立法活动，加快立法步伐，提高立法质量，完善中国特色社会主义法律体系，具有十分重要的意义。《立法法》《行政法规制定程序条例》《规章制定程序条例》等法律、行政法规对立法程序作了明确、系统的规定。人力资源和社会保障立法活动必须遵守这些规定。

（一）全国人民代表大会及其常务委员会制定法律的立法程序

根据《立法法》的规定，制定法律的立法程序包括四个阶段：法律案的提出，法律案的审议，法律案的表决和通过，法律案的公布。

1. 法律案的提出

法律案的提出，是指享有法定权限的国家机关、团体、组织和个人向全国人民代表大会及其常务委员会提出关于制定、修改、废止法律的议案。法律案的提出是立法程序的第一阶段。

（1）法律案。法律案是国家立法机关予以审议、讨论的具有法律性质的议案。提出法律案与起草法律（草案）是两个不同的概念。提出法律案的主体只能是法定主体，即只有享有立法提案权的机关、团体、组织和个人才有权提出法律案。提出法律案是一项法定的专属活动。起草法律（草案）的主体不具有法定性，任何机关、团体、组织和个人都可以自行或委托他人起草法律（草案），但是并不因此而享有提出法律案的权利。

（2）法律案的提案权。根据《立法法》规定，有权向全国人民代表大会提出法律案的有：全国人民代表大会主席团、全国人民代表大会常务委员会、国务院、中央军事委员会、最高人民法院、最高人民检察院、全国人民代表大会各专门委员会；一个代表团或者30名以上的代表联名，也可以提出法律案。可以向全国人民代表大会常务委员会提出法律案的有：委员长会议、国务院、中央军事委员会、最高人民法院、最高人民检察院、全国人民代表大会各专门委员会、常务委员会组成人员10人以上联名。

法律案提出后要列入议程，必须经过一定程序。根据《立法法》规定：向全国人民代表大会提出的法律案，由大会主席团决定列入会议议程；一个代表团或者30名以上代表联名提出的法律案，是否列入会议议程，由大会主席团决定，或者先交有关的专门委员会审议，提出是否列入会议议程的意见，再决定是否列入会议议程。向全国人民代表大会常务委员会提出的法律案，由委员长会议决定列入常务委员会会议议程，或者先交有关的专门委员会审议、提出报告，再决定列入常务委员会会议议程。

从我国的立法实践来看，人力资源和社会保障方面的法律案，一般是由国务院提出。截至目前，人力资源和社会保障方面的法律，主要是由国务院所属的人力资源和社会保障行政部门起草法律草案，这些法律草案经过法定程序，经国务院审议通过后，作为国务院的法律案，由国务院总理签署后提请全国人民代表大会常务委员会审议。也有例外，《中华人民共和国劳动争议调解仲裁法（草案）》就是由全国人民代表大会常务委员会法制工作委员会起草，并由全国人民代表大会法律委员会于2007年8月提请全国人民代表大会常务委员会审议的。

2. 法律案的审议

法律案的审议，是制定法律的一个十分重要的、关键的阶段，要充分发扬民主，在广泛民主基础上集中。《立法法》强调了以下几个问题。

（1）事先通知代表或委员要审议的问题，以便其有时间进行准备。《立法法》规定，全国人民代表大会常务委员会决定提请全国人民代表大会审议的法律案，应当在会议举行的 1 个月前将法律草案发给代表；列入常务委员会会议议程的法律案，除特殊情况外，应当在会议举行的 7 日前将法律草案发给常委会组成人员。同时，这里规定的 7 日是针对第一次列入议程的法律草案，至于二审稿、三审稿不在此列。

（2）提供对法律案的说明和有关资料。《立法法》规定，提出法律案应当同时提出法律草案文本及其说明，并提供必要的参阅资料。法律草案的说明应当包括制定或者修改法律的必要性、可行性和主要内容，以及起草过程中对重大分歧意见的协调处理情况。全国人民代表大会各代表团和常务委员会分组审议法律案时，提案人应当派人听取意见，回答询问，根据代表团或小组的要求，有关机关、组织应当派人介绍情况。

（3）要广泛听取各方面的意见。《立法法》规定，列入常务委员会会议议程的法律案，法律委员会、有关的专门委员会和常务委员会工作机构可以采取座谈会、论证会、听证会等多种形式听取意见。常务委员会工作机构应当将法律草案发送有关机关、组织和专家征求意见，将意见整理后送法律委员会和有关的专门委员会，并根据需要，印发常务委员会会议。

《立法法》还规定，列入常务委员会会议议程的法律案，应当在常务委员会会议后将法律草案及其起草、修改的说明等向社会公布，征求意见。但是经委员长会议决定不公布的除外。向社会公布征求意见的时间一般不少于 30 日。公开法律草案征求意见的优点是使那些在正常立法程序中没有机会发出声音或者表达自己要求的群体发表自己的看法，使法律能够更好地、更充分地反映人民意志，提高立法质量。

（4）有关专门委员会进行审议，法律委员会统一进行审议。《立法法》规定，列入常务委员会会议议程的法律案由有关的专门委员会进行审议，提出审议意见，印发常务委员会会议。法律委员会根据常务委员会组成人员、有关的专门委员会的审议意见和各方面提出的意见，对法律案进行统一审议，提出修改情况的汇报或者审议结果报告和法律草案修改稿，对重要的不同意见应当在汇报或者审议结果报告中予以说明。对有关的专门委员会的重要审议意见没有采纳的，应当向有关的专门委员会反馈。法律委员会审议法律案时，应当邀请有关专门委员会的成员列席会议，发表意见。

(5) 常务委员会审议法律案一般要实行三审制。《立法法》规定，列入常务委员会会议议程的法律案，一般应当经三次常务委员会会议审议后再交付表决。常务委员会会议第一次审议法律案，在全体会议上听取提案人的说明，由分组会议进行初步审议；常务委员会会议第二次审议法律案，在全体会议上听取法律委员会关于法律草案修改情况和主要问题的汇报，由分组会议进一步审议；常务委员会会议第三次审议法律案，在全体会议上听取法律委员会关于法律草案审议结果的报告，由分组会议对法律草案修改稿进行审议。

同时，有三种特殊情况，可不受三次审议的约束。第一种情况是各方面意见比较一致的，可以经两次常务委员会会议审议后交付表决。第二种情况是调整事项较为单一或者部分修改的法律案，各方面的意见比较一致的，也可以经一次常务委员会审议即交付表决。第三种情况是因各方面对制定该法律的必要性、可行性等重大问题存在较大分歧搁置审议满两年的，或者因暂不付表决经过两年没有再次列入常务委员会会议议程审议的，由委员长会议向常务委员会报告，该法律案终止审议。

法律案的审议是立法程序中十分重要的阶段，对法律案的审议过程，实际是审议者们对立法项目所规范调整的客观事实进行深入认识和了解的过程，是审议者们对该立法项目的立法目的、意义、作用、可行性和预期社会效果等进行认识、了解和研究的过程，是审议者们交换观点、沟通看法，对法律草案进行修改、补充和完善的过程，更重要的是审议者们通过行使审议权，对法律案最终认同与否作出决策。因而，法律案的审议在立法程序中有着重要作用和意义。

3. 法律案的表决和通过

这是立法程序的第三个阶段，即全国人民代表大会及其常务委员会对经过审议的法律案正式表示同意与否的活动。

表决通过需要一定的法定票数，我国采取的是绝对多数原则。《立法法》规定，法律草案修改稿经各代表团审议，由法律委员会根据各代表团的审议进行修改，提出法律草案表决稿，由主席团提请全国人民代表大会全体会议表决，由全体代表的过半数通过。法律草案修改稿经常务委员会会议审议，由法律委员会根据常务委员会组成人员的审议意见进行修改，提出法律草案表决稿，由委员长会议提请常务委员会全体会议表决，由常务委员会全体组成人员的过半数通过。从我国的立法实践看，绝大多数法律案都是高票通过的，有的法律案全票通过。也有交付表决后未获通过的例子，第九届全国人民代表大会常务委员会第九次会议上国务院提交的《中华人民共和国公路法修正案（草案)》，由于赞成票未超过常务委员会组成人员的半数而未获通过。

4. 法律案的公布

法律案经全国人民代表大会或者其常务委员会通过，还不能说完成了立法程序，必须经国家主席签发主席令公布，才算完成立法程序。

我国《宪法》规定，国家主席根据全国人民代表大会和全国人民代表大会常务委员会的决定，公布法律。公布法律是立法程序必经的步骤，获得通过的法律未经这一步骤，不能产生法律效力。因为法律是要人人遵守的，要大家遵守，就要大家知道，法律签署公布后，应当及时在全国人民代表大会常务委员会公报和中国人大网以及在全国范围内发行的报纸上刊载。

法律经国家主席令公布，就发生法律效力，但发生法律效力和法律施行时间并不都完全一样。有的法律自公布之日起施行，但大多数法律要经过一段时间再实施，短则几个月，长则一年之后再实施。这样做有以下好处：可以使大家了解法律规定；可以为法律实施进行准备，包括思想、组织、制度、物质等方面的准备，以保证法律更好地实施。因此，《立法法》专门规定，法律应当明确规定其施行时间。签署公布法律的主席令应当载明该法律的制定机关、通过和施行日期。

我国地方各级人民代表大会及其常务委员会制定包括人力资源和社会保障法规在内的地方性法规的程序，大体上与上述步骤相似。

（二）行政法规的立法程序

根据《立法法》和《行政法规制定程序条例》等法律法规规定，行政法规的立法程序依次是：立项、起草、审查、决定与公布、备案和解释。

1. 行政法规的立项

行政法规的立项，是指有行政法规报请立项权的单位向国务院提出制定、修改、废止行政法规的意见和建议。这些单位主要有：国务院各部、委，国务院直属机构，国务院的办事机构，国务院由部委归口管理的国家局，国务院非常设机构。立项申请应当说明立法项目所要解决的主要问题、依据的方针政策和拟确立的主要制度。国务院法制机构应当根据国家总体工作部署，对行政法规立项申请和公开征集的行政法规制定项目建议进行评估论证，突出重点，统筹兼顾，拟订国务院年度立法工作计划，报党中央、国务院批准后向社会公布。

国务院有关部门认为需要制定行政法规的，应当及时向国务院报请立项。根据《行政法规制定程序条例》的规定，列入国务院年度立法工作计划的行政法规项目应当符合下列要求：贯彻落实党的路线方针政策和决策部署，适应改革、发展、稳定的需要；有关的改革实践经验基本成熟；所要解决的问题属于国务院职权范围并需要国务院制定行政法规的事项。

2. 行政法规的起草

行政法规由国务院组织起草，国务院年度立法工作计划确定行政法规由国务院的一个部门或者几个部门具体负责起草工作，也可以确定由国务院法制机构起草或者组织起草。

起草行政法规，起草部门应当深入调查研究，总结实践经验，广泛听取有关机关、组织和公民的意见。涉及社会公众普遍关注的热点难点问题和经济社会发展遇到的突出矛盾，减损公民、法人和其他组织权利或者增加其义务，对社会公众有重要影响等重大利益调整事项的，应当进行论证咨询。听取意见可以采取召开座谈会、论证会、听证会等多种形式。起草行政法规，起草部门应当将行政法规草案及其说明等向社会公布，征求意见，但是经国务院决定不公布的除外。向社会公布征求意见的期限一般不少于30日。起草专业性较强的行政法规，起草部门可以吸收相关领域的专家参与起草工作，或者委托有关专家、教学科研单位、社会组织起草。

起草行政法规，起草部门应当就涉及其他部门的职责或者与其他部门关系紧密的规定，与有关部门充分协商，涉及部门职责分工、行政许可、财政支持、税收优惠政策的，应当征得机构编制、财政、税务等相关部门同意。

起草部门将行政法规送审稿报送国务院审查时，应当一并报送行政法规送审稿的说明和有关材料。行政法规送审稿的说明应当对立法的必要性，主要思路，确立的主要制度，征求有关机关、组织和公民意见的情况，各方面对送审稿主要问题的不同意见及其协调处理情况，拟设定、取消或者调整行政许可、行政强制的情况等作出说明。有关材料主要包括所规范领域的实际情况和相关数据、实践中存在的主要问题、国内外的有关立法资料、调研报告、考察报告等。

根据《人力资源社会保障部立法工作规定》，人力资源和社会保障行政法规草案，由法规司组织部内有关单位和相关方面专家成立起草小组负责起草。起草小组应当根据情况组织调查研究，总结实践经验，广泛听取各有关方面的意见。行政法规送审稿经部务会审议通过后，由部长签署后报送国务院。

3. 行政法规送审稿的审查

行政法规起草完成后，起草单位应当将送审稿及其说明和有关材料送国务院法制机构进行审查。国务院法制机构应当将行政法规送审稿或者行政法规送审稿涉及的主要问题发送国务院有关部门、地方人民政府、有关组织和专家征求意见。除依法需要保密的外，所有行政法规送审稿及其说明都要通过中国政府法制信息网公布，公开征求社会各方面意见。行政法规送审稿涉及重大利益调整的，国务院法制机构应当进行论证咨询，广泛听取有关方面的意见。论证咨询可以采取座谈会、论证会、听证会、委托研究等多种形式。行政法规送审稿涉及重大利益调整或者存在重大意见分歧，对公民、法人或者其他组织的权利义务有较大影响，人民群众普遍关注的，国务院法制机构可以举行听证会，听取有关机关、组织和公民的意见。国务院有关部门对行政法规送审稿涉及的主要制度、方针政策、管理体制、权限分工等有不同意见的，国务院法制机构应当进行协调，力求达成一致意见。经过充分协调不能达成一致意见的，国务院法制机构、起草部门应当将争议的主要问题、有关部门的意见以及国务院法制机构的意见及时报国务院领导协调，或者报国务院决定。国务院法制机构应当认真研究各方面的意见，与起草部门协商后，对行政法规送审稿进行修改，形成行政法规草案和对草案的说明，提请国务院常务会议审议。对调整范围单一、各方面意见一致或者依据法律制定的配套行政法规草案，可以采取传批方式，由国务院法制机构直接提请国务院审批。

4. 行政法规的决定与公布

行政法规草案由国务院常务会议审议，或者由国务院审批。国务院常务会议审议通过行政法规与全国人民代表大会及其常务委员会通过法律案的最大差别是，前者不实行少数服从多数的表决制，而是由总理根据会议人员的意见，在民主集中制的原则下最后作出决定。

行政法规由总理签署国务院令公布施行。行政法规签署公布后，在国务院公报和中国政府法制信息网以及在全国范围内发行的报纸上刊载。在国务院公报上刊载的行政法规文本为标准文本。

5. 行政法规的备案和解释

备案制度是一种有效的立法监督制度。《行政法规制定程序条例》规定，行政法规在公布后的 30 日内由国务院办公厅报全国人大常委会备案。

《行政法规制定程序条例》规定，行政法规的规定需要进一步明确具体含义的，或出现新的情况，需要明确适用行政法规依据的，由国务院解释。行政法规的解释与行政法规具有同等效力。国务院各部门或者省、自治区、直辖市人民政府可以向国务院提出行政法规解释的要求。

对属于行政工作中具体应用行政法规的问题，省、自治区、直辖市人民政府法制机构以及国务院有关部门法制机构请求国务院法制机构解释的，国务院法制机构可以研究答复；其中涉及重大问题的，由国务院法制机构提出意见，报国务院同意后答复。

（三）规章的立法程序

根据《立法法》规定，国务院各部、委员会、中国人民银行、审计署和具有行政管理职能的直属机构，可以根据法律和国务院的行政法规、决定、命令，在本部门的权限范围内，制定规章。省、自治区、直辖市和设区的市、自治州的人民政府，可以根据法律、行政法规和本省、自治区、直辖市的地方性法规，制定规章。2001年11月，国务院制定颁布了《规章制定程序条例》（2017年12月22日修订），对规章的立项、起草、审查、决定和公布、解释与备案等程序作了规定。

1. 规章的立项

《规章制定程序条例》规定：国务院部门内设机构或者其他机构认为需要制定部门规章的，应向该部门报请立项；省、自治区、直辖市和设区的市、自治州的人民政府所属工作部门或者下级人民政府认为需要制定地方政府规章的，应当向省、自治区、直辖市或者设区的市、自治州的人民政府报请立项；也可以向社会公开征集规章制定项目建议。国务院部门法制机构，省、自治区、直辖市和设区的市、自治州的人民政府法制机构，应当对制定规章的立项申请和公开征集的规章制定项目建议进行评估论证，拟订本部门、本级人民政府年度规章制定工作计划，报本部门、本级人民政府批准后向社会公布。

2. 规章的起草

《规章制定程序条例》规定：部门规章由国务院部门组织起草，

地方政府规章由省、自治区、直辖市和设区的市、自治州的人民政府组织起草。

起草规章，应当深入调查研究，总结实践经验，广泛听取有关机关、组织和公民的意见。听取意见可以采取书面征求意见、座谈会、论证会、听证会等多种形式。起草专业性较强的规章，可以吸收相关领域的专家参与起草工作，或者委托有关专家、教学科研单位、社会组织起草。除依法需要保密的外，应当将规章草案及其说明等向社会公布，征求意见。向社会公布征求意见的期限一般不少于30日。

起草规章，涉及社会公众普遍关注的热点难点问题和经济社会发展遇到的突出矛盾，减损公民、法人和其他组织权利或者增加其义务，对社会公众有重要影响等重大利益调整事项的，起草单位应当进行论证咨询，广泛听取有关方面的意见。起草的规章涉及重大利益调整或者存在重大意见分歧，对公民、法人或者其他组织的权利义务有较大影响，人民群众普遍关注，需要进行听证的，起草单位应当举行听证会听取意见。

起草部门规章，涉及国务院其他部门的职责或者与国务院其他部门关系紧密的，起草单位应当充分征求国务院其他部门的意见。起草地方政府规章，涉及本级人民政府其他部门的职责或者与其他部门关系紧密的，起草单位应当充分征求其他部门的意见。起草单位与其他部门有不同意见的，应当充分协商；经过充分协商不能取得一致意见的，起草单位应当在上报规章送审稿时说明情况和理由。

起草单位应当将规章送审稿及其说明、对规章送审稿主要问题的不同意见和其他有关材料按规定报送审查。规章送审稿的说明应当对制定规章的必要性、规定的主要措施、有关方面的意见及其协调处理情况等作出说明。有关材料主要包括所规范领域的实际情况和相关数据、实践中的主要问题、汇总的意见、听证会笔录、调研报告、国内外有关立法资料等。

3. 规章的审查

《规章制定程序条例》规定：规章送审稿由法制机构负责统一审

查。法制机构应当将规章送审稿或者规章送审稿涉及的主要问题发送有关机关、组织和专家征求意见。法制机构应当就规章送审稿涉及的主要问题，深入基层进行实地调查研究，听取基层有关机关、组织和公民的意见。规章送审稿涉及重大利益调整的，法制机构应当进行论证咨询，广泛听取有关方面的意见。论证咨询可以采取座谈会、论证会、听证会、委托研究等多种形式。规章送审稿涉及重大利益调整或者存在重大意见分歧，对公民、法人或者其他组织的权利义务有较大影响，人民群众普遍关注，起草单位在起草过程中未举行听证会的，法制机构经本部门或者本级人民政府批准，可以举行听证会。

有关机构或者部门对规章送审稿涉及的主要措施、管理体制、权限分工等问题有不同意见的，法制机构应当进行协调，力求达成一致意见；不能达成一致意见的，法制机构应当将主要问题、有关机构或者部门的意见和法制机构的意见报本部门或者本级人民政府领导协调，或报本部门或本级人民政府决定。法制机构应当认真研究各方面的意见，与起草单位协商后，对规章送审稿进行修改，形成规章草案和对草案的说明。说明应当包括制定规章拟解决的主要问题、确立的主要措施以及与有关部门的协调情况等。规章草案和说明由法制机构主要负责人签署，提出提请本部门或者本级人民政府有关会议审议的建议。

4. 规章的决定和公布

《立法法》和《规章制定程序条例》规定，部门规章应当经部务会议或者委员会会议决定，地方政府规章应当经政府常务会议或者全体会议决定。

经会议审议认为规章草案可行，即为通过，予以公布。部门规章签署公布后，应在国务院公报或者部门公报和中国法制信息网以及全国范围内发行的有关报纸应当及时予以刊载；地方政府规章签署公布后，本级人民政府公报和中国法制信息网以及本行政区域范围内发行的报纸应当及时刊载。在部门公报或者国务院公报和地方人民政府公报上刊载的规章文本为标准文本。

规章应当自公布之日起30日后施行；但是，涉及国家安全、外汇汇率、货币政策的确定以及公布后不立即施行将有碍规章施行的，可以自公布之日起立即施行。

5. 规章的解释与备案

《规章制定程序条例》规定：规章解释权属于规章制定机关。规章的解释与规章具有同等效力。

部门规章应当自公布之日起30日内，由国务院部门报国务院备案；地方政府规章公布后，由省、自治区、直辖市和设区的市、自治州的人民政府报国务院备案，同时报本级人民代表大会常务委员会备案。设区的市、自治州的人民政府制定的规章应当同时报省、自治区的人民代表大会常务委员会和人民政府备案。

第三节 法律实施检查

一、法律实施检查的概念

检查制度是新中国成立初期在管理大城市的过程中建立起来的一种工作制度，其目的主要在于保障各项政策落实。在政府行为法制化以后，这一制度发展成为保障政府行为法制化的一种重要工作手段。1993年，第八届全国人民代表大会常务委员会第三次会议通过的《关于加强对法律实施情况检查监督的若干规定》，将法律实施检查作为国家重要工作任务，使之程序化、制度化，并通过制度化的检查监督来确保法律实施。

人力资源和社会保障法律实施检查，是指各级人力资源社会保障行政部门按照其职能，为促进和实现人力资源和社会保障法律、行政法规、规章和地方性法规得以贯彻落实而采取的一系列有关活动，主要包括法律实施检查计划与组织、法律实施指标评估、法律实施调查研究、法律实施检查报告、责令整改通报或通知等。

（一）与行政执法检查的区别

一般而言，行政执法检查是指具有行政管理权限的行政主体依法对行政相对人服从行政管理情况进行检查、了解、监督的外部具体行政行为。法律实施检查与行政执法检查的区别有：从检查的目的看，前者是以推进法律实施为直接目的，后者是以实现行政管理为直接目的；从检查的内容看，前者主要是法律法规层面上的执行情况，后者除遵守法律法规具体情形外，还包括具体的行政决定、行政命令、行政处罚等；从检查的对象来看，前者则更为广泛，但主要是针对内部具体执法机构的一种工作监督，后者只是针对行政管理相对人；从行为属性看，前者是内部监督行为，对外不产生法律效果，因而是一种行政事实行为，又称准法律行为，后者是对外具体行政行为，要产生相应的法律后果。

（二）与人大执法检查的区别

两者同属法律实施检查监督，既有联系，如检查的目的都是在于确保和推动法律有效实施，也有区别，在检查实施主体、检查对象、检查的程序与后果处理等方面有明显不同。如人大执法检查的主体是各级人民代表大会常务委员会或专门委员会设立的执法检查组，检查的对象是人大制定的法律和重要决定，检查的法律效果是人民代表大会会议审议检查报告的通过。更为明显的是，两者的行为属性不同。法律实施检查实质属于内部行政行为，人大执法检查则是外部权力机关对行政机关的监督行为，并已由国家明文统一规定，有一套比较成熟的工作流程，而前者尚处探索阶段，应从立法上作进一步规范统一。

二、法律实施检查的分类

除了依主体不同可分为国家权力机关法律实施检查与国家行政机关法律实施检查外，我们还可以根据不同标准，作以下分类。

根据检查的法律对象不同，可分为一般法律实施检查与特定法律实施检查。一般法律实施检查是指对各级人力资源社会保障行政部门普遍遵守的各类行政法律法规在本系统实施情况的检查，如对《中华人民共和国行政许可法》（以下简称《行政许可法》）、《中华人民共和国行政处罚法》（以下简称《行政处罚法》）、《中华人民共和国行政复议法》(以下简称《行政复议法》)、《中华人民共和国政府信息公开条例》实施情况的检查等；特定法律实施检查是指对以人力资源社会保障行政部门为法律实施主管机关的所有法律法规实施情况的检查，如对《劳动法》、《中华人民共和国就业促进法》(以下简称《就业促进法》)、《劳动保障监察条例》、《中华人民共和国公务员法》(以下简称《公务员法》) 等实施情况的检查等。

根据法律运行环节不同，可分为对行政执法情况的检查、守法情况的检查、司法情况的检查和法律监督情况的检查。行政执法情况的检查，是指对各级人力资源社会保障行政主体执行法律法规情况的检查；守法情况的检查，是指对公民、法人等社会组织行使权利、履行义务、遵守人力资源社会保障法律情况的检查；对司法情况的检查，是指对劳动人事争议调解仲裁情况的执法检查；对法律监督情况的检查，是指对各级人力资源社会保障行政复议机构实施行政复议法规情况的检查。

根据检查权限的来源不同，可分为依职权的检查、依授权的检查与依委托的检查。依职权的检查是指法律实施检查主体是依据自身的职权所实施的检查；依授权的检查是指法律实施检查主体不是依据本身职权，而是依据法律法规授权所进行的检查；依委托的检查是指享有检查权限的主体将自己的权限委托给其他主体，在委托范围内组织实施。依授权与依委托检查的区别主要是前者以被授权主体自己的名义进行并承担相应后果，后者不能以受托者自己的名义只能以委托者的名义进行，法律后果也由委托者承担。

此外还可以进行其他分类。如根据方式不同，可分为普查、专门检查和个案检查；根据检查的时间不同，可分为经常性检查与临时性检查、定期检查与不定期检查；根据检查主体数量不同，可分为单独检查与联合检查等。

三、法律实施检查的方式与方法

法律实施检查的方式与方法，是指检查主体为达到检查目的而采取的做法、措施和手段，具有多样性与灵活性。要穷尽列举检查的方式方法恐怕不可能，这里仅借鉴全国人大法律实施检查的做法和实践中的经验，作如下简单概括。

（一）听取汇报

听取汇报一般是指检查主体按照检查计划安排，听取检查相对人汇报、说明有关情况，了解其守法、执法和适用法律的现状、存在的问题及原因分析。听取汇报是较常用的一种检查方法，能够迅速掌握一般信息、获取基本情况。但由于听取汇报只是单方面听取检查相对人的陈述和说明，所以只有与其他检查方式方法相结合，才能深入掌握全面情况。

（二）座谈访谈

座谈访谈一般是指检查主体为获取特定信息，了解真实情况，邀请或走访一定范围内的相关单位与人员，采取面对面对话沟通方式，直接了解和掌握法律实施的真实情况，研究法律实施中存在的问题。该方法经常与结构性问卷调查相结合，具有直接性、真实性等特点，但费时、费力，成本较高。

（三）实地调查

实地调查一般是指检查主体为了获取第一手信息与资料，主动深入基层、深入实际、深入群众，到工作一线具体了解、查明有关法律实施的相关情况。实地调查可以事先通知，也可以突击检查。可以公开调查，也可以暗访，但调查的结果应当告知检查相对人，以听取其申辩意见。

（四）调阅审查

调阅审查一般是指检查主体按照职权，要求检查相对人就调查事项提供必要的资料，并对其呈送的有关书面资料进行核实、查验等。

（五）统计分析

统计分析一般是指检查主体通过某些数据来对检查相对人有关情况进行检查的一种方法。如通过对劳动合同签约率的统计分析，检查有关主体执行劳动合同法相关法规的情况。检查主体可以通过对统计资料的整理、分析，及时掌握相关情况，发现问题，采取相应措施，推进法律的有效实施。

（六）考核奖惩

考核奖惩一般是指检查主体按照有关规定，对法律实施情况进行评估、验收和奖惩，以鼓励先进，鞭策落后。

第四节 人力资源和社会保障立法与法律实施

一、人力资源和社会保障立法概况

改革开放以来，我国人力资源和社会保障立法取得长足进展。截至2017年年底，由全国人民代表大会常务委员会制定的现行有效的法律有11部，包括《劳动法》、《中华人民共和国劳动合同法》（以下简称《劳动合同法》）、《就业促进法》、《中华人民共和国劳动争议调解仲裁法》（以下简称《劳动争议调解仲裁法》）、《中华人民共和国社会保险法》（以下简称《社会保险法》）以及若干具有法律效力的规定；由国务院制定的现行有效的行政法规有28件，包括《国务院关于职工工作时间的规定》、《职工带薪年休假条例》、《失业保险条例》、《工伤保险条例》、《中华人民共和国劳动合同法实施条例》（以下简称《劳动合同法实施条例》）、《女职工劳动保护特别规定》、《人力资源市场暂行条例》等以及若干具有行政法规效力的规定；由国务院人力资源社会保障部门制定的现行有效的规章共85件。各个地方也制定了2 000多件人力资源和社会保障方面的地方性法规和政府规章。

上述法律、法规和规章，从内容上基本涵盖了目前人力资源和社会保障工作的各个方面，如就业培训、社会保险、收入分配、劳动关系协调、人才队伍建设等。可以说，适应社会主义市场经济体制的人力资源和社会保障立法体系框架已初步形成。

但是，按照形成中国特色社会主义法律体系的要求，按照人力资源和社会保障事业科学发展的要求，目前的人力资源和社会保障立法还有较大差距。存在的突出问题包括以下几个。

一是体系不完善。收入分配、人力资源开发、事业单位人事管理等业务领域，都还没有支架性、综合性法律或者行政法规，制约了业务工作的发展。

二是配套不健全。现行的一些法律，如《就业促进法》《劳动合同法》《劳动争议调解仲裁法》《社会保险法》多是原则性的规定，与其配套的法规、规章还没有出台，影响了这些法律的全面有效实施。

三是边界不清晰。2008 年组建人力资源社会保障部后，之前劳动和人事分别管理所形成的一些法律制度边界不清、交叉重叠的问题凸显出来，如劳动合同与聘用合同、人才市场与劳动力市场、公共管理和服务与市场调节和服务等，有的需要重新厘清边界关系，有的应当尽快加以整合，否则，既影响业务发展，也影响立法的统一和推进。

四是清理不及时。多年累积下来的法规、规章，特别是庞杂的规范性文件，由于清理废改不及时，与上位法不一致、相互之间不协调、与形势发展不适应的问题日益严重。

总之，今后一个时期，人力资源和社会保障立法任务十分繁重。因此，未来一段时期内人力资源和社会保障立法体系构想是一项重要的基础性工程，是人力资源和社会保障立法工作的基本蓝图，是规范和促进人力资源和社会保障事业科学发展的指引。

二、人力资源和社会保障立法体系构想

为了贯彻落实党中央关于形成中国特色社会主义法律体系的要求，明确人力资源和社会保障立法工作目标，加快立法步伐，促进立法内容和谐统一，为人力资源和社会保障事业科学发展提供法律保障，2010 年人力资源社会保障部制定了《人力资源和社会保障立法体系构想》，从完善人力资源和社会保障法律体系的整体布局出发，对加强人力资源和社会保障立法工作作出了部署。

根据《人力资源和社会保障立法体系构想》，人力资源和社会保障立法体系，是以人力资源和社会保障各业务领域的支架性法律为

骨干，由各个专门法律和相应的行政法规、规章相配套而构成的立法文件统一体。完善的人力资源和社会保障立法体系的基本标志是：人力资源和社会保障各业务领域都有相应的支架性法律，专门法律和相配套的法规、规章比较齐备；各个法律、法规、规章之间，下位法与上位法不相抵触，同位法之间互不冲突，内容和谐一致，符合实践需要。

（一）确定立法体系构想的原则

1. 从工作实际出发

在法律部类划分上，在坚持立法体系一般分类标准（即按所调整社会关系的属性和所调整的机制来划分）的同时，立足人力资源和社会保障业务工作的实际需要，力争使立法体系理论分类与业务工作实践需要有机结合。

2. 促进制度统一和业务整合

人力资源和社会保障工作是从原来劳动、人事两块业务整合而来的，管理的对象和方式各有不同，调整的社会关系复杂，涉及的利益群体多元而敏感，因此，构建人力资源和社会保障立法体系是一项系统而复杂的工程，需要对人力资源和社会保障工作进行梳理和归类，科学论证和预测，填补空缺、厘清边界，通过立法促进制度统一和业务整合，推进人力资源和社会保障事业在法制上实现统一。

3. 立足当前，着眼长远，处理好立法与改革的关系

立法是规范当前、保障长远的制度性安排，是促进事业发展的法制保障，但是，当前人力资源和社会保障事业处在改革与发展过程中，改革的思路、方向有的尚不明确，有的处于试点阶段，需要不断总结完善，如社会保险工作、事业单位改革、军转安置、职业资格管理等。因此，立法体系构想要妥善处理好改革与发展的关系，在对事业发展和改革进行科学预测的基础上，立足当前，放眼长远，适度超前，提出下一步立法设想，并结合人力资源和社会保障事业发展“十三五”规划统筹考虑，以体现对人力资源和社会保障事业科学发展的前瞻性和指导性。

（二）立法体系的基本框架

按照人力资源和社会保障法律法规所调整的社会关系性质及调整方式，以及人力资源社会保障部的主要工作职能，未来人力资源和社会保障立法体系总体上可以划分为就业类、劳动类、人才开发类、国家荣誉类以及社会保障类五个干系，以已制定颁布的《就业促进法》《劳动法》《中华人民共和国国家勋章和国家荣誉称号法》《社会保险法》和有待制定的人才开发促进法五部法律为支柱，各自包含若干支系，各个支系所包含的立法文件按照其法律效力的位阶划分为法律、行政法规、部门规章和地方性法规四个层次。因此，初步预测，要建立比较完善的人力资源和社会保障立法体系，未来至少需要新制定（修订）10部以上的法律、40余件行政法规和100多件部门规章以及大量的地方性法规。

下一步将在研究构建人力资源和社会保障立法体系构想的基础上，对其中需要在未来5年左右制定和废改的立法项目进行梳理，提出具体的立法规划，通过规划来协调各个立法项目间的关系，兼顾需要与可能，区分轻重缓急，提高立法效率和质量，并通过年度立法计划来分步实施，逐步完善人力资源和社会保障立法体系。

三、人力资源和社会保障法律实施

（一）人力资源和社会保障法律实施的概念

按照法理学一般意义上的理解，法律实施是指法在社会生活中被人们实际施行，包括执法、司法、守法和法律监督。以实现法的作用和目的为标准，法律实施有三个层次的含义：一是法律规范程序上的贯彻施行，包括法律规范的实施主体、实施行为、实施方式和方法，以及实施活动过程；二是实在法实体内容的实现，主要体现为现行法律所规定的权利义务转变为现实，并按照现行法律的要求形成具体的社会关系和社会秩序；三是法的应然精神和价值切实得到体现。前两个层次，都只是反映法律实施的手段因素，第三个层次是法律实施的深层次含义，体现法律实施的终极目的。

人力资源和社会保障法律体系是一个横跨多个部门法的综合性

法规体系。从其渊源看，涵盖了人事行政、劳动和社会保障法律法规体系。从部门法角度看，既涉及行政法、社会法两大实体法部门，同时，鉴于劳动人事争议处理的准司法性，还涉及了非诉讼程序法部门。

人力资源和社会保障法律实施，有广义和狭义之分。广义的概念是指包括人力资源和社会保障法律法规等在内的具有共性、普遍适用性的法律法规在各级人力资源社会保障部门得以执行、适用和遵守，如《行政许可法》《行政处罚法》等在人力资源社会保障系统内的实施。狭义的概念是指经过立法程序已颁布生效的人力资源和社会保障法律、法规、规章被各类法定主体执行、适用和实际遵守。下面，仅对狭义概念上的法律实施作具体分析，其主要有以下特征。

一是被实施的客体具有特定性。即属于经过立法程序已颁布生效的各类人力资源和社会保障法律、行政法规、规章及地方性法规，处于立法计划或规划阶段尚未公布生效的法律、行政法规、规章、地方性法规除外。不具有法律效力的其他政策性文件，亦不属于实施范围。

二是实施主体具有广泛性。既包括各级人力资源社会保障行政部门，也包括国家行政机关中专门行使人力资源和社会保障行政管理权的部门、被授权或委托具有一定人力资源和社会保障公共管理服务权限的社会团体法人；既包括各类企事业组织、各类社会组织，还包括公民个人，甚至是在我国境内的外国人。

三是实施的内容具有完整性。既包括法律的程序性规定得到实现，也包括法律的实体性规定得到实现，更包括法的价值的实现；既包括法律、法规、规章得到严格执行，也包括被公平适用，更包括被广泛遵守。

四是仍属于上层建筑范畴。法律是上层建筑的一个重要组成部分，是上升为国家意志的“统治阶级的意志”，只有付诸实施的法律，才能成为社会生活的现实，从这个意义上来说，法律实施仍属于社会上层建筑的范畴。

（二）人力资源和社会保障法律实施环节

从一般意义上看，法律实施包括以下主要环节。

1. 人力资源和社会保障执法

人力资源和社会保障执法主要是指各级人力资源社会保障行政部门及其工作人员依照法定职能和程序，对具备法律效力的各类人力资源和社会保障规范性规定的贯彻和执行活动。其具有以下特点：一是必须以国家名义对社会进行管理，具有国家权威性；二是执行主体必须是各级人力资源社会保障行政部门；三是具有主动性、单向性。

人力资源和社会保障执法应遵循的主要原则包括：职权法定原则，是指各级执法主体必须严格按照法律法规规定或授权的范围行使职权、履行职责，越权无效；程序正当原则，是指行政执法主体在执行法律过程中，要严格遵循法定程序，依法保障行政相对人的知情权、参与权和救济权；公正合理原则，是指执法主体在执行法律过程中，要平等对待行政相对人，所采取的措施和手段应当必要、适当；高效便民原则，是指执法主体能够依法高效率、保效益地行使职权，最大限度地方便人民群众。

2. 人力资源和社会保障争议处理

人力资源和社会保障争议处理主要是指有关劳动人事争议处理机构依照法定职权和法定程序，具体应用法律处理案件的专门性活动。作为一项重要的法律实施方式，其具有自身的一些独有特点：程序性、专属性和准司法性。

人力资源和社会保障争议处理应遵循的原则包括：合法原则，即要以事实为根据，以法律为准绳，在查清案情事实的基础上依法处理争议；公正原则，即在争议处理过程中，双方当事人在适用法律上一律平等，不厚此薄彼；及时原则，即要在法定时限内按规定的程序有效处理案件；注重调解原则，即在案件处理过程中，注重在明辨是非和自愿的基础上对当事人耐心劝导、进行调解，这体现了劳动人事争议处理的柔性化趋势。

3. 人力资源和社会保障法律遵守

人力资源和社会保障法律遵守主要是指各级国家机关、社会团体、企业事业单位等组织和公民个人依照法律规定，行使权利（权力）和履行义务（职责）的活动。守法是法律实施的一种基本形式。守法的要素主要包括守法主体、守法范围、守法内容等。在我国，一切组织和个人都是守法主体，具有广泛性。特别是作为人力资源和社会保障法律的实施机关，各级人力资源社会保障部门更应该自觉带头做守法的表率。守法的范围是指守法主体遵守的行为规范种类，包括宪法、法律、行政法规、部门规章、地方性法规、地方政府规章等。守法内容主要是依法履行义务（职责）和依法行使权利（权力），二者有机统一。

（三）人力资源和社会保障法律实施在法治建设中的地位与作用

法律的生命力在于实施，法律的权威也在于实施。制定法律的目的在于实施，建立使法律制度得以执行和遵守的实施体系，对于法治体系来说至关重要。党的十八届四中全会提出："形成完备的法律规范体系、高效的法治实施体系、严密的法治监督体系、有力的法治保障体系。"法律实施是从立法到法治的桥梁，没有完备高效的法治实施体系，再好的法律制度都发挥不出实际效用。

法律实施是法治的重要内容之一，法治的实现主要涉及有法与依法两个方面。所谓"有法"，就是要有良好的、完整和谐的法律；所谓"依法"，就是一旦有了法律，要不折不扣地予以贯彻实施。两者的统一，也就实现了法治。人力资源和社会保障法治建设作为我国社会主义法治建设的一个组成部分和重要环节，除了要加大立法力度，解决一些重要工作领域无法可依的问题外，对已出台的人力资源和社会保障法律、法规、规章，能否更好地贯彻实施，既是我们能否真正贯彻全面依法治国基本方略的"风向标"，也最终决定了我们能否实现人力资源和社会保障事业的科学发展。具体而言，法律实施对法治建设的作用表现在如下三个方面。

一是法律实施是实现法的规范作用的前提。人力资源和社会保障法律具有告示、指引、评价、预测、教育和强制等一系列规范性作用。这些规范性作用只有通过推进法律的真正实施，使“纸上的规定”变成现实的行为，才能充分发挥出来。二是法律实施是实现人力资源和社会保障事业科学发展的根本保证。只有更好地贯彻实施《劳动法》《劳动合同法》《就业促进法》《社会保险法》《公务员法》等法律及其配套行政法规、规章，改变过去那种主要依靠政策的“人治”方式，将人力资源和社会保障工作纳入主要依靠“规则之治”的依法行政轨道，才能真正实现人力资源和社会保障事业的长远发展。三是法律实施是实现人力资源和社会保障法律蕴含价值的必由之路。法不仅具有工具理性，而且具有价值理性。对自由的确认与保障，对效率的促进，对秩序的维护，对正义的实现，对人权的保护等，这是包括人力资源和社会保障法律在内的社会主义法律所蕴含的基本价值。同时，人力资源和社会保障法律具有其自身的具体价值，如作为社会法支架的《劳动法》《劳动合同法》《就业促进法》《社会保险法》等，蕴含以人为本、民生为本、促进和谐劳动关系、促进公平就业等价值，只有这些法律有效实施，法的具体价值才能实现。

第三章　人力资源和社会保障法律制度

第一节　劳动就业法律制度

一、劳动就业法律基本知识

（一）劳动就业法律的概念

对劳动就业法律概念的理解，有广义和狭义之分。狭义的劳动就业法律指《劳动法》《劳动合同法》《就业促进法》《劳动争议调解仲裁法》等劳动就业领域专项法律。广义的劳动就业法律指调整劳动关系以及与劳动关系有密切联系的其他关系的法律规范的总和。其中，除包括上述狭义劳动就业法律中的法律规范外，还包括宪法、法律、行政法规、地方性法规、规章以及其他规范性文件中有关促进就业、调整劳动关系以及与劳动关系有密切联系的其他关系的法律规范和制度。无论是广义还是狭义的劳动就业法律，都以促进就业、调整劳动关系为主，同时还调整与劳动关系密切相关的其他关系。这些社会关系构成一个相对独立的领域，由劳动就业法律规范调整。

（二）劳动就业法律的构成

在劳动就业领域，我国已经形成了以《宪法》为根本法，以《劳动法》为基础，以《劳动合同法》《就业促进法》《劳动争议调解仲裁法》等为主干，包括《女职工劳动保护特别规定》《禁止使用童工规定》《劳动保障监察条例》《人力资源市场暂行条例》等行政法规和《企业职工带薪年休假实施办法》《劳动人事争议仲裁办案规则》《工资支付暂行规定》等部门规章以及大量地方性法规、规章在内的多层次劳动就业法律体系。

劳动就业法律的各种具体形式，即劳动就业法律的渊源，主要有以下几种。

1.《宪法》中有关劳动就业问题的规定

《宪法》是我国的根本法，它具有最高的法律效力，是制定一切法律规范的依据。我国《宪法》中有关劳动就业问题的规定，构成了全部劳动就业法律规范的立法基础。

2. 劳动就业基本法律和主干法律

在我国，法律由全国人民代表大会及其常务委员会制定，其效力仅次于宪法。《劳动法》是劳动就业法律体系的“龙头”和基础，是统帅劳动就业法律体系的基本法律，它全面规定了劳动就业法律的基本原则以及促进就业、劳动合同与集体合同、工作时间和休息休假、工资、劳动安全卫生、女职工和未成年工特殊保护、职业培训、社会保险和福利、劳动争议、监督检查等劳动就业领域的基本制度，为劳动就业领域各单项立法提供了重要依据。

《劳动合同法》《就业促进法》《劳动争议调解仲裁法》是劳动就业法律体系的主干，是对《劳动法》内容的体现、落实和补充，对劳动合同、就业促进和劳动争议调解仲裁制度作出了进一步规范和完善。但从制定机关看，它们都是全国人民代表大会常务委员会制定的法律，处于同一位阶，根据新法优于旧法的原理，三部法律在坚持《劳动法》立法目的和基本精神的原则下，就部分体制性和技术性内容作了突破性规定。

3. 劳动就业行政法规

国务院颁布的大量的劳动就业行政法规，是当前我国调整劳动关系的重要依据，如《女职工劳动保护特别规定》《禁止使用童工规定》《劳动保障监察条例》《残疾人就业条例》《劳动合同法实施条例》等，都是劳动法的重要渊源。

4. 地方性劳动就业法规

在我国，省、自治区、直辖市人民代表大会及其常务委员会在不与宪法、法律、行政法规相抵触的前提下，可以制定和发布地方性法规。民族自治地方的人民代表大会，有权依照当地民族的政治、经济和文化的特点，制定和发布自治条例和单行条例。上述这些适用于本地区的有关劳动就业的地方性法规、自治条例和单行条例以及其他地方性法规、自治条例和单行条例中的劳动法律规范也都属于劳动就业法律的渊源。

5. 劳动就业规章

劳动就业规章包括国务院部门规章和地方政府规章。部门规章主要是由国务院劳动就业行政部门——人力资源社会保障部，或其他国务院有关部委依照法律、行政法规的规定，在法定权限内制定的劳动就业规范性法律文件。如《就业服务与就业管理规定》《企业职工带薪年休假实施办法》等。地方政府规章是省、自治区、直辖市和设区的市、自治州的人民政府，依据法律、行政法规和本行政区域的地方性法规制定的劳动就业规范性法律文件，如《北京市劳动合同规定》等。

6. 我国政府批准生效的国际劳工组织通过的劳工公约和建议书

国际劳工组织通过的劳工公约和建议书属于国际劳动法的范畴，其中经我国政府批准生效的公约和建议书在我国具有法律效力，因此也是我国劳动就业法律的组成部分。目前，我国已经批准加入了26个国际劳工公约，涉及最低工资、最低就业年龄、休息休假、工伤赔偿、女工保护等方面。

7. 其他规范性文件

其他规范性文件是指除劳动就业法律、法规、规章以外的规范性文件。这些规范性文件不能设立行政处罚，但可对劳动就业起到一定的指导作用。

（三）劳动就业法律的主要特征

劳动就业法律具有一般法律的特征，此外，它还具有自身鲜明的特征。

1. 公法与私法兼容的法律

劳动关系最初由民法调整，作为合同关系而存在的劳动关系纯属私法关系。随着社会的发展，国家对劳动关系的干预逐渐加强，作出了许多强制性规定，如最低就业年龄、最高工时、最低工资、劳动安全和卫生标准等。劳动关系不再纯属私法关系，兼有了公法因素。基于此，调整劳动关系的法律被称为私法公法化的法律。

2. 劳动保护与劳动关系调整统一的法律

劳动就业法律首先是劳动者保护法。由于劳动者在劳动关系中往往处于弱者地位，因此劳动就业法律把维护劳动者权益作为主旨是必要的。主要表现在：劳动就业法律对劳动关系双方权利义务的设定，对劳动者而言是以权利为本位，对用人单位而言是以义务为本位。劳动就业法律同时还是劳动关系调整法，不仅要保护劳动者的权益，还负有将劳动关系调整纳入法制轨道，保障劳动力资源合理配置和使用的任务。劳动就业法律既保护劳动者又调整劳动关系，两种作用相互促进，体现公平与效率的结合。

3. 实体法和程序法兼有的法律

一般情况下，实体法应当有一定的程序法与之相对应。如作为实体法的民法，对应的程序法有民事诉讼法。劳动就业法律则是实体内容和程序内容兼有的法律，以实体法为主，兼有程序法的内容，如既有劳动标准的规定，又有劳动争议处理程序的规定。

（四）劳动就业法律的基本原则

我国《宪法》关于劳动就业法律基本原则的规定，概括起来主要有：各尽所能、按劳分配，劳动既是公民权利也是公民义务，平等就业等。随着我国社会主义市场经济的发展，这些原则在劳动就业法律中具体化为劳动关系协调的合同化、劳动条件的基准化、劳动者保障的社会化、劳动执法的规范化等基本原则。

1. 劳动关系协调的合同化

合同化是根据劳动关系建立时所具有的平等性和财产性的特征，在劳动管理中进一步突出集体合同和劳动合同的作用。它是通过集体合同和劳动合同来明确用人单位和劳动者各自的权利和义务，是在市场经济条件下通过“双向选择”而建立起来的劳动关系，通过双方平等协商所订立的合同来调整。《劳动法》第三章的规定体现了这一原则。

2. 劳动条件的基准化

基准化是根据劳动关系所具有的隶属性和人身性的特征，由国家制定劳动标准，明确劳动的基本条件，保护劳动者的合法权益。国家通过立法确定最低标准，既使劳动者得到最基本的保护，又为劳动关系双方的协商和用人单位行使自主权留下余地。《劳动法》第四章至第七章的规定体现了劳动条件的基准化原则。

3. 劳动者保障的社会化

劳动者的保障，包括社会保险、社会救济以及与其相联系的发展职业教育、组织就业培训、职业介绍等促进就业的措施。在市场经济条件下，劳动者保障的社会化，主要在两个阶段进行：劳动者就业前，有权依法接受政府的职业教育、就业培训、职业介绍等；劳动者因故退出就业后，有权依法享受养老、失业等社会保险待遇。《劳动法》第二章、第八章、第九章体现了这一原则。

4. 劳动执法的规范化

通过建立和健全劳动保障监察、劳动保障行政管理、劳动争议处理机构，维护正常的劳动秩序，使劳动保障执法规范化。与劳动关系协调的合同化相适应，完善劳动争议的调解、仲裁制度；与劳动条件的基准化相适应，完善劳动保障监察制度。因此，《劳动法》对劳动争议、监督检查、法律责任进行了专章规定。

二、我国劳动就业立法概况与进展

（一）我国劳动就业立法进程

改革开放前，我国一直没有制定出调整劳动就业关系的基本法律，而是适应当时的需要制定了一些单项法规和文件，如《工厂卫生暂行条例（草案）》《国营企业内部劳动规则纲要》《国务院关于工资改革的决定》《国务院关于加强企业生产中安全工作的几项规定》等。

改革开放以来，我国的劳动就业立法随着经济体制改革的不断深入和经济社会发展，获得蓬勃发展，立法体系逐步健全和完善起来，这一进程大体可分三个阶段。

1. 第一阶段，劳动就业立法的恢复和转型时期（1978—1994年）

改革开放初期，国家的主要任务是在恢复国民经济建设的同时，实行经济体制改革，劳动用工制度也发生了深刻变革。1982年公布施行的《宪法》就劳动者享有的劳动权、休息权、获得物质帮助权、接受教育权等作了全面规定，有关条文达20多条，为劳动就业立法提供了依据和方向。

（1）制定了有关建立劳动关系的法规，推行劳动合同制。1983年2月，劳动人事部发布了《关于积极试行劳动合同制的通知》。1986年7月，国务院又发布了《国营企业实行劳动合同制暂行规定》及《国营企业招用工人暂行规定》。劳动合同制得以建立并获较快发展，逐步成为企业用工的主要形式。

（2）颁布了规范各项劳动标准的法规。为了调整劳动关系，国家必须明确规定劳动标准。在工资制度方面，1980年4月，国家计划委员会、国家经济委员会、国家劳动总局发布了《关于试行国营企业计件工资暂行办法（草案）的通知》，1981年1月，国务院发布了《关于正确实行奖励制度、坚决制止滥发奖金的几项规定》。在加强劳动保护工作方面，1982年2月，国务院发布了《矿山安全条例》《矿山安全监察条例》《锅炉压力容器安全监察暂行条例》。在对女职工实行特殊保护方面，1988年7月，国务院发布了《女职工劳动保护规定》，1990年1月，劳动部颁发了《女职工禁忌劳动范围的规定》。在保护未成年工特殊利益方面，1987年6月，劳动人事部发布了《关于严格禁止招用童工的通知》。

（3）发布了加强劳动纪律的法规。为了整顿劳动纪律，恢复正常的生产秩序，1982年4月，国务院发布了《企业职工奖惩条例》，1986年7月，国务院又发布了《国营企业辞退违纪职工暂行规定》。

（4）制定了关于实现企业民主管理的法规。为健全企业民主管理制度，1981年7月，中共中央、国务院转发了《国营工业企业职工代表大会暂行条例》，并于1986年9月发布了《全民所有制工业企业职工代表大会条例》。在1988年4月第七届全国人民代表大会第一次会议上通过了《中华人民共和国全民所有制工业企业法》，对职工代表大会的组织形式及其职权作出规定。这些法律文件有力地促进了企业民主管理制度的完善。

（5）颁布了关于解决劳动争议的法规。在调整劳动关系方面，不仅需要有实体法的规定，还应当有程序法的规定，为了恢复我国自1956年停止的劳动争议处理制度，1987年7月，国务院发布了《国营企业劳动争议处理暂行规定》，此后在总结劳动争议处理工作经验的基础上，1993年7月，国务院颁发了《中华人民共和国企业劳动争议处理条例》，使我国的劳动争议处理工作得到了复苏。

2. 第二阶段，劳动就业立法快速发展时期（1994—2007年）

在这一阶段，我国确立了建立社会主义市场经济的改革方向，在长达十几年的改革实践和与之适应的立法实践基础上，第八届全国人民代表大会常务委员会第八次会议于1994年7月5日通过了《劳动法》，这是我国劳动立法的一座重要里程碑，标志我国的劳动立法登上了新的台阶。为有效地贯彻实施《劳动法》，劳动部先后制定了一系列配套规章制度。主要有：《劳动监察员管理办法》《企业经济性裁减人员规定》《企业职工患病或非因工负伤医疗期规定》《集体合同规定》《工资支付暂行规定》《就业训练规定》《未成年工特殊保护规定》《违反〈中华人民共和国劳动法〉行政处罚办法》等。此后，国家又制定出台了一些重要劳动就业法律法规，如2001年颁布了《中华人民共和国职业病防治法》、2002年颁布了《中华人民共和国安全生产法》、2004年颁布了《劳动保障监察条例》等。值得一提的是：这一阶段，与《劳动法》密切相关的工会法立法也获得了较大发展。我国于1992年4月颁布了《中华人民共和国工会法》（以下简称《工会法》），1950年颁布的《工会法》同时废止。2001年10月，第九届全国人民代表大会常务委员会第二十四次会议通过了《关于修改〈中华人民共和国工会法〉的决定》，修正后的《工会法》突出维护职工合法权益的职能，明确规定了维权的基本方法，为工会工作提供了法律后盾。

3. 第三阶段，劳动就业立法成熟时期（2007 年至今）

在这一阶段，推动科学发展和促进社会和谐成为时代主题，社会主义现代化建设步入政治、经济、文化、社会全面建设时期，劳动就业立法趋于稳健成熟。2007 年，全国人民代表大会常务委员会相继通过了《就业促进法》《劳动合同法》《劳动争议调解仲裁法》三部劳动就业法律，这一年被称为“劳动立法年”。同年，国务院还颁布了《残疾人就业条例》。2008 年，国务院又颁布了《劳动合同法实施条例》。这是我国劳动就业立法史上前所未有的黄金时期。

其中，对《劳动合同法》的制定，全国广大人民群众给予了高度关注，当 2006 年 3 月 20 日全国人大常委会向社会公布草案，征集各方面的意见时，仅仅一个月，就收到来自群众的 191 849 条意见，这一数字创造了我国法律草案群众意见量的全国第一。这部法律扩大了劳动合同的实施范围，提高了劳动合同的签订率，严格规范了试用期，减少了劳动合同的短期化和拖欠工资的行为，并对劳务派遣、非全日制用工等作出了规范。

《就业促进法》的颁布加强了对就业工作的管理，有力地促进了就业工作的发展。这是我国第一部针对就业的专门立法，这部法律有针对性地对我国的就业与失业作出了法律规范，具体规定了政府对促进就业工作的责任，要求政府对劳动就业予以财政支持，为劳动者提供平等就业机会和公平就业条件，反对就业歧视，要求为农业富余劳动力有序地向城市异地转移就业创造条件，要求加强对劳动就业的管理与服务，加强对就业服务机构的管理，坚决查处职业中介机构的违法行为，并要求依法发展职业教育，鼓励开展职业培训，增强劳动者的就业能力和创业能力。

《劳动争议调解仲裁法》对原有的劳动争议处理制度作了适当的修改与补充，加强了劳动争议的调解工作，进一步规范了劳动争议的调解机构和调解程序，改进了劳动争议仲裁的管辖、仲裁案件的程序、仲裁申请的时效及仲裁时效的中止和中断的有关规范。这一法律的颁布为改进和健全劳动争议处理制度确立了法律规范。

总体来看，改革开放以来的劳动就业立法具有以下特点：一是在调整方式上，实现了从政策调整到法律调整的转变；二是在劳动就业法律价值上，确立了侧重保护劳动者权益的原则；三是在立法定位上，实现了从国家本位到社会本位的转变；四是在治理模式上，实现了从政府单一指令到个体自治、团体自治和国家强制三种模式共存的转变。

（二）我国劳动就业法律制度的完善

目前，我国劳动就业法律体系已初具规模，基本涵盖了劳动合同、就业促进、包括调解仲裁和劳动监察在内的劳动争议处理等重要领域。但是，按照形成中国特色社会主义法律体系的要求，按照人力资源和社会保障事业科学发展的要求，我国在劳动就业领域的立法还不完善。完善的劳动就业法律体系将由宪法、劳动法、各单项劳动法律、劳动行政法规、劳动规章等构成。

1. 宪法

宪法是我国整个劳动就业法律体系的根本法。

2. 劳动法

这是调整劳动关系，规范劳动力市场行为，调控劳动力市场运行的基本法。

3. 单项劳动法律

它们是劳动就业法律体系中的主干法，主要包括：

（1）就业促进法。主要规定国家在发展经济，促进劳动就业，保障劳动者就业权利实现方面的职责。

（2）劳动合同法。规定劳动合同的订立原则、形式、内容、期限等，是劳动关系产生、变更、终止的依据。

（3）集体合同法。规定集体合同的订立原则，集体合同的形式、内容，违反集体合同的法律责任等。

（4）基本劳动标准法。规定工时、劳动定额、工作条件等劳动标准。

（5）企业工资法。规定企业工资的分配原则、工资水平、工资的增长机制、最低工资的确定及标准等。

(6) 劳动安全卫生法。规定用人单位和劳动者在劳动安全卫生方面的权利和义务。

(7) 劳动争议调解仲裁法。规定劳动争议的处理原则、处理机构、处理方式、审理程序、申诉程序等。

(8) 劳动保障监察法。提高《劳动保障监察条例》的立法层次，规定劳动保障监察的职责、程序、实施方式、法律责任等。

4. 劳动行政法规

劳动行政法规以劳动法律为立法依据，将劳动法律规范进一步具体化，使之具有可操作性。因此，劳动行政法规是劳动法律体系的重要组成部分。目前已制定颁布的有《人力资源市场暂行条例》《残疾人就业条例》《劳动合同法实施条例》《职工带薪年休假条例》《国务院关于职工工作时间的规定》《禁止使用童工规定》《女职工劳动保护特别规定》等，还需制定企业工资条例、职业技能培训和鉴定条例等。

5. 劳动规章

随着我国市场经济法律体系的建立及社会主义法制的进一步完善，劳动规章将成为劳动法律规范的重要补充形式。目前已有《就业服务与就业管理规定》《工资集体协商试行办法》《企业职工带薪年休假实施办法》《未成年工特殊保护规定》《工资支付暂行规定》《最低工资规定》《劳动人事争议仲裁办案规则》等，还需制定企业劳动规章制度管理规定、企业实行特殊工时制度管理规定等。

三、我国重要的劳动就业法律制度

(一) 就业促进法律制度

1. 概述

(1) 就业的概念。就业是指有劳动能力的人，通过一定方式与生产资料相结合，实现劳动过程，获得劳动报酬或者经营收入的活动。

(2) 国家促进就业的方针。在社会主义市场经济条件下，做好促进就业工作，实现社会就业比较充分的目标，必须调动各方面的积极性，充分发挥各方面在促进就业中的作用，因此，《就业促进法》从法律层面确立了“劳动者自主择业、市场调节就业、政府促进就业”的方针。

2. 政策支持

《就业促进法》将促进就业作为国家和政府的一项重要职责，规定了促进就业的政策体系，大体包括十个方面：一是实行有利于促进就业的产业政策；二是实行有利于促进就业的财政政策；三是实行有利于促进就业的税收政策；四是实行有利于促进就业的金融政策；五是实行城乡统筹的就业政策；六是实行区域统筹的就业政策；七是实行群体统筹的就业政策；八是实行有利于灵活就业的人力资源和社会保障政策；九是实行就业援助政策；十是实行失业保险促进就业政策。

3. 公平就业

公平就业，是指所有劳动者享有公平的就业机会，既包括形式公平意义上的反就业歧视，也包括实质公平意义上的对特殊就业群体给予扶持、援助和保护。其基本要求和目标是保障劳动者依法享有平等就业和自主择业的权利。其基本原则是机会均等和同工同酬。公平就业的一项重要内容是反就业歧视，《就业促进法》第三章规定了反就业歧视的原则，并就现阶段较突出的几类就业歧视现象作出了专门规定。

4. 就业援助

《就业促进法》第五十二条规定：“各级人民政府建立健全就业援助制度，采取税费减免、贷款贴息、社会保险补贴、岗位补贴等办法，通过公益性岗位安置等途径，对就业困难人员实行优先扶持和重点帮助。”《就业促进法》第六章对残疾人就业制度、零就业家庭的就业援助制度、资源开采型城市和独立工矿区就业援助制度作出了专门规定。

（二）劳动合同法律制度

1. 概述

（1）劳动合同的概念。我国《劳动法》第十六条规定：“劳动合同是劳动者与用人单位确立劳动关系、明确双方权利和义务的协议。建立劳动关系应当订立劳动合同。”劳动合同是调整劳动关系的基本法律形式，也是确立劳动者与用人单位劳动关系的基本前提，在劳动关系中占据核心地位。

《劳动合同法》进一步明确了签订劳动合同与建立劳动关系的联系：用人单位自用工之日起即与劳动者建立劳动关系；强调建立劳动关系，应当订立书面劳动合同；规定用人单位与劳动者在用工前订立劳动合同的，劳动关系自用工之日起建立。

（2）劳动合同的法律特征。劳动合同是一种特殊的合同，除具有一般合同的特征外，还有其自身的法律特征。

第一，劳动合同的双方主体身份特定，即一方是用人单位，另一方是劳动者。

第二，劳动合同双方当事人法律地位平等。劳动合同是双方当事人在平等自愿、协商一致的基础上达成的协议，是用人单位的用人自主权和劳动者的择业自主权都得以实现的结果，是两者的结合。

第三，劳动合同双方当事人在职责上具有从属关系。劳动合同订立后，劳动者一方必须加入到用人单位的生产和工作中去，成为该用人单位职工，服从用人单位的管理。当然，用人单位也有为劳动者提供必需的劳动条件、支付劳动报酬、缴纳社会保险费，并提供相关的生活福利等义务。劳动者有权获取劳动报酬，获得社会保险和生活福利待遇。

2. 劳动合同法的调整对象

劳动合同法的调整对象是劳动关系以及与劳动关系密切联系的经济社会关系。

（1）劳动关系。劳动关系是劳动者在运用劳动能力，实现社会劳动过程中与用人单位之间通过劳动合同确定的一种社会关系。劳动合同法所调整的对象是狭义上的劳动关系，即劳动者和用人单位通过签订劳动合同，在使用劳动能力、实现劳动过程中所发生的关系。这种关系与劳动有着直接的联系，劳动是这种关系的基础，也是它的实质。具体有以下特征。

第一，劳动关系是劳动者与用人单位之间发生的社会关系。劳动关系当事人一方是劳动者，另一方是用人单位。劳动者提供劳动力，用人单位使用劳动力。劳动关系双方当事人形成提供劳动力与使用劳动力的关系。

第二，劳动关系是在实现劳动过程中发生的社会关系。所谓实现劳动过程，就是劳动者参加其所在单位某种劳动的过程。劳动者所从事的劳动，既可以是体力劳动，也可以是脑力劳动。

第三，劳动关系是兼具人身关系和财产关系属性的社会关系。劳动者是劳动力的所有者，劳动力与劳动者的人身须臾不可分离。用人单位因使用劳动力而发生的社会关系是与劳动者的人身尤其是生命、健康紧密相连的。同时，用人单位因使用劳动力而发生的社会关系具有财产关系属性。

第四，劳动关系双方主体在法律地位上具有平等性，但在具体劳动过程中又具有从属性。劳动关系的双方当事人，在法律上享受平等的权利，劳动者向用人单位提供劳动或者服务，用人单位向劳动者支付劳动报酬，双方的权利义务在平等自愿的基础上通过劳动合同约定。但是在劳动关系目的实现过程中，用人单位有对生产经营的组织、指挥、协调和监督的权利，在用人单位管理范围之内的劳动者负有完成单位交给的生产或工作任务、遵守单位劳动纪律和内部规章制度的义务，这使用人单位与劳动者之间的劳动关系又具有了指挥与服从的从属性特征。

（2）与劳动关系密切联系的经济社会关系。劳动关系是劳动合同法调整的主要对象，但是还必须看到劳动合同法不仅仅调整劳动关系，它还调整与劳动关系密切联系的一些关系。这些关系本身不是劳动关系，但是却与劳动关系有着密切的联系。这些关系包括以下几个方面。

第一，劳动力市场运行与调控方面的关系，即为维护劳动力市场的规范运行，政府部门对劳动力市场准入、劳动力供需等市场活动进行调控发生的关系。

第二，处理劳动争议而发生的关系，即为维护劳动者和用人单位的合法权益，劳动争议处理机构、人民法院、用人单位、劳动者之间由于调处和审理劳动争议而产生的关系。

第三，监督劳动法律执行方面的关系，即政府部门与企业、机关、事业单位之间因监督、检查劳动法律的执行而产生的关系。

第四，因组织工会和工会活动而发生的关系，即工会与职工、用人单位因组织工会、职工参加民主管理、工会维护职工合法权益而发生的关系。

3.《劳动合同法》的适用范围

《劳动合同法》的适用范围包括直接适用和依照执行。《劳动合同法》第二条第一款规定："中华人民共和国境内的企业、个体经济组织、民办非企业单位等组织（以下称用人单位）与劳动者建立劳动关系，订立、履行、变更、解除或者终止劳动合同，适用本法。"第二款规定："国家机关、事业单位、社会团体和与其建立劳动关系的劳动者，订立、履行、变更、解除或者终止劳动合同，依照本法执行。"

4. 劳动合同的订立

（1）订立劳动合同的主体。订立劳动合同双方主体要有符合法律规定的资格。用人单位应当依法成立，能够依法支付工资，缴纳社会保险费，提供劳动保护条件，并能够承担相应的责任。在我国，用人单位不包括自然人雇主。劳动者必须符合法定的就业年龄，一般还要具备相应的劳动能力等。

（2）订立劳动合同的原则和形式要求。《劳动合同法》第三条第一款规定："订立劳动合同，应当遵循合法、公平、平等自愿、协商一致、诚实信用的原则。"

《劳动合同法》第十条第一款规定："建立劳动关系，应当订立书面劳动合同。"书面形式是订立劳动合同的法定形式。针对实践中很多用人单位用工却不与劳动者订立劳动合同或仅订立口头合同，导致大量事实劳动关系存在这一问题，《劳动合同法》进一步明确了用人单位签订书面劳动合同的义务，加大了用人单位不签订书面劳动合同的法律责任。一是用人单位自用工之日起即与劳动者建立劳动关系。二是建立劳动关系应当订立书面劳动合同。已建立劳动关系，未同时订立书面合同的，应当自用工之日起 1 个月内订立书面劳动合同。三是用人单位自用工之日起超过 1 个月不满 1 年未与劳动者订立书面劳动合同的，应当向劳动者每月支付二倍的工资。四是用人单位自用工之日起满 1 年不与劳动者订立书面合同的，视为双方已订立无固定期限的劳动合同。

(3) 劳动合同的内容。根据《劳动法》和《劳动合同法》的规定，劳动合同的内容分为法定条款和约定条款。法定条款是劳动合同必须具备的内容，包括：用人单位的名称、住所和法定代表人或者主要负责人，劳动者的姓名、住址和居民身份证或者其他有效身份证件号码，劳动合同的期限，工作内容和工作地点，工作时间和休息休假，劳动报酬，社会保险，劳动保护、劳动条件和职业危害防护，法律、行政法规规定应当纳入劳动合同的其他事项。约定条款是劳动者和用人单位双方除法定条款以外协商确定的内容，包括试用期、培训、保守秘密、补充保险、福利待遇等。

(4) 劳动合同的期限。根据《劳动合同法》第十二条规定，劳动合同分为固定期限劳动合同、无固定期限劳动合同和以完成一定工作任务为期限的劳动合同三种。固定期限的劳动合同，明确了合同有效的起止日期，既有长期的，如 5 年、10 年等，也有短期的，如 1 年、3 年等。劳动合同期限未满，合同不能随意解除；合同期限届满，劳动关系即告终止。《劳动合同法》第十四条第一款规定："无固定期限劳动合同，是指用人单位与劳动者约定无确定终止时间的劳动合同。"这意味着无固定期限劳动合同没有确定的终止时间，也不得约定终止的条件，只能依法解除或终止。以完成一定工作任务为期限的劳动合同，经双方约定，用人单位招用劳动者从事某项工作或任务开始之时为合同起始之日，劳动者完成该项任务或工作，合同即告期满，劳动关系也自行终止。

(5) 劳动合同的效力。《劳动合同法》第三条第二款规定："依法订立的劳动合同具有约束力，用人单位与劳动者应当履行劳动合同约定的义务。"

《劳动合同法》第二十六条规定了劳动合同无效的法定情形：一是以欺诈、胁迫的手段或乘人之危，使对方在违背真实意思的情况下订立或变更劳动合同的；二是用人单位免除自己的法定责任，排除劳动者权利的；三是违反法律、行政法规强制性规定的。劳动合同无效或部分无效，由劳动争议仲裁机构或者人民法院确认。劳动合同被确认无效，劳动者已经付出劳动的，用人单位应当向劳动者支付劳动报酬。劳动合同无效，给对方造成损害的，有过错的一方应当承担赔偿责任。

5. 劳动合同的履行和变更

有效的劳动合同应当得到全面、准确的履行。用人单位应当承担以下义务：一是依法支付劳动报酬；二是严格执行劳动定额标准，保证劳动者休息休假的权利；三是保护劳动者的生命安全和身体健康。

劳动合同在以下情形下可以变更：一是双方当事人协商一致同意变更；二是由于订立劳动合同依据的客观情况发生重大变化，致使原合同无法履行，双方协商进行变更；三是劳动者患病或非因工负伤，在规定的医疗期满后不能从事原工作，由用人单位另行安排工作，或者劳动者不胜任工作调整工作岗位的，经双方协商一致可以变更。

6. 劳动合同的解除和终止

劳动合同的解除包括双方协商一致解除、劳动者单方解除和用人单位单方解除三种类型。《劳动合同法》第三十六条规定："用人单位与劳动者协商一致，可以解除劳动合同。"但如果是用人单位首先提出的，应当依法支付经济补偿。劳动者单方解除劳动合同可分为三种类型：一是在合同期内提前30日以书面形式通知用人单位或者在试用期内提前3日通知用人单位，可以解除劳动合同，这是劳动者解除劳动合同的一般情形；二是在用人单位违约或损害劳动者权益的情况下，劳动者可以随时解除劳动合同；三是用人单位有严重侵权行为或危及劳动者人身安全时，劳动者可立即解除劳动合同，且无须事先告知用人单位。

用人单位单方解除劳动合同的情形也可归为三类：一是因劳动者过错可以解除劳动合同；二是因客观原因可以提前通知解除劳动合同；三是因经济性裁减人员解除劳动合同。上述情形下如何具体执行，《劳动合同法》中都有规定。为了加大对劳动者权益的保护力度，《劳动合同法》第四十二条对用人单位单方解除劳动合同作出了特别限制，规定即使在有客观原因和经济性裁员时，也不得依此类原因而与下列人员解除劳动合同：从事接触职业病危害作业的劳动者未进行离岗前职业健康检查，或者疑似职业病病人在诊断或者医学观察期间的；在本单位患职业病或者因工负伤并被确认丧失或者部分丧失劳动能力的；患病或非因工负伤，在规定的医疗期内的；女职工在孕期、产期、哺乳期内的；在本单位连续工作满 15 年，且距法定退休年龄不足 5 年的；法律、行政法规规定的其他情形。

劳动合同在下列情况下终止：一是劳动合同期满的；二是劳动者开始依法享受基本养老保险待遇的；三是劳动者死亡，或者被人民法院宣告死亡或者失踪的；四是用人单位被依法宣告破产的；五是用人单位被吊销营业执照、责令关闭、撤销或者用人单位决定提前解散的；六是法律、行政法规规定的其他情形。值得注意的是，《劳动合同法》在劳动合同法定条款中取消了关于双方当事人可以约定劳动合同终止条件的规定，这一点与《劳动法》规定不一样，其立法意图是由法律规定劳动合同的终止，这也是《劳动合同法》对《劳动法》的突破性规定之一。终止劳动合同，也要履行“通知”义务，用人单位还要履行向劳动者出具书面证明及办理档案关系、社保关系转移等随附义务。

解除或者终止劳动合同，用人单位在下列情况下，要向劳动者支付经济补偿：一是依据《劳动合同法》第三十八条，因用人单位过错导致劳动者提出解除劳动合同的；二是依据《劳动合同法》第三十六条，用人单位先提出解除劳动合同的；三是依据《劳动合同法》第四十条，用人单位因客观原因需解除劳动合同的；四是依据《劳动合同法》第四十一条第一款，用人单位生产经营状况发生变化，导致合同不能继续履行的；五是依据《劳动合同法》第四十四条第一项，终止固定期限劳动合同时，但劳动者在合同条件不降低的情况下不同意续签的除外；六是依据《劳动合同法》第四十四条第四项、第五项规定，在用人单位被依法宣告破产、用人单位决定提前解散、被吊销营业执照或者责令关闭、撤销的情况下，解除劳动合同的；七是法律、行政法规规定的其他情形。

7. 特别规定

（1）集体合同。集体合同，又称集体协议或团体协议。集体合同制度是协调劳动关系的一项重要法律制度，可以在一定程度上弥补劳动立法和劳动合同的不足。《劳动合同法》第五章第一节对集体合同制度作出了专门规定，规定了签订集体合同的主体、合同内容、效力、劳动报酬标准等，规定工会是集体合同的企业职工代表，强调工会的主体资格和作用。

（2）劳务派遣。劳务派遣是指依法设立的劳务派遣机构和劳动者订立劳动合同后，依据与接受派遣单位订立的劳务派遣协议，将劳动者派遣到用工单位工作。劳务派遣是一种特殊的劳动关系，存在着三方当事人，即通常所说的派遣单位、用工单位和劳动者（派遣工）。《劳动合同法》规定了劳务派遣中三方的法律关系、劳务派遣单位的设立、劳务派遣的岗位限制、劳务派遣单位的义务、被派遣劳动者的权利、劳务派遣单位与用工单位之间的义务分配、劳务派遣单位与用工单位的连带赔偿责任等。《劳动合同法》颁布实施后，出现了劳务派遣单位数量大幅增加、劳务派遣工规模迅速扩大的情况，暴露出一些突出问题。为了进一步规范劳务派遣用工，2012 年 12 月 28 日，第十一届全国人民代表大会常务委员会第三十次会议审议通过了《关于修改〈中华人民共和国劳动合同法〉的决定》，对劳务派遣工作岗位作出了更明确的界定，要求严格控制劳务派遣用工数量，强调劳务派遣人员享有同工同酬的权利。2013 年 6 月 20 日，人力资源社会保障部公布《劳务派遣行政许可实施办法》。2014 年 1 月 24 日，人力资源社会保障部公布《劳务派遣暂行规定》。这两部规章的施行，为进一步切实保障和维护广大被派遣劳动者的合法权益提供了重要依据。

（3）非全日制用工。根据国际劳工组织《1994年非全日制工作公约》（第175号）的界定，非全日制劳动，又称部分时间劳动，是指劳动者可以与多个雇主建立劳动关系的一种就业形式。与全日制用工不同，非全日制用工以小时计酬为主。《劳动合同法》将非全日制用工纳入调整范围，规定了非全日制用工的含义和界定、非全日制用工的劳动关系、订立合同的形式和试用期、合同终止的特别规定、非全日制用工的劳动报酬等，有利于完善我国劳动合同制度。

（三）劳动争议调解仲裁法律制度

1. 概述

（1）劳动争议的概念。劳动争议又称劳动纠纷，是指劳动关系当事人之间因劳动权利和义务产生分歧而引发的争议。劳动争议具有如下特征：第一，双方当事人特定，一方是用人单位，另一方必须是劳动者；第二，当事人双方必须存在劳动关系；第三，劳动争议的内容必须与劳动权利义务有关。

（2）《劳动争议调解仲裁法》的适用范围。《劳动争议调解仲裁法》第二条规定："中华人民共和国境内的用人单位与劳动者发生的下列劳动争议，适用本法：因确认劳动关系发生的争议；因订立、履行、变更、解除和终止劳动合同发生的争议；因除名、辞退和辞职、离职发生的争议；因工作时间、休息休假、社会保险、福利、培训以及劳动保护发生的争议；因劳动报酬、工伤医疗费、经济补偿或者赔偿金等发生的争议；法律、法规规定的其他劳动争议。"根据该条规定，凡是符合劳动关系特征的争议，均适用《劳动争议调解仲裁法》。

（3）解决劳动争议的基本原则。《劳动争议调解仲裁法》第三条规定，解决劳动争议，应当根据事实，遵循合法、公正、及时、着重调解的原则，依法保护当事人的合法权益。

（4）劳动争议处理方式。《劳动争议调解仲裁法》规定，劳动争议处理方式包括以下几种。第一，协商。发生劳动争议，劳动者可以与用人单位协商，也可以请工会或者第三方共同与用人单位协商，达成和解协议。第二，调解。调解包括由企业劳动争议调解委员会调解、基层人民调解组织调解和在乡镇、街道设立的具有劳动争议调解职能的组织调解三类。第三，仲裁。劳动争议双方当事人把劳动争议提交劳动争议仲裁委员会仲裁。劳动争议仲裁是劳动争议诉讼的前置程序，只要一方当事人申请仲裁，且符合受案条件，仲裁委员会即予受理。不经仲裁的劳动争议案件，人民法院不予受理。第四，诉讼。当事人不服劳动争议仲裁委员会的裁决，可以向人民法院提起诉讼。

《劳动争议调解仲裁法》还规定了劳动保障监察方式。该法第九条规定，用人单位违反国家规定，拖欠或者未足额支付劳动报酬，或者拖欠工伤医疗费、经济补偿或者赔偿金的，劳动者可以向劳动行政部门投诉，劳动行政部门应当依法处理。

2. 调解

（1）劳动争议调解的概念。劳动争议调解是指劳动争议调解组织经当事人双方自愿申请，依据法律、法规的规定和集体合同、劳动合同的约定，通过说服、劝导和教育，促进当事人双方在平等协商的基础上自愿达成一致的活动。这是劳动争议处理机制中适用最普遍的重要形式，贯穿劳动争议处理各个环节。

（2）劳动争议调解的类型。劳动争议调解主要分为两类。一类是劳动争议基层调解，包括企业劳动争议调解委员会、基层人民调解组织以及在乡镇、街道设立的劳动争议调解组织，依据《劳动争议调解仲裁法》有关规定对劳动争议作出的调解。另一类是劳动行政部门的行政调解。达不成调解协议或者当事人双方不选择调解，则进入劳动争议仲裁程序。

3. 仲裁

（1）劳动争议仲裁的概念。劳动争议仲裁是劳动争议仲裁委员会对用人单位与劳动者之间发生的争议，在查明事实、明确是非、分清责任的基础上，依法作出裁决的活动。根据《劳动争议调解仲裁法》第五条，仲裁是劳动争议处理的法定必经程序。但是《劳动争议调解仲裁法》第二十九条也规定了例外情况，即对于劳动争议仲裁委员会不予受理，或者在法律规定的时间（5日）内劳动争议仲裁委员会未作出受理决定的，申请人可以直接向人民法院提起诉讼。

（2）劳动争议仲裁委员会的管辖和组成。《劳动争议调解仲裁法》第十七条规定，劳动争议仲裁委员会按照统筹规划、合理布局和适应实际需要的原则设立。省、自治区人民政府可以决定在市、县设立；直辖市人民政府可以决定在区、县设立。直辖市、设区的市也可以设立一个或者若干个劳动争议仲裁委员会。劳动争议仲裁委员会不按行政区划层层设立。

劳动争议仲裁委员会由劳动行政部门代表、工会代表和企业代表组成。组成人员应当是单数。

（3）劳动争议仲裁程序

①申请。根据《劳动争议调解仲裁法》第二十七条、第二十八条的规定，劳动争议当事人应当在法定时效以内向劳动争议仲裁委员会提出书面申请。劳动争议申请仲裁的时效期间为1年，从当事人知道或者应当知道其权利被侵害之日起计算。当事人申请劳动争议仲裁后，可以自行和解。达成和解协议的，可以撤回仲裁申请。

②受理。《劳动争议调解仲裁法》第二十九条规定，劳动争议仲裁委员会收到仲裁申请之日起5日内，认为符合受理条件的，应当受理；认为不符合受理条件的，应当书面通知申请人不予受理，并说明理由。在法定时间内未作出答复的，申请人可以直接向人民法院提起诉讼。

③开庭。根据《劳动争议调解仲裁法》第三十一条至第四十条的规定，劳动争议仲裁委员会受理仲裁申请后应当成立仲裁庭，仲裁庭由3名仲裁员组成，简单的劳动争议案件可以由1名仲裁员独任仲裁。仲裁庭应当在开庭5日前将开庭日期、地点书面通知双方当事人。申请人收到书面通知，无正当理由拒不到庭或者未经仲裁庭同意中途退庭的，可以视为撤回仲裁申请；被申请人发生同类情况，可以缺席裁决。

④裁决。《劳动争议调解仲裁法》第四十二条、第四十三条规定，仲裁庭作出裁决前，应当先行调解。调解不成或者调解书送达

前，一方当事人反悔的，仲裁庭应当及时作出裁决。仲裁庭裁决劳动争议案件，应当自受理仲裁申请之日起45日内结束。案情复杂需要延期的，经劳动争议仲裁委员会主任批准，可以在不超过15日的范围内延长，并书面通知当事人。逾期未作出裁决的，当事人可以向人民法院提起诉讼。

（4）劳动争议仲裁裁决的效力

①一般情形。《劳动争议调解仲裁法》第五十条规定，当事人对该法第四十七条以外的劳动争议案件的仲裁裁决不服，可以自收到裁决书之日起15日内向人民法院起诉。期满不起诉的，裁决书发生法律效力。当事人对发生法律效力的裁决书应当依照规定的期限履行，一方当事人逾期不履行的，另一方当事人可以向人民法院申请执行。

②仲裁终局。根据《劳动争议调解仲裁法》第四十七条，下列劳动争议案件，除该法另有规定外，仲裁裁决为终局裁决，裁决书自作出之日起发生法律效力：一是追索劳动报酬、工伤医疗费、经济补偿或者赔偿金，不超过当地月最低工资标准12个月金额的争议；二是因执行国家的劳动标准在工作时间、休息休假、社会保险等方面发生的争议。不服这类裁决不得再向人民法院起诉。

为防止终局裁决出现偏差，《劳动争议调解仲裁法》第四十九条又规定了对于终局裁决可以撤销的情形，即用人单位有证据证明该法第四十七条规定的仲裁裁决有下列情形之一，可以自收到仲裁裁决书之日起30日内向劳动争议仲裁委员会所在地的中级人民法院申请撤销裁决：一是适用法律法规有错误的；二是劳动争议仲裁委员会无管辖权的；三是违反法定程序的；四是裁决所根据的证据是伪造的；五是对方当事人隐瞒了足以影响公正裁决的证据的；六是仲裁员在仲裁该案时有索贿受贿、徇私舞弊、枉法裁决行为的。人民法院可依法裁定撤销仲裁裁决，当事人可以自收到裁定书之日起15日内就该劳动争议事项向人民法院提起诉讼。

③先予执行。《劳动争议调解仲裁法》第四十四条规定，仲裁庭对追索劳动报酬、工伤医疗费、经济补偿或者赔偿金的案件，根据

当事人的申请，可以裁决先予执行，移送人民法院执行。仲裁庭裁定先予执行，应当符合下列条件：一是当事人之间权利义务关系明确；二是不先予执行将严重影响申请人的生活。

第二节　社会保障法律制度

一、社会保障法律基本知识

（一）我国的社会保障制度

社会保障是一个庞大的社会安全体系。我国社会保障范围包括社会保险、社会救助、社会福利以及慈善事业、防灾减灾、保障性住房等。社会保障法是调整以国家和社会为主体，为了保证有困难的劳动者和其他社会成员，以及特殊社会群体成员的基本生活，并逐步提高其生活质量而发生的社会关系的法律规范的总和。

1. 社会保险

社会保险是社会保障制度的核心内容。社会保险是指国家通过立法建立的，对劳动者在因年老、失业、疾病、工伤、生育而减少或丧失劳动收入时，给予物质帮助，保障其基本生活的一项制度。在我国，社会保险项目分为基本养老保险、基本医疗保险、工伤保险、失业保险和生育保险。

2. 社会救助

社会救助，又称社会救济，是指国家和其他社会主体对遭受自然灾害、失去劳动能力或者其他低收入公民给予物质帮助或精神救助，以维持其基本生活需求，保障其最低生活水平的各种措施。

3. 社会福利

社会福利是指由国家出资兴办的、旨在为社会大众谋利益的各种福利性事业以及国家为社会全体成员提供的各种福利性补贴，包括一般社会福利、职工福利和特殊社会福利。

4. 社会优抚

社会优抚是社会保障中一种较为特殊的保障方式，是国家通过立法对一些负有特殊社会任务和责任的人员、社会有功人员实行的物质照顾和精神抚慰。社会优抚的内容包括优待军人及军人家属、抚恤和褒扬伤亡将士等。

5. 慈善事业

慈善事业是一种有益于社会的社会公益事业，是政府主导下的社会保障体系的一种必要的补充，是在政府的倡导或帮助、扶持下，由民间的团体和个人自愿组织与开展活动，对社会中遇到灾难或不幸的人，不求回报地实施救助的事业。慈善事业实质上也是一种社会再分配的实现形式。

（二）社会保险法的内涵

社会保险法是调整社会保险关系的法律规范的总称，它对社会保险项目、范围与对象、资金来源、待遇标准、发放办法等内容作出规定，并明确社会保险管理、基金运营及监督等具体事项。分析社会保险法调整的社会关系是把握社会保险法内涵的关键。

1. 社会保险关系的主体

（1）社会成员——社会保险的受益主体，同时也要承担一定的社会保险义务。具体又可分为有劳动关系的受益主体和没有劳动关系的受益主体。前者主要是指受劳动法调整的、与用人单位建立劳动关系的劳动者，后者主要指没有劳动关系的城乡居民。此外，在许多项目（如养老保险、医疗保险、失业保险等）上，社会成员个人在社会保险关系中的主体身份可以说是双重的，不仅是受益主体，还是缴费主体。

（2）用人单位——社会保险的主要缴费主体。社会保险的运行必须有充足的社会保险资金作保证，在社会保险关系中，用人单位是主要的缴费主体。

（3）国家或者政府——社会保险的责任主体、行政主体。社会保险以国家责任为基础，一方面，社会保险需要大量资金，需要政府财政支持；另一方面，社会保险项目的确立、管理和运作、监督以及争议的解决，都要通过国家的职能部门来运作。

（4）社会保险管理和经办机构——社会保险的服务主体。这类主体直接承担社会保险事务的管理和服务，如依法向用人单位、劳动者等征收社会保险费，负责具体实施社会保险项目的经办，为社会保险受益群体提供相关服务（相应的医疗机构、金融机构等）。

2. 社会保险关系的主要内容

（1）社会保险管理机关与管理相对人之间的关系。社会保险管理是社会保险管理机关制定社会保险政策，监督社会保险法律的执行，处理社会保险争议的活动。社会保险管理机关在进行管理的过程中，形成了三个方面的管理关系：与社会保险经办机构的行政管理关系、与用人单位的行政管理关系、与劳动者或者其家属等被保险人的行政管理关系。

（2）社会保险经办机构与用人单位和劳动者之间的关系。社会保险的基础工作是由社会保险经办机构来完成的，如社会保险费的征缴（改革后将由税务机关负责征收）、基金的管理、待遇的发放以及退休、失业人员的服务管理等方面的工作，都是由社会保险经办机构从事或由其组织的。

（3）社会保险监督机构与社会保险管理和经办机构、用人单位和劳动者之间的关系。社会保险监督的主要内容是社会保险法律的执行情况，重点是社会保险的收支、经办和运营的情况。

（4）用人单位与劳动者的关系。用人单位与劳动者建立劳动关系，用人单位即有义务为劳动者办理社会保险，缴纳社会保险费，并为劳动者代扣代缴应由劳动者缴纳的社会保险费。而劳动者有权要求用人单位为其办理社会保险，监督其缴费情况。

（三）社会保险法的特征

从世界各国的社会保险法律制度及我国目前实行的社会保险制度来看，社会保险法主要有以下基本特点。

1. 保障性

社会保险是对遭遇意外事故的劳动者的基本生活给予保障。依靠劳动收入的劳动者，在遇到生、老、病、死、失业等变故时，个人及家庭生活收入必然减少甚至断绝，从而威胁到基本生活。这时由国家提供一定的物质帮助，就可以使陷入困境的劳动者及其家庭得以维持基本生活。

2. 互济性

社会保险实行互助共济，按照大数法则，在整个社会的范围内统一筹集和调剂使用资金，依靠全社会的力量均衡负担和分散风险。社会保险的覆盖范围越大，抵御风险的能力也越强。一般而言，社会保险费用应由国家、用人单位、个人三方共同负担，并在较高层次上和较大的范围内实现社会统筹与互济。

3. 差别性

社会保险待遇并非实行人人都一样的平均主义，而是和劳动者的劳动付出有一定的联系。由于工作时间长短不同、工资收入高低不同、缴纳保险费多少不同，社会保险待遇在劳动者之间就存在差别。通过这种待遇的差别性，鼓励劳动者在能够劳动时多劳动、多缴费，为社会多做贡献。

4. 强制性

社会保险通过立法强制实施，这与商业保险完全不同。凡法律规定必须参保的用人单位和劳动者，均必须依法履行义务。社会保险的强制性，体现了国家的社会责任，体现了国家对社会生活水平的强制干预，是社会保险存在的可靠保证。

5. 普遍性

社会保险的覆盖范围各个国家有所不同，通常都覆盖全体劳动者。一般而言，国家建立社会保险的目的，是保障所有国民或劳动者在遇到年老、失业、疾病、工伤、生育等风险时，都能够从国家或者社会获得一定的物质帮助和服务，以维持基本生活，从而促使整个社会和谐、稳定地发展。

（四）社会保险立法的基本原则

社会保险立法基本原则是社会保险制度建立和运行的基本准则。

1. 社会保险待遇水平与社会生产力发展水平相适应原则

社会生产力发展水平决定社会保险待遇水平。如果社会保险跨越生产力发展阶段，提供过高的待遇水平，势必会增加企业和劳动者的负担，抑制经济活力，从而影响国民经济可持续发展，危及社会保险制度的正常运行。但如果社会保险的待遇水平过低，则无法充分发挥其保障生活的功能。我国正处于社会主义初级阶段，生产力水平较低、人口众多且老龄化速度加快是现实国情。《社会保险法》第三条规定："社会保险制度坚持广覆盖、保基本、多层次、可持续的方针，社会保险水平应当与经济社会发展水平相适应。"

2. 社会保险权利与义务相对应原则

权利与义务相对应，是社会保险制度赖以存在的前提条件。每个劳动者都享有平等的社会保险权利，同时又都对社会保险负有不可推卸的责任和义务。只有履行了法定的义务之后，才能享受各项社会保险待遇。这些义务主要有：从事社会劳动，依法参加社会保险，依法缴纳社会保险费。

3. 一体化和社会化原则

在市场经济条件下，劳动力市场化是实现资源最佳配置的重要方面，而社会保险一体化是劳动力市场化必不可少的维系机制。为此，社会保险应当实行一体化原则，即统一社会保险的项目、统一社会保险或基本社会保险的标准、统一社会保险的管理与实施机制等。这样，无论劳动者如何流动，均有同样的社会保险制度，从而为实现劳动者自由流动和劳动力资源的最佳配置提供了条件。

实行社会保险的社会化是社会保险能够健康发展的重要条件，应当鼓励社会成员主动参与社会保险事务，包括参与分担缴费，参与监督社会保险制度的实施等，使社会保险事业具备更为坚实的社会和经济基础。同时，社会保险管理的社会化也是社会保险自身的客观要求，应当把各部门、各单位分散管理的形式逐步转为统一的社会化管理，将用人单位承担的社会保险方面的事务性工作转为社会化服务，建立健全统一的社会化服务组织。

4. 公平与效率相统一原则

社会保险待遇水平既要体现社会公平的因素，确保每一位劳动者都能维持基本生活，又要适度体现不同劳动者之间的差别，以提高用人单位和劳动者参保缴费的积极性。社会保险法律制度在维护社会公平的同时，也需要强调社会保险对于促进效率的作用，力求做到公平与效率兼顾。

5. 建立多层次社会保险制度原则

社会保险层次单一，不利于保障劳动者的生活。因而，我国社会保险还实行多层次保险原则，即实行国家基本保险、企业补充保险和个人储蓄性保险相结合的原则。

（1）国家基本保险。通过国家立法，强制推行。这是最基本层次的社会保险，通常由国家、用人单位和个人三方出资负担。当然有些种类的社会保险基金不一定是这三个方面来源，如工伤保险、生育保险是由用人单位缴费，个人不缴费。

（2）用人单位补充保险。补充保险是由用人单位建立并负担费用（企业年金由单位和个人共同缴费），以提高保险待遇，或者在特殊情况下使保险待遇水平不降低而设立的保障措施。用人单位建立补充保险实行自愿原则，由用人单位和本单位职工根据实际情况决定是否建立。

（3）储蓄性保险。即由劳动者个人以储蓄方式，预防发生生活困难、保障未来的基本生活而采取的措施。

二、我国社会保险法律制度的确立

1951 年，政务院颁布《中华人民共和国劳动保险条例》（以下简称《劳动保险条例》），标志着我国社会保险法律制度的初步确立。之后，我国社会保险法律制度经历了多次调整。1994 年颁布的《劳动法》设专章对社会保险和福利作了原则规定，从而为建立适应社会主义市场经济的社会保险制度奠定了基础。在实践探索的同时，国家也抓紧推进社会保险立法工作。2010 年 10 月 28 日，第十一届全国人民代表大会常务委员会第十七次会议审议通过了《社会保险法》，自 2011 年 7 月 1 日起施行。《社会保险法》的颁布施行，标志着我国社会保险法律体系的基本建立。

（一）我国社会保险法律的构成

1. 宪法有关规定

宪法是社会保险立法的基本依据，其本身也包含对社会保险的相关规定。例如，《宪法》第四十五条规定：“中华人民共和国公民在年老、疾病或者丧失劳动能力的情况下，有从国家和社会获得物质帮助的权利。国家发展为公民享受这些权利所需要的社会保险、社会救济和医疗卫生事业。”

2. 法律

我国社会保险方面的法律主要有《劳动法》和《社会保险法》。《劳动法》在第九章中对社会保险的基本原则和基本制度作了原则规定。《社会保险法》把各类劳动者以及城乡全体居民分别纳入相应的基本养老保险、基本医疗保险制度，将职业人群纳入工伤、失业、生育保险制度，确立了我国社会保险制度的基本框架。

3. 行政法规

1951 年政务院颁布的《劳动保险条例》是我国第一部社会保险方面的行政法规，对各项保险待遇均作了明确规定。改革开放以来，适应计划经济体制向市场经济体制转轨的要求，党中央、国务院作出一系列重大决策，积极推进社会保险制度改革，国务院相继颁布了《失业保险条例》《社会保险费征缴暂行条例》《工伤保险条例》等行政法规，以及若干改革和完善基本养老保险、基本医疗保险制度的决定。

4. 部门规章

社会保险部门规章是指国务院社会保险行政部门（人力资源社会保障部）制定的社会保险方面的规章。截至 2017 年年底，社会保险方面的规章共有 23 个，包括《企业职工生育保险试行办法》《社会保险登记管理暂行办法》《失业保险金申领发放办法》《工伤认定办法》《企业年金办法》等。

5. 地方性法规和地方政府规章

我国幅员辽阔，各地社会保险工作的实际情况存在很大差异，在遵循国家统一立法所确定的基本原则的前提下，各省、自治区、直辖市和设区的市的人民代表大会及其常务委员会和人民政府可以制定适合本地区的地方性法规和政府规章，如《北京市失业保险规定》《广东省工伤保险条例》等。

6. 其他规范性文件

其他规范性文件是指除社会保险法律、法规、规章以外的一些规范性文件。这些规范性文件不能设立行政处罚，但可对社会保险工作起到一定的指导作用。

（二）《社会保险法》概述

1.《社会保险法》的起草和审议过程

按照中央的部署和要求，劳动部从 1993 年开始起草《社会保险法（草案）》，分别于 1995 年、2001 年和 2006 年三次向国务院报送了草案送审稿。2007 年 11 月，国务院常务会议讨论通过了《社会保险法（草案）》，并提请全国人民代表大会常务委员会审议。全国人民代表大会常务委员会分别于 2007 年 12 月、2008 年 12 月、2009 年 12 月和 2010 年 10 月，对草案进行了四次审议。2010 年 10 月 28 日，第十一届全国人民代表大会常务委员会第十七次会议对《社会保险法（草案）》进行了表决，高票通过了法律案。

2.《社会保险法》的立法原则

一是贯彻落实党中央的重大决策部署。党的十四届三中全会以来，中央对社会保障制度改革和事业发展作出了一系列重大决策，特别是关于广覆盖、保基本、多层次、可持续等带有根本性、管长远的基本方针，关于社会保险要独立于用人单位之外、资金来源多渠道、管理服务社会化以及加强基金管理监督的要求等，都在法律制定中得到充分体现。

二是使广大人民群众共享改革发展成果。按照党的十七大提出的到 2020 年全面建成小康社会、基本建立覆盖城乡居民的社会保障体系的目标，《社会保险法》确立的社会保险制度框架，把城乡各类劳动者和居民分别纳入相应的社会保险制度，努力实现制度无缺失、覆盖无遗漏、衔接无缝隙。

三是公平与效率相结合，权利与义务相适应。《社会保险法》从我国实际出发，在政府主导的社会保险制度上，优先体现公平原则，做出适当的普惠性安排，通过增加政府公共财政投入，加大社会财富再分配力度，防止和消除两极分化；同时体现激励和引导原则，坚持权利与义务相适应，把缴费型的社会保险作为社会保障的核心制度。

3.《社会保险法》的主要内容

《社会保险法》共 12 章 98 条。对基本养老保险、基本医疗保险、工伤保险、失业保险和生育保险分别单独成章，对每项保险的覆盖范围、制度模式、资金来源、享受待遇的条件等作了原则规定；同时，分专章对社会保险费征缴、社会保险基金、社会保险经办和社会保险监督作出了规定。归纳起来，重点规范了以下内容。

（1）确立了全面覆盖和统筹城乡的调整适用范围。《社会保险法》确立了我国社会保险体系的基本框架，在五项社会保险制度中，基本养老保险和医疗保险覆盖各类劳动者和全体居民，工伤、失业、生育保险覆盖全体职业人群，以法律形式确立了广覆盖的社会保险体系。《社会保险法》适应我国统筹城乡发展的要求，将新型农村社会养老保险制度纳入了基本养老保险的调整范围，并预留了逐步建立和完善城镇居民社会养老保险制度的发展空间；新型农村合作医疗制度也纳入了基本医疗保险的调整范围，授权国务院规定管理办法；规定进城务工的农村居民依照该法参加社会保险；还明确了被征地农民的社会保险问题。

（2）规定了社会保险基金的筹资渠道，特别是强化了政府在筹资方面的责任。《社会保险法》明确了用人单位、个人和政府在社会保险筹资中的责任：城镇职工社会保险基金的主要来源是社会保险缴费，其中，职工基本养老保险、职工基本医疗保险和失业保险费用，由用人单位和职工共同缴纳，工伤保险和生育保险费用由用人单位缴纳，职工个人不缴费。居民社会保险基金主要由社会保险缴费和政府补贴构成，新型农村社会养老保险实行个人缴费、集体补助和政府补贴相结合；城镇居民基本医疗保险实行个人缴费和政府补贴相结合。政府在社会保险筹资中的责任主要有：县级以上人民政府对社会保险事业给予必要的经费支持，在社会保险基金出现支付不足时给予补贴；国有企业、事业单位职工参加基本养老保险前，视同缴费年限期间应当缴纳的基本养老保险费由政府承担；在新型农村社会养老保险和城镇居民基本医疗保险制度中，政府对参保人员给予补贴；基本养老保险基金出现支付不足时，政府给予补贴；国家设立全国社会保障基金，由中央财政预算拨款以及国务院批准的其他方式筹集的资金构成，用于社会保障支出的补充、调剂。

（3）保障并扩大了参保人的各项社会保险权益。《社会保险法》在各项制度设计上，始终以保障参保人的合法权益为出发点。这方面的亮点很多，这里举几个例子。一是为了解决累计缴费不足15年人员的养老待遇问题，规定这些人员可以缴费至满15年，然后按月领取基本养老金，也可以转入新型农村社会养老保险或者城镇居民社会养老保险，按照国务院规定享受相应的养老保险待遇。二是健全了养老保险中的遗属、残疾待遇制度。规定参加基本养老保险的个人，因病或者非因工死亡的，其遗属可以领取丧葬补助金和抚恤金；在未达到法定退休年龄时因病或非因工致残完全丧失劳动能力的，可以领取病残津贴。三是在工伤保险待遇中，将原来规定的由用人单位支付的“住院伙食补助费”“到统筹地区以外就医的交通食宿费”和“终止或者解除劳动合同时应当享受的一次性医疗补助金”三项费用改由工伤保险基金支付。四是为保证工伤职工得到及时救治，规定了工伤保险待遇垫付追偿制度。即职工所在用人单位未依法缴纳工伤保险费，发生工伤事故的，由用人单位支付工伤保险待遇。用人单位不支付的，从工伤保险基金中先行支付，然后由社会保险经办机构依法追偿。

（4）明确社会保险行政管理体制，提高了社会保险费征收的强制性。一是明确行政管理体制，规定国务院和地方各级人民政府社会保险行政部门负责社会保险管理工作，其他有关部门在各自职责范围内负责有关工作。二是明确规定了“社会保险费实行统一征收”的方向，同时授权国务院制定实施步骤和具体办法。三是赋予社会保险费征收机构必要的强制征收手段，规定用人单位逾期仍未缴纳或者补足社会保险费的，社会保险费征收机构可以向银行和其他金融机构查询其存款账户，并可以申请县级以上有关行政部门作出划拨社会保险费的决定，书面通知其开户银行或者其他金融机构划拨社会保险费。

（5）强化了社会保险基金管理和监督。一是规定社会保险基金专款专用，任何组织和个人不得侵占或者挪用，也不得用于平衡其他政府预算或者违法挪作其他用途。二是规定社会保险基金按照统筹层次设立预算，并对预算编制的主体、程序等作出了规定。三是规定基本养老保险基金逐步实行全国统筹，其他社会保险基金逐步实行省级统筹，同时授权国务院规定具体时间和步骤。四是规定社会保险基金在保证安全的前提下，按照国务院规定投资运营实现保值增值。五是规定由人大监督、行政监督、社会监督共同构成的比较完善的社会保险监督体系。

（6）完善了社会保险经办服务内容。一是对社会保险经办机构的职责作出了比较全面的规定，包括负责社会保险登记、社会保险费核定、按照规定征收社会保险费；按时足额支付社会保险待遇；根据管理服务的需要，与医疗机构、药品经营单位签订服务协议，规范医疗服务行为；及时、完整、准确地记录参加社会保险的个人缴费和用人单位为其缴费，以及享受社会保险待遇等个人权益记录；提供社会保险咨询相关服务等。二是规定社会保险经办机构的设立原则，统筹地区设立社会保险经办机构，社会保险经办机构根据工作需要可以在本统筹地区设立分支机构和服务网点。三是规定社会保险经办机构的人员经费和经办社会保险发生的基本运行费用、管理费用，由同级财政按照国家规定予以保障。四是为解决社保关系转移接续难问题，规定对跨统筹地区就业的人员社会保险关系（基本养老、基本医疗和失业）随本人转移，缴费年限累计计算。五是为解决医保报销难的问题，规定对参保人员医疗费用中应当由基本医疗保险基金支付的部分，由社会保险经办机构与医疗机构、药品经营单位直接结算；社会保险行政部门和卫生行政部门应当建立异地就医医疗费用结算制度，方便参保人员享受基本医疗保险待遇。

三、我国重要的社会保险法律制度

（一）养老保险法律制度

根据《社会保险法》的规定，我国基本养老保险包括分别覆盖企业职工、机关事业单位职工、居民的三种养老保险制度。

1. 企业职工基本养老保险制度

1951年，政务院颁布《劳动保险条例》，对国营企业职工养老待遇作出规定。“文化大革命”期间，企业职工退休费用统筹的劳动保险制度被取消，改由所在企业自行负担，实际演变为“企业保险”。随着计划经济体制向市场经济体制转轨，20世纪80年代实行养老保险社会统筹试点，开始进行改革探索，90年代改革全面展开并不断深化，建立了由国家、企业和个人共同负担的基金筹集模式，确定了社会统筹与个人账户相结合的基本模式，统一了企业职工基本养老保险制度。2005年，在总结东北三省完善城镇社会保障体系试点经验的基础上，国务院发布《关于完善企业职工基本养老保险制度的决定》（国发〔2005〕38号），进一步完善企业职工养老保险制度。

（1）基本模式。采用社会统筹与个人账户相结合的模式。社会统筹部分采取现收现付模式，均衡单位负担；个人账户部分采取积累模式，体现个人责任。个人账户规模为本人缴费工资的8%，全部由个人缴费形成。

（2）覆盖范围。城镇各类企业及其职工，企业化管理的事业单位及其职工，城镇个体工商户和灵活就业人员。

（3）基金筹集。基本养老保险基金主要由企业和职工缴费形成，企业缴费比例一般不超过企业工资总额的20%，个人缴费比例为8%。基金实行收支两条线，纳入财政专户管理。中央财政每年对中西部地区和老工业基地给予养老保险资金补助。

（4）基本养老金领取条件及待遇计算。领取基本养老金需要满足两个条件，一是达到退休年龄，男60周岁，女干部55周岁，女工人50周岁；二是缴费年限累计达到15年。基本养老金由统筹养老金和个人账户养老金两部分组成。统筹养老金月标准以当地上年度在岗职工月平均工资和本人指数化月平均缴费工资的平均值为基数，缴费每满 1 年发给 1%；个人账户养老金月标准为个人账户储存额除以计发月数，其中计发月数按职工退休时城镇人口平均预期寿命、本人退休年龄、利息等因素确定。改革前参加工作，改革后退休且缴费年限累计满 15 年的人员，在发给基础养老金和个人账户养老金的基础上，再发给过渡性养老金。达到退休年龄但缴费年限累计不满 15 年的，可以缴费至满 15 年，按月领取基本养老金；也可以转入新型农村社会养老保险或者城镇居民社会养老保险，按照国务院规定享受相应的养老保险待遇。

（5）待遇调整。国家建立基本养老金正常调整机制，根据职工平均工资增长、物价上涨情况，适时提高基本养老保险待遇水平。实践中，调整幅度一般为企业在岗职工平均工资年增长率的一定比例。

2. 机关、事业单位退休制度

根据《公务员法》，公务员退休方式包括法定退休和自愿退休两种。法定退休，是指公务员达到国家规定的退休年龄（即男年满 60 周岁、女年满 55 周岁）或者完全丧失工作能力的，应当退休。自愿退休，是指公务员在未达到法定退休年龄但符合一定条件时，本人自愿提出申请，经任免机关批准，可以提前退休。主要有两种情形：一是工作年限满 30 年的；二是距国家规定的退休年龄不足 5 年，且工作年限满 20 年的。公务员退休后，享受国家规定的退休金和其他待遇。事业单位工作人员的退休待遇、退休审批等方面和公务员的规定基本相同，只是在退休条件方面略有差异，没有自愿退休的情形。

过去，国家机关和事业单位工作人员实行与企业不同的退休养老制度，由单位各自负责，退休后，根据工作年限按退休前工资的一定比例计发退休金。2015 年，国务院印发了《关于机关事业单位工作人员养老保险制度改革的决定》（国发〔2015〕2 号），明确规定机关事业单位养老保险制度覆盖范围为按照公务员法管理的单位、参照公务员法管理的机关（单位）、事业单位编制内工作人员。改革后，机关事业单位与企业统一实行统账结合的基本养老保险制度，实行单位和个人缴费，实行一致的基本养老金计发办法。在参加基本养老保险的基础上，机关事业单位应为其工作人员建立职业年金，工作人员退休后，按月领取职业年金待遇。

3. 新型农村社会养老保险和城镇居民社会养老保险

1991 年，我国部分地区开始进行以个人缴费为主、完全个人账户的农村社会养老保险试点，但是受制于当时的经济发展水平和国家对农村社会养老保险的投入能力，实践中运行非常艰难。2002 年 11 月，党的十六大提出，在有条件的地方探索建立农村养老保险制度。一些地方积极探索有财政补贴的新型农村社会养老保险制度。2009 年，在总结各地探索经验的基础上，国务院决定，开展个人缴费、集体补助、政府补贴相结合以及社会统筹与个人账户相结合的新型农村社会养老保险试点。2009 年，试点覆盖面为全国 10% 的县（市、区、旗），2010 年将试点范围扩大到 24% 的县（市、区、旗），2012 年基本实现对农村适龄居民的全覆盖，年满 16 周岁（不含在校学生）、未参加城镇职工基本养老保险的农村居民，均可以在户籍地自愿参加新型农村社会养老保险。《社会保险法》第二十二条规定，国家建立和完善城镇居民社会养老保险制度，同时授权省、自治区、直辖市人民政府根据实际情况，可以将城镇居民社会养老保险和新型农村社会养老保险合并实施，这为逐步建立统筹城乡的养老保障体系奠定了法律基础。2011 年 6 月 1 日，国务院决定自 7 月 1 日起启动城镇居民社会养老保险试点，当年试点范围覆盖全国 60% 的地区，2012 年基本实现全覆盖，年满 16 周岁（不含在校学生）、不符合职工基本养老保险参保条件的城镇非从业居民，均可以在户籍地自愿参加城镇居民社会养老保险。

2014 年，国务院印发《关于建立统一的城乡居民基本养老保险制度的意见》（国发〔2014〕8 号），决定将新型农村社会养老保险和城镇居民社会养老保险两项制度合并实施，在全国范围内建立制度名称、政策标准、管理服务、信息系统“四统一”的城乡居民基本养老保险制度。城乡居民基本养老保险制度实行基础养老金与个人账户养老金相结合的模式，资金来源由个人缴费、集体补助、政府补贴构成。政府对符合领取条件的参保人全额支付基础养老金，其中中央财政对中西部地区按照中央确定的基础养老金标准给予全额补助，对东部地区给予50%的补助。

4. 企业年金制度

企业年金是补充养老保险。我国从1991年开始建立企业补充养老保险制度。2000年，国务院决定将企业补充养老保险更名为企业年金，实行市场化管理运营。2004年，劳动和社会保障部制定颁布了《企业年金试行办法》和《企业年金基金管理机构资格认定暂行办法》，会同银监会、证监会、保监会制定颁布了《企业年金基金管理试行办法》。2011年，人力资源社会保障部会同银监会、证监会、保监会发布了《企业年金基金管理办法》，《企业年金基金管理试行办法》同时废止。2017年，人力资源社会保障部会同财政部公布了《企业年金办法》（《企业年金试行办法》同时废止）。国务院决定和三个部门规章的颁布实施，确立了企业年金制度的基本框架。这一制度体系，体现了国家政策支持、企业自主建立、市场管理运营、政府加强监管的原则。主要政策包括：

（1）建立企业年金的条件和程序。企业要实行年金制度，必须首先参加基本养老保险，按规定履行缴费义务。同时，要具备相应的经济条件和较好的民主管理基础。建立企业年金，必须充分发扬民主，经过广泛的集体协商，反映广大职工的意愿；必须制定企业年金方案，对基金筹集和基金管理方式、享受年金待遇的条件和计发办法、组织管理和监督方式等事项作出明确的约定；企业年金方案要报人力资源社会保障行政部门备案。

（2）制度模式。企业年金采取个人账户管理的方式，选择缴费确定型模式（即未来待遇支付额根据个人账户余额确定，而个人账户余额完全由企业缴费、个人缴费和投资收益组成）。参保人员将来的待遇高低，取决于缴费多少和投资运营收益。

（3）费用来源。企业年金由企业和职工个人共同缴费，单位和个人的缴费比例可以有所不同，但不能只由一方缴费。建立企业年金的企业，所有试用期满的职工都应当享有。每个人享有的标准可以按照贡献大小、资历长短等因素适当有所差别，体现激励作用。

(4) 待遇领取方式。企业年金待遇可在退休后根据本人实际情况，选择一次性领取，或者定期领取。

(5) 企业年金基金管理主体。企业年金基金由受托人、账户管理人、托管人、投资管理人共同管理，不同机构各司其职、相互制约，从制度上最大限度地保证企业年金基金的财产安全。设立企业年金的企业及其职工作为委托人，与作为受托人的企业年金理事会或者符合国家规定的养老金管理公司等法人受托机构签订书面合同，受托管理企业年金。受托人委托具有资格的企业年金基金账户管理机构作为账户管理人，负责管理企业年金账户；委托具有资格的商业银行或专业托管机构作为托管人，负责托管企业年金基金；委托具有资格的投资运营机构作为投资管理人，负责企业年金基金的投资运营。受托人与账户管理人、托管人和投资管理人确立委托关系，应当签订书面合同。

(二) 医疗保障法律制度

在计划经济体制下，我国在城市建立了劳保医疗和公费医疗制度，在农村实行合作医疗制度。改革开放以来，特别是党的十四届三中全会以来，党中央、国务院作出一系列重大决策，积极推进医疗保障制度改革。目前，适应社会主义市场经济体制的医疗保障体系框架已初步建立。城镇职工基本医疗保险、城镇居民基本医疗保险、新型农村合作医疗和城乡医疗救助共同组成基本医疗保障体系，分别覆盖城镇就业人口、城镇非就业人口、农村人口和城乡困难人群，实现了对城乡居民的全面覆盖。

1. 职工基本医疗保险制度

1993 年，党的十四届三中全会提出，在城镇建立社会统筹与个人账户相结合的职工医疗保险制度。国务院从 1994 年开始进行城镇职工医疗保险制度改革试点。1998 年，国务院发布《关于建立城镇职工基本医疗保险制度的决定》(国发〔1998〕44 号)，在全国范围全面进行职工医疗保险制度改革。主要政策包括：

(1) 覆盖范围。城镇所有用人单位，包括企业、机关、事业单位、社会团体、民办非企业单位及其职工，都要参加城镇职工基本医疗保险。随着劳动和社会保障部对于灵活就业人员、农民工、非公有制经济组织参保政策的明确，职工基本医疗保险实际上覆盖了城镇全体从业人员。

（2）基金筹集。基本医疗保险费由用人单位和职工共同缴纳。用人单位缴费率控制在职工工资总额的6%左右，在职职工缴费率为本人工资收入的2%。退休人员个人不缴费。具体缴费比例由各统筹地区根据实际情况确定。

（3）统筹层次。原则上以地级以上行政区为统筹单位，也可以县（市）为统筹单位，京津沪原则上在全市范围内实行统筹。目前，国家正在抓紧推进基本医疗保险市级统筹。

（4）待遇支付。职工基本医疗保险基金由统筹基金和个人账户构成。个人账户主要支付门诊费用、住院费用中个人自付部分以及在定点药店购药费用。统筹基金用于支付符合规定的住院医疗和部分门诊大病医疗费用。起付标准为当地职工年平均工资的10%，最高支付限额目前为当地职工年平均工资的6倍左右。

（5）医疗服务管理。职工基本医疗保险实行定点医疗机构和定点药店管理，符合基本医疗保险药品目录、诊疗项目、医疗服务设施标准以及急诊、抢救的医疗费用按照国家规定从基本医疗保险基金中支付。参保人员医疗费用中应当由基本医疗保险基金支付的部分，由社会保险经办机构与医疗机构、药品经营单位直接结算。

2. 城镇居民基本医疗保险制度和新型农村合作医疗制度

2006年，党的十六届六中全会通过的《中共中央关于构建社会主义和谐社会若干重大问题的决定》提出，要“建立以大病统筹为主的城镇居民医疗保险”。2007年7月10日，国务院印发《关于开展城镇居民基本医疗保险试点的指导意见》（国发〔2007〕20号）。2007年城镇居民基本医疗保险在79个城市启动试点，2008年扩大试点，2010年在全国全面推行。城镇中不属于城镇职工基本医疗保险制度覆盖范围的中小学阶段的学生、少年儿童和其他非从业城镇居民，都可以自愿参加城镇居民医疗保险。

2002年10月，《中共中央　国务院关于进一步加强农村卫生工作的决定》提出，各级政府要积极引导农民建立以大病统筹为主的新型农村合作医疗制度。从2003年开始，国务院按照“财政支持、农民自愿、政府组织”的原则组织进行试点，2008年在全国基本推行。新型农村合作医疗是针对农村居民的一项基本医疗保险制度，所有农村居民都可以家庭为单位自愿参加新型农村合作医疗。

2012年，党的十八大明确提出整合城乡居民基本医疗保险制度，并对医保管理体制提出了相应要求。2016年1月，国务院印发《关于整合城乡居民基本医疗保险制度的意见》（国发〔2016〕3号），重点从实现“六个统一”（统一覆盖范围、统一筹资政策、统一保障待遇、统一医保目录、统一定点管理、统一基金管理）对整合城乡居民医保制度提出了要求。至2016年年底，制度整合已取得显著成效，全国32个省、自治区、直辖市（含新疆生产建设兵团）均已出台文件，对全面推进制度整合工作作出了规划部署。

（三）失业保险法律制度

1986年，为配合国营企业劳动用工制度改革，国务院颁布施行了《国营企业职工待业保险暂行规定》，开始探索建立失业保险制度。1993年，按照深化国有企业改革的总体要求，国务院颁布了《国有企业职工待业保险规定》，对原有制度进行了局部调整。1999年，国务院颁布施行了《失业保险条例》，对失业保险制度作了重大调整。2010年出台的《社会保险法》进一步完善了失业保险制度。主要政策包括：

1. 覆盖范围

参保范围是城镇企业事业单位及其职工。省、自治区、直辖市人民政府根据当地实际情况，可以规定将社会团体及其专职人员、民办非企业单位及其职工以及有雇工的城镇个体工商户及其雇工纳入失业保险的范围。

2. 资金筹集

城镇企业事业单位按照本单位工资总额的2%，职工按照本人工资收入的1%缴纳失业保险费。基金不足使用时，由地方财政给予补贴。

3. 享受失业保险待遇的条件

领取失业保险金必须符合三个条件：一是按照规定参加失业保

险，所在单位和本人已按照规定履行缴费义务满1年；二是非因本人意愿中断就业；三是已办理失业登记，并有求职要求。

4. 失业保险待遇

失业保险金标准，按照低于当地最低工资标准、高于城市居民最低生活保障标准的水平，由省、自治区、直辖市人民政府确定。待遇期限的具体标准是：失业人员失业前所在单位和本人按照规定累计缴费时间满1年不足5年的，领取期限最长为12个月；缴费满5年不足10年的，领取期限最长为18个月；缴费10年以上的，领取期限最长为24个月。领取失业保险金期间就业的，尚未领取的期限可以保留。

失业人员在领取失业保险金期间，按规定还可以同时享受其他失业保险待遇。包括：接受职业培训、职业介绍的补贴；参加职工基本医疗保险，享受基本医疗保险待遇，所需费用从失业保险基金中支付，失业人员个人不缴费；领取失业保险金期间失业人员死亡的，其遗属可以领取一次性丧葬补助金和抚恤金。

（四）工伤保险法律制度

1951年颁布的《劳动保险条例》，规定了工伤保险的范围和待遇，确立了我国工伤保险的一些基本原则。1996年8月，劳动部制定了《企业职工工伤保险试行办法》，对工伤保险制度作出了比较全面的规定。2003年4月，国务院颁布《工伤保险条例》，对工伤保险的适用范围、缴费制度、工伤认定、待遇标准、监督管理和法律责任等内容作了系统全面的规定。2010年12月，国务院修订《工伤保险条例》，扩大了工伤保险的适用范围，提高了工伤保险待遇水平，调整了工伤认定范围，简化了工伤处理程序。《社会保险法》规定了未参保工伤职工的工伤保险待遇先行支付制度。主要政策包括：

1. 覆盖范围

各类企业、事业单位、社会团体、民办非企业单位、基金会、律师事务所、会计师事务所等组织和有雇工的个体工商户及其职工。

2. 资金筹集

国家根据不同行业的工伤风险程度确定行业的差别费率，并根据使用工伤保险基金、工伤发生率等情况在每个行业内确定若干费率档次。社会保险经办机构根据用人单位使用工伤保险基金、工伤发生率和所属行业费率档次等情况，确定用人单位缴费费率。用人单位以单位职工工资总额为缴费基数缴费，职工个人不缴纳工伤保险费。

3. 工伤认定范围

工伤认定是工伤职工享受待遇的前提。《工伤保险条例》明确了应当认定为工伤的七种情形、视同工伤的三种情形以及不得认定为工伤的三种情形。

第一，应当认定为工伤的七种情形：在工作时间和工作场所内，因工作原因受到事故伤害的；工作时间前后在工作场所内，从事与工作有关的预备性或者收尾性工作受到事故伤害的；在工作时间和工作场所内，因履行工作职责受到暴力等意外伤害的；患职业病的；因工外出期间，由于工作原因受到伤害或发生事故下落不明的；在上下班途中，受到非本人主要责任的交通事故或者城市轨道交通、客运轮渡、火车事故伤害的；法律、行政法规规定应当认定为工伤的其他情形。

第二，应当视同工伤的三种情形：在工作时间和工作岗位，突发疾病死亡或在48小时之内经抢救无效死亡的；在抢险救灾等维护国家利益、公共利益活动中受到伤害的；职工原在军队服役，因战、因公负伤致残，已取得革命伤残军人证，到用人单位后旧伤复发的。

第三，职工符合《工伤保险条例》第十四条、第十五条的规定，但是有下列情形之一的，不得认定为工伤或者视同工伤：故意犯罪的；醉酒或者吸毒的；自残或者自杀的。

4. 工伤保险待遇

工伤保险待遇针对伤残对象的不同，大体分为四类：工伤医疗康复待遇、辅助器具配置待遇、伤残待遇、死亡待遇。

（1）工伤医疗康复待遇。主要包括：治疗工伤所需的医疗费用和康复费用、住院伙食补助费和到统筹地区以外就医的交通食宿费，按照国家规定从工伤保险基金中支付。工伤职工需要停止工作接受治疗的，在停工留薪期内，原工资待遇不变，由所在单位按月支付。

(2) 辅助器具配置待遇。工伤职工因日常生活或就业需要，经劳动能力鉴定委员会确认，可以安装假肢、矫形器、假眼、假牙和配置轮椅等辅助器具，所需费用按照国家规定的标准从工伤保险基金支付。

(3) 伤残待遇。伤残待遇按照伤残鉴定等级的不同而有所区别。所有等级均享受从工伤保险基金按伤残等级支付的一次性伤残补助金，除此之外，不同等级伤残职工还分别享受如下待遇：一级至四级伤残的保留劳动关系，退出工作岗位，由工伤保险基金按月支付伤残津贴；达到退休年龄并办理退休手续后，停发伤残津贴，享受基本养老保险待遇；同时，由用人单位和职工个人以伤残津贴为基数，缴纳基本医疗保险费。五级、六级伤残的保留与用人单位的劳动关系，由用人单位安排适当工作；难以安排工作的，由用人单位按月发给伤残津贴，并按照规定为其缴纳应缴纳的各项社会保险费；经工伤职工本人提出与用人单位解除或终止劳动关系的，由工伤保险基金支付一次性工伤医疗补助金，由用人单位支付一次性伤残就业补助金。七级至十级伤残的劳动合同期满终止，或者工伤职工本人提出解除劳动合同的，由工伤保险基金支付一次性工伤医疗补助金，由用人单位支付一次性伤残就业补助金。

(4) 死亡待遇。主要包括三项：一是丧葬补助金，职工因工死亡，其近亲属可以从工伤保险基金中领取丧葬补助金，标准为6个月的统筹地区上年度职工月平均工资；二是供养亲属抚恤金，按照因工死亡职工本人生前工资的一定比例计发；三是一次性因工死亡补助金，按上一年度全国城镇居民人均可支配收入的20倍计发。

(五) 生育保险法律制度

1951年颁布的《劳动保险条例》和1955年颁布的《关于女工作人员生产假期的通知》对生育保险作了规定。主要内容包括：女职工生育休假56天，产假期间工资照发；享受免费医疗，医疗费用由企业负担。1988年，国务院颁布了《女职工劳动保护规定》，延长了生育假期，调整了实施范围。1994年，劳动部在总结各地试点经验的基础上，颁布了《企业职工生育保险试行办法》，规定企业按照工资总额的一定比例缴纳生育保险费，建立生育保险基金；女职工生育或流产依法享受产假，产假期间生育医疗费和生育津贴由生育保险基金支付。生育费用实行社会统筹，标志着我国生育保险制度改革已进入新的阶段。主要政策包括：

1. 覆盖范围

城镇企业及其职工。

2. 资金筹集

用人单位按照不超过工资总额1%的比例缴纳生育保险费，建立生育保险基金，职工个人不缴费。

3. 生育保险待遇

用人单位已经缴纳生育保险费的，其职工享受生育保险待遇，所需资金从生育保险基金中支付。女职工因生育发生的产前检查费、接生费、手术费、住院费、药费和计划生育手术费用等医疗费用按照国家规定由生育保险基金支付。女职工生育按照国家规定享受产假或计划生育手术休假期间，可以享受生育津贴，生育津贴按照职工所在用人单位上年度职工月平均工资计发，从生育保险基金中支付。此外，根据《社会保险法》规定，职工未就业配偶按照国家规定享受生育医疗费用待遇。

随着我国社会经济的快速发展，党的十八届五中全会提出建立更加公平更可持续的社会保障制度，国家“十三五”规划纲要以及中央全面深化改革任务中部署了“将生育保险和基本医疗保险合并实施”的任务，这是对社会保险一体化运行管理提出了新要求，有利于提高行政效率，降低管理运行成本，进一步增强生育保障功能。2017年1月，根据《全国人民代表大会常务委员会关于授权国务院在河北省邯郸市等12个试点城市行政区域暂时调整适用〈中华人民共和国社会保险法〉有关规定的决定》，国务院办公厅发出《关于印发生育保险和职工基本医疗保险合并实施试点方案的通知》（国办发〔2017〕6号），明确提出“遵循保留险种、保障待遇、统一管理、降低成本的总体思路，推进两项保险合并实施”，通过先行试点探索适应我国经济发展水平、优化保险管理资源、促进两项保险合并实施的制度体系和运行机制。

第四章 行政许可

第一节 行政许可概述

一、行政许可的概念、构成要素及基本原则

行政许可是指行政机关根据公民、法人或者其他组织的申请，经依法审查，准予其从事特定活动的行为。

行政许可应当同时具备以下四个要素。一是事前同意。二是设定依据为法律、行政法规、地方性法规以及国务院决定。省、自治区、直辖市人民政府规章可以设定临时性许可，临时性行政许可实施满 1 年需要继续实施的，应当提请本级人民代表大会及其常务委员会制定地方性法规。三是需根据公民、法人或者其他组织申请而为。四是申请人通过批准获得某种资格或者从事特定活动的权利。

设定和实施行政许可应当遵循三个基本原则。一是合法原则。应当依照法定的权限、范围、条件和程序，设定和实施行政许可。二是公平、公正、公开原则。有关行政许可的规定应当公布；未经公布的，不得作为实施行政许可的依据。行政许可的实施和结果，除涉及国家秘密、商业秘密或者个人隐私的外，应当公开。符合法定条件、标准的，申请人有依法取得行政许可的平等权利，行政机关不得歧视。三是便民原则。指行政机关应当提高办事效率，提供优质服务，使公民、法人和其他组织在行政许可过程中能够便捷、迅速地申请并获得行政许可。

二、行政许可的设定范围、权限及标准

行政许可的设定范围、权限与标准，是行政许可法律制度的核心内容。

《行政许可法》第十二条规定，下列事项可以设定行政许可：直接涉及国家安全、公共安全、经济宏观调控、生态环境保护以及直接关系人身健康、生命财产安全等特定活动，需要按照法定条件予以批准的事项；有限自然资源开发利用、公共资源配置以及直接关系公共利益的特定行业的市场准入等，需要赋予特定权利的事项；提供公众服务并且直接关系公共利益的职业、行业，需要确定具备特殊信誉、特殊条件或者特殊技能等资格、资质的事项；直接关系公共安全、人身健康、生命财产安全的重要设备、设施、产品、物品，需要按照技术标准、技术规范，通过检验、检测、检疫等方式进行审定的事项；企业或者其他组织的设立等，需要确定主体资格的事项；法律、行政法规规定可以设定行政许可的其他事项。同时，《行政许可法》第十三条规定，公民、法人或者其他组织能够自主决定的，市场竞争机制能够有效调节的，行业组织或者中介机构能够自律管理的，行政机关采用事后监督等其他行政管理方式能够解决的，可以不设行政许可。此外，《行政许可法》从维护法制权威和市场统一目的出发，明确地方性法规和省、自治区、直辖市人民政府规章，不得设定应当由国家统一确定的公民、法人或者其他组织的资格、资质的行政许可，不得设定企业或者其他组织的设立登记及其前置性行政许可。其设定的行政许可，不得限制其他地区的个人或者企业到本地区从事生产经营和提供服务，不得限制其他地区的商品进入本地区市场。

《行政许可法》对行政许可权限作出明确规定。其一，关于设定权限，明确只有全国人民代表大会及其常务委员会制定的法律、国务院制定的行政法规或决定、省级人民代表大会及其常务委员会制定的地方性法规有权设定行政许可，省级人民政府制定的地方政府规章在一定条件下有权设定临时性许可。国务院各部门制定的部门

规章、其他具有立法权的较大地方的人民政府制定的规章，以及省部级及以下行政机关制定出台的规范性文件，都无权设定行政许可。其二，关于设定行政许可权限之间的关系，明确规定行政法规可以设定的是法律未及的行政许可，地方性法规可以设定的是法律和行政法规未及的行政许可，省级人民政府规章可以设立的是法律、行政法规和地方性法规未及且确需立即实施的临时性行政许可。同时明确法规、规章不得超越上位法增设行政许可和增设其他条件。其三，关于实施行政许可，明确规定各级政府各个部门实施行政许可，必须以相关法律、行政法规、地方性法规或者省级人民政府制定的地方性规章为依据。

为根除行政许可事项边减边增的顽疾，《国务院关于严格控制新设行政许可的通知》（国发〔2013〕39 号）对新设行政许可的标准、审查程序和监督等作出了更为具体严格的规定。

三、行政许可的实施主体

《行政许可法》规定，行政许可由具有行政许可权的行政机关在其法定职权范围内实施。首先，行政许可的实施主体必须是行政机关；其次，行政许可的实施主体必须具有行政许可权；最后，行政许可的实施主体实施行政许可必须在法定职权范围内进行。另外，法律、法规授权的具有管理公共事务职能的组织，也可以在法定授权范围内，以自己的名义实施行政许可，后果由自己独立承担。这一点区别于委托实施行政许可。

《行政许可法》规定了委托实施行政许可制度。一是委托主体即委托实施行政许可的行政机关，委托其他行政机关实施行政许可应当遵循职权法定的原则，在其法定职权范围内依法委托，既不能将其无权行使的行政许可实施权委托给其他行政机关，也不能超越其享有的行政许可实施权范围委托其他行政机关实施行政许可。二是委托行政许可的依据是法律、法规和规章，不能依据规范性文件委托实施行政许可。三是委托行政机关对受委托行政机关实施行政许可的行为应当负责监督，并对实施该行政许可行为的后果承担法律责任。四是受委托实施行政许可的行政机关不得将行政许可实施权再委托给其他组织或者个人。五是委托行政机关应当将受委托行政机关和受委托实施行政许可的内容予以公告。

四、行政许可的评价与听证制度

评价制度是《行政许可法》创设的特色法律制度，体现了与时俱进的改革创新精神。行政许可的设定机关应当定期对其设定的行政许可进行评价；对已设定的行政许可，认为通过《行政许可法》第十三条所列方式能够解决的，应当对设定该行政许可的规定及时予以修改或者废止。行政许可的实施机关可以对已设定的行政许可的实施情况及存在的必要性适时进行评价，并将意见报告该行政许可的设定机关。公民、法人或者其他组织可以向行政许可的设定机关和实施机关就行政许可的设定和实施提出意见和建议。

听证制度是《行政许可法》“公平、公正、公开”原则的具体体现。启动听证方式有两种。一是由行政机关主动启动，即法律、法规、规章规定实施行政许可应当听证的事项，或者行政机关认为需要听证的其他涉及公共利益的重大行政许可事项，行政机关应当向社会公告，并举行听证。二是行政相对人申请举行听证，即行政许可直接涉及申请人与他人之间重大利益关系的，行政机关在作出行政许可决定前，应当告知申请人、利害关系人享有要求听证的权利。申请人、利害关系人在被告知听证权利之日起 5 日内提出听证申请的，行政机关应当在 20 日内组织听证。无论哪种方式，听证应当公开举行。行政机关应当于举行听证的 7 日前将举行听证的时间、地点通知申请人、利害关系人，必要时予以公告。行政机关应当指定审查该行政许可申请的工作人员以外的人员为听证主持人，申请人、利害关系人认为主持人与该行政许可事项有直接利害关系的，有权申请回避。举行听证时，审查该行政许可申请的工作人员应当提供审查意见的证据、理由，申请人、利害关系人可以提出证据，并进行申辩和质证。听证应当制作笔录，听证笔录应当交听证参加人确认无误后签字或者盖章。行政机关应当根据听证笔录，作出行政许可决定。

五、行政许可的期限和收费

行政许可作为要式法律行为，必须在规定期限内完成。按照《行政许可法》，除可以当场作出行政许可决定的外，行政机关应当自受理行政许可申请之日起20日内作出行政许可决定；20日内不能作出决定的，经本行政机关负责人批准，可以延长10日，并应当将延长期限的理由告知申请人。行政许可采取统一办理或者联合办理、集中办理的，办理的时间不得超过45日；45日内不能办结的，经本级人民政府负责人批准，可以延长15日，并应当将延长期限的理由告知申请人。依法应当先经下级行政机关审查后报上级行政机关决定的行政许可，下级行政机关应当自其受理行政许可申请之日起20内审查完毕。法律、法规另有规定的，依照其规定。

收费法定是政府现代化的重要标志之一。行政许可实施机关对行政许可事项进行监督检查，不得收取任何费用。对提供的行政许可申请书格式文本，亦不得收费。依照法律、行政法规对实施行政许可收取费用的，应当按照公布的法定项目和标准收费。所收取的费用必须全部上缴国库，任何机关或者个人不得以任何形式截留、挪用、私分或者变相私分。财政部门不得以任何形式向行政机关返还或者变相返还实施行政许可所收取的费用。

六、行政许可的变更、延续、撤销与注销

《行政许可法》对行政许可的变更、延续、撤销与注销作出成链条的制度规定。被许可人要求变更行政许可事项的，应当向作出行政许可决定的行政机关提出申请；符合法定条件、标准的，行政机关应当依法办理变更手续。被许可人需要延续依法取得的行政许可的有效期的，应当在该行政许可有效期届满30日前向作出行政许可决定的行政机关提出申请，行政机关应当根据被许可人的申请，在该行政许可有效期届满前作出是否准予延续的决定；逾期未作决定的，视为准予延续。法律、法规、规章另有规定的，依照其规定。

作出行政许可决定的行政机关或者其上级行政机关依法撤销行政许可的情形：行政机关工作人员滥用职权、玩忽职守作出准予行政许可决定的；超越法定职权作出准予行政许可决定的；违反法定程序作出准予行政许可决定的；对不具备申请资格或者不符合法定条件的申请人准予行政许可的；依法可以撤销行政许可的其他情形。被许可人以欺骗、贿赂等不正当手段取得行政许可的，应当予以撤销，且被许可人基于行政许可取得的利益不受保护。按照上述规定撤销行政许可，可能对公共利益造成重大损害的，法律规定不予撤销。撤销行政许可，被许可人的合法权益受到损害的，行政机关应当依法给予赔偿。

行政机关应当依法办理有关行政许可注销的情形：行政许可有效期届满未延续的；赋予公民特定资格的行政许可，该公民死亡或者丧失行为能力的；法人或者其他组织依法终止的；行政许可依法被撤销、撤回，或者行政许可证件依法被吊销的；因不可抗力导致行政许可事项无法实施的；法律、法规规定的应当注销行政许可的其他情形。

第二节　行政许可标准化

为贯彻落实国务院“以标准化促进规范化”的要求，实现行政许可可预期、可操作、可验证、可考核、可监督，解决人民群众“审批难”的问题，约束自由裁量权，降低制度性交易成本，防止寻租行为，提高审批效率，国务院行政审批制度改革工作领导小组办公室、国家标准化管理委员会在认真总结工作实践的基础上，研究制定《行政许可标准化指引（2016 版）》（以下简称《指引》），运用标准化原理、方法和技术，对行政许可事项、行政许可流程、行政许可服务、行政许可受理场所建设与管理以及监督评价作出系列规范设计，并计划用两年时间推动落实。本节立足《指引》对行政许可标准化作操作性介绍与解读，以提高人力资源社会保障行政许可实施的规范化水平。

一、概述

（一）适用范围

《指引》适用于国务院部门行政许可标准化建设，行政确认、行政给付等行政行为的标准化建设可以参照适用。地方县级以上各级人民政府开展行政许可及行政确认、行政给付等行政行为的标准化建设可参照适用。涉及国家秘密、商业秘密或个人隐私的行政许可事项，按照国家有关规定办理。

（二）基本原则

《指引》明确依法行政、简明实用、积极创新、持续改进等原则，并强调要充分考虑行政许可现状，制定相关标准应做到文本简洁扼要，具体操作实用易行，既适于行政许可实施机关掌握使用，又便于群众办事和社会监督，并在实践中不断改革探索、总结提升。

（三）工作目标

建成涵盖行政许可“全事项、全过程、各环节”相互配套协调的标准体系，建立有效的行政许可标准实施、监督和评价体系，以标准化促进行政许可规范化，加快建设人民群众满意的系统完备、科学规范、运行有效的行政许可制度。

二、行政许可事项管理规范

（一）实行行政许可事项清单管理

行政许可实施机关应依据《行政许可法》，逐项明确行政许可事项名称、设定依据、实施机关、行政许可对象等。行政许可制度改革工作主管机关应统一制定行政许可事项清单，按程序报本级人民政府同意后，向社会公开。

（二）实行行政许可事项编码管理

行政许可制度改革工作主管机关统一制定编码规则，对行政许可事项赋予代码，作为同一行政许可事项的唯一标识。

（三）实行行政许可事项动态管理

行政许可实施机关应根据行政许可事项设定依据的调整和行政

许可制度改革的要求，对行政许可事项新设、减少以及变更要素的，应按照程序及时作出调整，并向社会公开。

三、行政许可流程管理规范

(一) 受理

行政许可实施机关应建立行政许可事项受理单制度。受理单应加盖许可专用章，包括事项名称、受理单号、申请人及联系电话、受理机构、受理人及联系电话、材料清单、受理时间、法定办结时限、承诺办结时限、批准文书发放方式、办理进程查询方式、收费状况等。

申请人现场或通过邮寄方式提交的申请事项属于本行政许可实施机关职权范围，申请材料齐全且符合法定形式的，应当场或在签收材料之日予以受理，出具受理单。网上受理的应通过电子回执单等方式予以确认。能够当即办理的行政许可事项，可直接出具准予行政许可的证件，不再出具受理单。依法经下级行政机关审查上报的，受理单由下级行政机关出具。为方便行政相对人，由下级行政机关代办转报并由上级机关出具受理单的，下级行政机关应出具材料接收清单，并在上级行政许可实施机关规定的期限内完成代办转报，一般不超过 5 日。上级行政许可实施机关收到转报材料后，应当即出具受理单。

受理申请过程中，有关部门应按规定及时接收，一次收清所有材料。对申请材料不齐全或不符合法定形式的，应当场告知需要补正的全部内容，并出具一次性告知书，由行政相对人补正后予以受理。当场可以更正申请材料错误的，应请申请人当场更正。对不能当场告知需要补正全部内容的，应在 5 日内出具一次性书面告知书；逾期不告知的，自收到申请材料之日起即为受理。申请材料为本行政许可实施机关或所在系统发放的证照或批准文书的，可不再要求申请人提交证照或批准文书原件或复印件；能够通过与其他行政机关信息共享获取相关信息的，可不再要求提交。对不予受理申请的，要说明理由和依据，并出具加盖本行政许可实施机关专用印章的不予受理通知书，送达申请人。

对于事项受理后依法需要公示、听证、招标、拍卖、检验、检测、检疫、测绘、鉴定、专家评审等的，应在受理单上注明。行政许可实施机关应根据不同情形制定相应的流程说明以及所需时间范围，向社会公示。法律法规未明确需要而行政许可实施机关在审查中认为有必要履行上述程序的，所需时间应计算在行政许可法定时限内。

（二）审查

行政许可实施机关应明确采取具体审查方式的依据和理由，细化权限边界以及每个审查环节的前后置条件，避免功能雷同的重复审查。应结合实际制作能够体现行政许可流程及职责的表单，量化审查工作细则，合理划分各审查环节时限。

审查方式应明确适用情形、法定审查内容、审查评判依据、审查程序、审查期限、各级审查人责任、审查意见（结论）、收费、注意事项及不当审查行为需要承担的后果等。

对需要逐级审核的行政许可事项，各级审查人员应依法定条件、程序和职责对申请人提交的材料进行审核，提出是否准予许可意见。依法经下级行政机关审查后报上级行政机关决定的行政许可事项，下级行政机关在法定期限内审查并出具初步审查意见后及时上报。上报材料应包括全部申请材料和初步审查意见。上级行政机关不得要求申请人重复提供申请材料。

（三）决定

行政许可实施机关应明确作出行政许可决定的方式及送达方式。行政许可实施机关能当场作出决定的，应当场书面作出；不能当场作出的，在对申请进行审查后，于法定期限内按照规定程序作出。对需要颁发证件的，行政许可实施机关应当自作出决定之日起10日内向申请人颁发加盖本行政许可实施机关专用章的证件，包括：许可证、执照或者其他许可证书；资格证、资质证或者其他合格证书；行政机关的批准文件或者证明文件；法律、法规规定的其他行政许可证件。行政机关实施检验、检测、检疫的，在相关设备、设施、物品上加贴标签或者加盖检验、检测、检疫印章。

行政许可决定可以采取现场领取、邮寄等方式及时送达申请人。行政许可实施机关作出许可决定，应按照《中华人民共和国政府信息公开条例》的规定予以公开，同时应将决定的效力范围和年检、变更与延续等后续环节事宜告知被许可人。

行政许可实施机关依法作出不予许可书面决定的，应当书面说明理由，并书面告知申请人享有依法申请行政复议或者提起行政诉讼的权利。

四、行政许可服务规范

（一）基本要求

一是建立服务制度和规范。信息公开制，公开许可审批依据、流程、结果等信息。一次性告知制，一次性告知申请材料是否齐全以及如何补正、是否受理及其理由、是否需要实地勘察等特殊程序及下一步需要进行的程序、收费标准等事项。首问负责制，无论是否属于职责范围内的事项，首问责任人都要给申请人完整答复或者有效答复的途径。服务承诺制，作出时限、廉政、认真服务等承诺。文明服务制，优化文明用语、微笑服务、指引标志、便民服务项目等。责任追究制，定岗定职定责，及时发现工作中的问题，对承办人、责任人予以责任追究。二是编制服务指南，包含名称、适用范围、项目审查类型、审批依据、受理机构、决定机构、数量限制、申请条件、禁止性要求、申请材料目录、办理基本流程、办结时限、收费依据及标准、结果送达、监督投诉渠道、办公地址和时间、申请材料示范文本、常见错误示例、常见问题解答等要素。为方便申请人使用，服务窗口可仅提供简化版，同时注明完整版的查询途径和获取方式。

（二）咨询服务

行政许可实施机关应通过现场和非现场咨询等多种服务方式和渠道，指定专人提供咨询服务，并能够进行预约。现场咨询的，工作人员应按照有关规定对申请人的咨询作出清晰明确的答复，提供相关事项的服务指南、服务场所及其他可以查询的相关服务内容；不能现场答复的，应告知申请人答复时间及其他咨询途径。非现场咨询的，行政许可实施机关可以运用“互联网+”，实现咨询服务从实体窗口向网上窗口延伸，在专门的网站或客户端设立咨询窗口，提供各许可事项的服务指南完整版以及进一步咨询渠道。对于常见错误示例、常见问题解答等应及时更新。电话、邮件咨询应做到及时、畅通。

（三）网上服务

行政许可实施机关应结合实际，建设统一的网上行政许可服务平台，或将行政许可事项纳入已有的统一平台。主要功能应满足行政许可事项网上咨询、审批信息公开、投诉监督，有条件的可以加快推进网上申报、受理、审批等。涉及共同审批或下级行政机关的，应建立规范的流程和数据交换接口，实现信息交换。进行网上审批的，提供网上审批服务的基本原则、服务提供、服务保障等要求可参照《政务服务中心网上服务规范》（GB/T 32168—2015）有关规定执行。

五、行政许可受理场所建设与管理规范

（一）窗口的设置

行政许可实施机关内一个机构承担审批工作且行政许可事项数量少的，或多个内设机构承担审批工作但行政许可事项数量少的，应当确定一个固定场所或一个机构作为窗口统一受理申请、统一送达决定，并在办公区显著位置设立指示标志，引导申请人到窗口办事。

（二）服务大厅的设置与建设

行政许可实施机关根据场地、设备等实际情况，设立实体性服务大厅（现场平均日受理量达 10 件以上的应当设立），将所有行政许可事项纳入服务大厅集中受理，按照《政务服务中心运行规范 第 1 部分：基本要求》（GB/T 32169. 1—2015）有关规定建设服务大厅。

（三）日常管理机制

行政许可实施机关应指定日常管理机构，对受理场所进行日常管理和监督。受理场所人员应政治素质高、业务能力强、熟悉掌握行政许可服务流程。服务礼仪要求可以参照《政务服务中心运行规范　第3部分：窗口服务提供要求》（GB/T 32169.3—2015）有关规定。除涉及国家秘密、商业秘密或个人隐私外，行政许可实施机关应主动公开行政许可的实施和结果。公开的方式包括宣传栏（板）、触摸屏、LED公告屏、政府信息公开栏或信息资料索取点、网络等。行政许可过程应有记录、可追溯，档案由行政许可实施机关按照档案管理要求进行归档、管理。

第五章　行政处罚

行政处罚是维护公共利益和社会秩序，实现行政管理目的的重要手段，在国家法律责任体系中居于十分重要的地位。1996 年 3 月，全国人民代表大会常务委员会审议通过的《行政处罚法》，对行政处罚的基本原则、设定、实施机关、程序、法律责任等作了全面规定。《行政处罚法》的颁布和施行，对于规范政府行为、促进政府职能转变、改进行政管理、提高依法行政水平，具有十分重要的意义。

第一节　行政处罚概述

一、行政处罚的概念和特征

行政处罚是指具有行政处罚权的行政机关依照法定的权限和程序，对违反行政管理秩序的公民、法人或者其他组织给予行政制裁的行政行为。它具有以下特征。

（一）行政处罚主体的特定性

行政处罚是国家行政权的重要行使方式，行政处罚只能由具有行政处罚权的行政机关在法定职权范围内实施，法律、法规授权的具有管理公共事务职能的组织可以在法定授权范围内实施行政处罚。此外，行政机关依照法律、法规或者规章的规定，可以在其法定权限内委托符合规定条件的组织实施行政处罚，并对该行为的后果承担法律责任。不具有行政管理职能的企事业单位和其他组织为维护内部工作秩序，依章程、协议、约定对内部人员进行的处罚不是行政处罚。

（二）行政处罚对象的特定性

行政处罚是外部行政行为，其适用对象是作为行政相对方的公民、法人或其他组织，行政机关与其内部公务员之间的关系不适用行政处罚。同时，只有相对方实施了违反法律规范的行为，而且法律、法规、规章规定必须处罚的行为，才能给予行政处罚，法律、法规、规章没有规定的不能处罚。

（三）行政处罚具有制裁性

行政处罚在形式上表现为对违法相对方权益的限制、剥夺，其直接目的是惩戒违法，即通过给违法者经济利益、人身自由等造成损失或者限制，促使其不再违法，从而促进和保证行政法律规范的实施和行政义务的实现。

二、行政处罚的基本原则

行政处罚的基本原则是指，由法律规定或认可的、贯穿于行政处罚活动的始终，对行政处罚的设定和实施具有普遍指导作用的基本准则。根据《行政处罚法》的规定，行政处罚应当遵循以下基本原则。

（一）处罚法定原则

《行政处罚法》第三条规定："公民、法人或者其他组织违反行政管理秩序的行为，应当给予行政处罚的，依照本法由法律、法规或者规章规定，并由行政机关依照本法规定的程序实施。没有法定依据或者不遵守法定程序的，行政处罚无效。""处罚法定"是行政处罚的基本原则，也是行政合法性原则在行政处罚领域的具体体现。行政处罚法定原则的基本含义是，行政处罚的设定和实施应当符合法律规定，不得与法律规定相抵触。具体来讲有三层意思：一是只有法律、法规或者规章规定给予行政处罚的，才能依法给予行政处罚，法无明文依据的，不得处罚；二是只能由行政机关依法实施，《行政处罚法》没有明确规定有权实施行政处罚的行政机关不能实施处罚；三是实施行政处罚要依照《行政处罚法》所规定的程序，不能违反法定程序。

（二）公正、公开原则

《行政处罚法》第四条规定：“行政处罚遵循公正、公开的原则。”公正，是指公平正直、没有偏私，公正原则在行政处罚中的具体表现为：行政处罚必须以事实为依据，违法行为是否存在，应该给予何种处罚，都必须是客观存在的，不能是主观臆想或者臆测的；必须坚持法律面前人人平等，对所有的社会成员一视同仁，对所有的违法行为都平等地追究责任，对同样的情形要作出同等处罚，做到不偏不倚；必须与相对人的违法事实、性质、情节以及社会危害程度相当。公开是指行政处罚的过程是公开的、开放的，公开原则具体表现为：有关行政处罚的法律、法规、规章都要以适当途径公开，不能依据内部文件实施处罚；执法人员身份、主要事实根据等与行政处罚有关的情况，除可能危害公共利益或者损害其他公民或者组织的合法权益并由法律、法规特别规定的以外，都应向当事人公开；行政处罚作出以前要通知当事人作出处罚决定的事实、理由及依据，并告知当事人依法享有的权利。

（三）处罚与教育相结合原则

《行政处罚法》第五条规定：“实施行政处罚，纠正违法行为，应当坚持处罚与教育相结合，教育公民、法人或者其他组织自觉守法。”行政处罚虽然是一种重要的制裁和惩戒手段，但处罚不是目的，而是为了使人们不再实施违法行为，维护社会秩序，实现行政管理的目的。因此，必须坚持处罚和教育相结合的原则，把处罚的手段和教育的目的结合起来，对违法者，首先要通过教育使其主动纠正违法行为，依法需要予以行政处罚的，也要同时给予教育，从而达到教育其自觉守法的目的，不能以罚代管、以罚代教。当然，强调说服教育，并不意味着处罚不重要，应当处罚的，必须依法予以处罚。只有坚持处罚与教育并重的原则，才能真正达到处罚的目的。

（四）权利保障原则

《行政处罚法》第六条规定：“公民、法人或者其他组织对行政机关所给予的行政处罚，享有陈述权、申辩权；对行政处罚不服的，有权依法申请行政复议或者提起行政诉讼。公民、法人或者其他组织因行政机关违法给予行政处罚受到损害的，有权依法提出赔偿要求。”在现代社会，行政权力和公民等相对人的权利是平衡的，因此，《行政处罚法》规定行政机关给予相对人处罚，必须保证其获得救济的权利，即作出处罚前的陈述权、申辩权，处罚作出后的申请行政复议、提起行政诉讼、获得行政赔偿的权利，这对于保证行政处罚的正确实施，维护相对人的合法权益，具有重要意义。

三、行政处罚的种类

行政处罚的种类是行政处罚的外在表现形式。根据《行政处罚法》第八条，行政处罚主要包括以下几类。

（一）警告

警告属于申诫罚，是指行政机关对有违法行为的公民、法人或者其他组织提出警示和告诫，使其认识所应负责任的一种处罚。警告一般适用于那些违反行政管理法规较轻微、对社会危害程度不大的行为，一般可当场作出。

（二）罚款

罚款属于财产罚，是指行政机关依法强制违反行政管理法规的公民、法人或者其他组织在一定期限内缴纳一定数量货币的处罚行为。罚款是一种适用范围比较广泛的行政处罚。为了避免罚款的随意性，《行政处罚法》对罚款作了一些限定性规定。对法律、行政法规规定的行政处罚的种类中没有罚款的，地方性法规和规章不能增加规定罚款的处罚。同时，为了避免罚款执行人营私舞弊，法律规定作出罚款决定的机关与收缴罚款的机构分离，罚款必须全部上缴国库，任何行政机关或者个人不得以任何形式截留、私分。

（三）没收违法所得、没收非法财物

没收违法所得、没收非法财物属于财产罚，没收违法所得是指行政机关依法将行为人通过违法行为获取的财产强制无偿收归国有的一种处罚，没收非法财物是指依法将违禁品或者用以实施违法行为的工具强制无偿收归国有的一种处罚。没收是一种较为严厉的财

产罚，只有对那些为谋取非法收入而违反法律法规的公民、法人及其他组织才可以实行这种财产罚。

（四）责令停产停业

责令停产停业属于行为罚，是指行政机关对违反行政管理法规的工商企业或个体经营户，依法在一定期限内剥夺其从事某项活动权利的行政处罚。责令停产停业的处罚将直接影响企业的经济利益，因此，只有对比较严重的行政违法行为才能适用。

（五）暂扣或者吊销许可证、执照

许可证与执照是行政主管机关应公民、法人或者其他组织的申请，依法颁发的准许申请人从事某种活动的书面文件，是公民、法人或者其他组织享有某种权利的凭证。暂扣或者吊销许可证、执照，是指行政机关对违反行政管理法规的公民、法人或者其他组织依法实行的暂时扣留其许可证或执照，剥夺其从事某项活动权利的处罚。这是一种比责令停产停业更为严厉的行为罚，只有法律和行政法规能够设定这一处罚。

（六）行政拘留

行政拘留属于人身罚，是指公安机关对违反《中华人民共和国治安管理处罚法》（以下简称《治安管理处罚法》）的公民，在短期内限制其人身自由的一种处罚措施，也是治安管理处罚措施中最严厉的一种。由于其严厉性，《行政处罚法》对此种处罚的限制也是最严格的，只有法律能够规定限制公民人身自由的行政处罚，行政法规、地方性法规和规章等都不能设定此种处罚。

（七）法律、行政法规规定的其他行政处罚

《行政处罚法》不可能穷尽所有的行政处罚种类，为了防止挂一漏万，《行政处罚法》规定法律和行政法规可以设定其他行政处罚种类，而地方性法规、规章和其他规范性文件则不能设定其他行政处罚种类。

第二节 行政处罚程序

一、行政处罚的管辖

行政处罚的管辖是确定某个行政违法行为应由哪一级或者哪一个行政机关实施处罚的法律制度。它是对行政机关和行政处罚实施组织实施行政处罚的权限进行划分，明确其分工的重要措施，是行政处罚主体在自己的职权范围内各司其职、各尽其责的主要依据，是正确实施行政处罚的前提和基础。《行政处罚法》第二十条规定："行政处罚由违法行为发生地的县级以上地方人民政府具有行政处罚权的行政机关管辖。法律、行政法规另有规定的除外。"这一条规定包含了行政处罚管辖权的多项原则，也包括了行政处罚的地域管辖、职能管辖和级别管辖等几方面内容。

（一）地域管辖

地域管辖，也称属地管辖，是指根据行政机关的管理区域确定其实施行政处罚的地域范围，是同级人民政府之间横向划分其和其所属部门（含其他有处罚权的机关或组织）在各管辖区内实施行政处罚的权限和分工。在管辖问题上，法律首先考虑的是地域管辖问题，规定行政处罚由"违法行为发生地"的行政机关管辖，这符合行政管理效率原则的要求，有利于迅速查明案情，及时制止违法行为，及时恢复行政管理秩序，实现行政处罚的高效化。

（二）职权管辖

职权管辖，也称部门管辖，是指按照行政处罚案件中违法行为所违反的行政法律规范和所要给予行政处罚的性质及其部门属性在各职能机关之间的权限划分和分工。为了实施有效的行政管理，各行政机关都是在法律赋予的职权范围内行使各自的职权。行政处罚是行政权的一部分，行政处罚权的行使也必须依职权进行。因此，《行政处罚法》规定，对行政违法行为由"具有行政处罚权的行政机关"管辖。

（三）级别管辖

级别管辖，也称层级管辖，是指具有隶属关系的上下级行政机关之间承办行政处罚案件的分工和权限划分，它解决的是同一行政执法系统内部应由哪一级行政机关管辖的问题。《行政处罚法》只规定行政处罚由县级以上地方人民政府具有行政处罚权的行政机关管辖，没有明确由哪一级管辖。从各单行法律制度的规定及行政处罚的实践来看，绝大多数行政处罚案件由基层的行政机关承办，只有重大、复杂的行政处罚案件才由高层的行政机关承办，确定管辖时考虑的因素主要有违法行为的性质及其严重程度、违法行为人的法律地位和应当给予的行政处罚种类等。

（四）转移管辖

转移管辖，是指行政处罚管辖权在有隶属关系的行政机关之间的转移，即行政系统内部上下级行政机关之间行政处罚管辖权的变动，既包括管辖权从上级行政机关转移到下级行政机关，也包括管辖权从下级行政机关转移到上级行政机关。转移管辖是对级别管辖的变通，实质上是赋予行政机关灵活处理复杂情况的权力，使其可以根据不同情况调整级别管辖，以便于提高行政处罚的效率和质量。

（五）指定管辖

指定管辖，是指上级行政机关指定下一级行政机关对某一行政处罚案件行使管辖权。《行政处罚法》第二十一条规定："对管辖发生争议的，报请共同的上一级行政机关指定管辖。"当两个以上行政机关对同一行政处罚案件的管辖发生争议，通过地域管辖或者职权管辖等规则不能解决时，由共同的上一级行政机关指定管辖，这有利于克服行政处罚上的争抢管辖或者推诿管辖等不正常现象，把行政处罚权落到实处。

二、行政处罚的决定

行政处罚的决定是指行政机关对公民、法人或者其他组织违反行政法律规范的行为，在查明事实的基础上，依照法定权限和程序，给予行政处罚的过程。它是将有关行政处罚的法律规定适用于个案和特定相对人的活动，包含了时间、步骤、顺序、方式等要素，实际上主要体现为行政处罚的程序。行政处罚决定程序主要包括简易程序、一般程序和听证程序。

（一）简易程序

行政处罚简易程序，也称当场处罚程序，是指行政处罚实施主体对事实清楚、情节简单、后果轻微的行政违法行为给予当场处罚所遵循的程序。《行政处罚法》第三十三条至第三十五条规定了简易程序，其基本内容包括：

1. 表明身份

它是表明处罚主体是否合法的必要手续，执法人员对当事人当场作出行政处罚决定时，应当向当事人出示执法身份证件，表明其执法身份。

2. 说明处罚理由

执法人员应主动向当事人说明其违法行为的事实，说明其违反的法律规范和给予行政处罚的理由及依据。

3. 给予当事人陈述和申辩的机会

当事人可以口头申辩，执法人员要予以全面的口头答辩，使当事人心服口服。

4. 填写并交付行政处罚决定书

执法人员当场作出行政处罚决定的，应当填写预定格式、编有号码的行政处罚决定书，这样既便于执法人员使用，也可以防止执法人员滥用当场处罚。

5. 向行政机关备案

执法人员当场作出行政处罚决定后，必须报所属行政机关备案。

（二）一般程序

一般程序，又称普通程序，是行政处罚决定程序中的一个基本程序，它具有内容最完整、适用最广泛的特点，除法律、法规有特别规定的外，任何一个行政处罚决定必须适用一般处罚程序，否则，将直接影响到该行政处罚决定的效力。《行政处罚法》第三十六条至第四十一条规定了一般程序，其基本内容包括：

1. 立案

行政主体通过行政检查监督发现行政相对方个人、组织实施了违法行为，或者通过受理公民的申诉、控告、举报，或者由其他信息渠道知悉相对方实施了违法行为，应先予以立案。

2. 调查取证

行政机关发现公民、法人或者其他组织有依法应当给予行政处罚的行为的，必须全面、客观、公正地调查，收集有关证据；必要时，依照法律、法规的规定，可以进行检查。行政机关在调查或者进行检查时，执法人员不得少于两人，并应当向当事人或者有关人员出示证件；执法人员与当事人有直接利害关系的，应当回避。

3. 告知处罚的事实、理由、依据和有关权利

行政机关必须充分听取当事人的意见，对当事人提出的事实、理由和证据，应当进行复核；当事人提出的事实、理由或者证据成立的，行政机关应当采纳。行政机关在作出行政处罚决定之前，应当听取当事人的陈述和申辩；如果当事人要求举行听证，并且确实符合听证条件的，行政机关应当举行听证会。

4. 作出行政处罚决定

根据《行政处罚法》第三十八条至第四十条规定，调查终结后，行政机关负责人应当对调查结果进行审查，根据不同情况，分别作出行政处罚决定，制作行政处罚决定书，并依法送达当事人。

（三）听证程序

行政处罚中的听证程序，不是一种与简易程序和一般程序并列的独立、完整的行政处罚程序，而只是一般程序中的一道特殊环节。它是指重大行政处罚决定作出之前，在违法案件调查承办人员一方的参加下，由行政机关专门人员主持听取当事人的申辩、质疑和意见，进一步核实和查清真相，以保证处理结果合法、公正的一种程序。《行政处罚法》第四十二条和第四十三条规定了听证程序，其基本内容包括：

1. 听证的申请与决定

行政机关作出责令停产停业、吊销许可证或者执照、较大数额

罚款等行政处罚决定之前，应当告知当事人有要求举行听证的权利。当事人要求听证的，应当在行政机关告知后 3 日内提出，行政机关应当组织听证。

2. 听证通知

组织听证的行政机关在作出听证的决定后，应当在听证开始的 7 日前，以书面的形式通知当事人举行听证的时间、地点和其他有关事项，以便当事人准备在听证会上的申辩和质证。

3. 举行听证会

举行听证时，首先由主持人宣布听证会开始并宣布听证事项及其他有关事项，然后由调查取证人员提出当事人违法的事实、证据和行政处罚建议；针对被指控的事实及相关问题，当事人进行申辩和质证；经过调查取证人员与当事人的相互辩论，由听证主持人宣布辩论结束后，当事人有最后陈述的权利；最后由听证主持人宣布听证会结束。

4. 制作听证笔录

对在听证会中出示的材料、当事人的陈述以及辩论等过程，应当制作笔录，交付当事人、证人等有关参加人或向他们宣读。听证结束后，行政机关依照《行政处罚法》第三十八条的规定，作出决定。

三、行政处罚的执行

行政处罚的执行是行政处罚程序的最后环节，是行政处罚程序的重要组成部分。广义的行政处罚执行，是指执行主体为实现行政处罚决定书所确定的内容而进行的活动，包括自动履行、主动执行和强制执行三种情况，狭义的行政处罚执行就是指强制执行。

（一）自动履行

行政处罚的自动履行，是指被处罚的当事人依据行政处罚决定，在规定期限内主动、自觉地遵守、执行决定所规定的义务。《行政处罚法》第四十四条规定："行政处罚决定作出后，当事人应当在行政处罚决定的期限内，予以履行。"

（二）主动执行

行政处罚的主动执行，是指行政处罚决定作出以后，行政机关凭借其单方实施的行为即可将处罚决定执行完毕，不需要当事人参与或者当事人仅需要服从和配合即可，如警告、通报批评、行政拘留等。

（三）强制执行

行政处罚的强制执行，是指为了保障行政管理权的合法有效行使和行政管理活动的正常进行，当事人逾期不履行行政处罚决定，经催告仍不履行的，由作出处罚决定的行政机关依法强制执行，或者申请人民法院强制执行，迫使当事人履行义务。

此外，行政处罚还遵循不停止执行原则。《行政处罚法》第四十五条规定："当事人对行政处罚决定不服申请行政复议或者提起行政诉讼的，行政处罚不停止执行，法律另有规定的除外。"其基本含义是，行政处罚决定一经作出即生效，必须予以执行，即使当事人申请行政复议或者提起行政诉讼也不停止执行。这样规定主要是为了提高行政效率，防止当事人滥用复议申请权和行政诉讼的起诉权，也有利于预防当事人借复议或者诉讼而逃避履行法定义务。

第三节 现行人力资源和社会保障行政处罚制度

人力资源和社会保障行政处罚，是指由人力资源社会保障行政部门和有关行政机关实施的，依法对违反人力资源和社会保障法律、法规或者规章的单位和个人采取的行政制裁。从处罚对象和内容上看，主要可以概括为以下三类。

一、对用人单位违反人力资源和社会保障法律、法规或者规章的行政处罚

对用人单位遵守人力资源和社会保障法律、法规和规章的情况进行监督检查，是人力资源社会保障行政部门的重要职责，对用人单位违法行为的处罚也是人力资源和社会保障行政处罚的主要内容。

用人单位是和劳动者相对应的一个概念，根据《劳动法》《劳动合同法》等法律、行政法规的规定，用人单位包括企业、国家机关、事业单位、社会团体、民办非企业单位、基金会、律师事务所、会计师事务所等组织以及有雇工的个体工商户。从实践来看，企业和个体工商户是劳动用工的主要主体，一些企业和个体工商户的劳动用工是违法行为的高发区，因此也是执法的重点。关于用人单位的范围，有几点需要特别说明。

（一）国家机关、事业单位和社会团体

对这类用人单位的监督检查应分为两部分，第一部分是依照《劳动法》《劳动合同法》规定，与劳动者建立劳动关系的国家机关、事业单位、社会团体，这些单位与劳动者签订劳动合同、工作时间及工资支付等劳动用工情况都属于监督检查范围。第二部分是在社会保险方面，根据《社会保险法》等法律、行政法规的规定，目前各个险种的覆盖范围不完全相同，基本养老保险、基本医疗保险已经覆盖所有用人单位，而其他三项保险还没有实现全覆盖，人力资源社会保障行政部门依法对这些单位行使监督检查职责，必须在相关规定的范围内进行。

（二）接受以劳务派遣形式用工的单位

根据《劳动合同法》的规定，劳务派遣单位是该法所称用人单位，应当履行用人单位对劳动者的义务；劳务派遣单位派遣劳动者应当与用工单位订立劳务派遣协议，约定派遣岗位和人员数量、派遣期限、劳动报酬和社会保险费的数额与支付方式以及违反协议的责任。用工单位虽然与被派遣劳动者不存在劳动关系，但是在劳动过程中要负责指挥、管理被派遣劳动者，被派遣劳动者也要遵守用工单位的规章制度，因此用工单位也必须履行《劳动合同法》规定的同工同酬等法定义务。违反有关劳务派遣规定的用工单位必须承担相应的法律责任。

（三）无营业执照或者已被依法吊销营业执照且有劳动用工行为的组织和个人

目前我国的法律法规对各种社会组织的主体资格都有明确规定，

企业、个体工商户必须经过工商行政管理部门的登记，取得营业执照才有经营主体资格，才具备用工资格。没有营业执照或者营业执照被吊销的，仍从事经营行为，属于非法主体，其劳动用工行为也属于非法用工行为。为了解决非法用工主体侵犯劳动者合法权益的问题，《劳动保障监察条例》规定，对无营业执照或者已被依法吊销营业执照，有劳动用工行为的，由劳动保障行政部门依照该条例实施监察，并及时通报工商行政管理部门予以查处取缔。无营业执照或者已被依法吊销营业执照的，包括以下几类：一是应当取得而未依法取得营业执照，擅自从事经营活动的；二是已经办理注销登记，擅自从事经营活动的；三是被吊销营业执照，擅自继续从事经营活动的；四是营业执照有效期届满后未按照规定重新办理登记手续，擅自继续从事经营活动的。

根据《劳动法》《劳动合同法》《社会保险法》《劳动保障监察条例》等法律、行政法规和规章的规定，人力资源社会保障行政部门对用人单位的监督检查覆盖劳动用工的全过程，包括招聘、劳动合同管理、工资、工作时间和休息休假、女职工和未成年工特殊保护、社会保险等各个方面。归纳起来，主要包括：用人单位制定内部劳动规章制度的情况；与劳动者订立劳动合同的情况；遵守外国人就业管理规定的情况；遵守禁止使用童工规定的情况；遵守女职工和未成年工特殊劳动保护规定的情况；遵守工作时间和休息休假规定的情况；支付劳动者工资和执行最低工资标准的情况；参加各项社会保险及缴费情况；等等。

二、对劳务派遣单位、职业中介机构、职业技能培训机构和职业技能考核鉴定机构等单位违反人力资源和社会保障法律、法规或者规章的行政处罚

（一）对违反劳务派遣规定行为的行政处罚

根据《劳动合同法》，经营劳务派遣业务，应当向劳动行政部门依法申请行政许可；未经许可，任何单位和个人不得经营劳务派遣业务。违反该法规定，未经许可，擅自经营劳务派遣业务的，由劳

动行政部门责令停止违法行为，没收违法所得，并处违法所得1倍以上5倍以下的罚款；没有违法所得的，可以处5万元以下的罚款。劳务派遣单位违反《劳动合同法》有关劳务派遣规定的，由劳动行政部门责令限期改正；逾期不改正的，以每人5 000元到1万元的标准处以罚款，对劳务派遣单位，吊销其劳务派遣业务经营许可证。

（二）对违反职业（人才）中介规定行为的行政处罚

根据《就业促进法》，设立职业中介机构应当在工商行政管理部门办理登记后，向劳动行政部门申请行政许可；未经依法许可和登记的机构，不得从事职业中介活动。违反该法规定，未经许可和登记，擅自从事职业中介活动的，由劳动行政部门或者其他主管部门依法予以关闭；有违法所得的，没收违法所得，并处1万元以上5万元以下的罚款。违反《就业促进法》规定，职业中介机构提供虚假就业信息，为无合法证照的用人单位提供职业中介服务，伪造、涂改、转让职业中介许可证的，由劳动行政部门或者其他主管部门责令改正；有违法所得的，没收违法所得，并处1万元以上5万元以下的罚款；情节严重的，吊销职业中介许可证。职业中介机构有扣押劳动者居民身份证等证件、向劳动者收取押金等违法行为的，由劳动行政部门责令限期改正，并依照有关法律规定给予处罚。此外，根据《人才市场管理规定》《中外合资人才中介机构管理暂行规定》等规定，未经批准擅自设立人才中介服务机构或从事人才中介服务活动的，由县级以上政府人事行政部门责令停办，并处以罚款；人才中介服务机构有擅自扩大许可业务范围、不依法接受检查或提供虚假材料、不按规定办理许可证变更手续等违法行为的，由县级以上政府人事行政部门予以警告，并可处以罚款。

（三）对违反职业技能培训规定行为的行政处罚

根据《中华人民共和国民办教育促进法》（以下简称《民办教育促进法》）的规定，举办实施以职业技能为主的职业资格培训、职业技能培训的民办学校，由县级以上人民政府人力资源社会保障行政部门按照国家规定的权限审批。民办学校有发布虚假招生简章或者广告骗取钱财、提交虚假证明文件或者采取其他欺诈手段隐瞒重要事实骗取办学许可证等违法行为的，由审批机关或者其他有关部门责令限期改正，并予以警告；有违法所得的，退还所收费用后没收违法所得；情节严重的，责令停止招生、吊销办学许可证。此外，根据《中华人民共和国中外合作办学条例》（以下简称《中外合作办学条例》），违反该条例的规定，未经批准擅自设立中外合作办学机构，或者以不正当手段骗取中外合作办学许可证的，由教育行政部门、劳动行政部门按照职责分工予以取缔或者会同公安机关予以取缔，责令退还向学生收取的费用，并处以10万元以下的罚款；违反该条例的规定，在中外合作办学机构筹备设立期间招收学生，或者有发布虚假招生简章、骗取钱财等违法行为的，由教育行政部门、劳动行政部门按照职责分工，责令限期改正并予以处罚。

（四）对违反职业技能考核鉴定规定行为的行政处罚

根据《劳动保障监察条例》的规定，职业技能考核鉴定机构违反国家有关职业技能考核鉴定的规定的，由劳动保障行政部门责令改正，没收违法所得，并处1万元以上5万元以下的罚款；情节严重的，吊销许可证。未经劳动保障行政部门许可，从事职业技能考核鉴定的组织或者个人，由劳动保障行政部门、工商行政管理部门依照国家有关无照经营查处取缔的规定查处取缔。此外，根据《工人考核条例》的规定，违反规定滥发《技师合格证书》《技术等级证书》《特种作业人员操作证》获取非法收入的，应当没收其非法所得，并可处以非法所得5倍以下的罚款。

三、对医疗机构、药品经营单位等社会保险服务机构，以及其他单位和个人违反人力资源和社会保障法律、法规或者规章的行政处罚

（一）对骗取社会保险基金或者待遇行为的行政处罚

根据《社会保险法》的规定，社会保险经办机构以及医疗机构、药品经营单位等社会保险服务机构以欺诈、伪造证明材料或者其他手段骗取社会保险基金支出的，由社会保险行政部门责令退回骗取的社会保险金，处骗取金额2倍以上5倍以下的罚款；属于社会保

险服务机构的，解除服务协议；直接负责的主管人员和其他直接责任人员有执业资格的，依法吊销其执业资格。以欺诈、伪造证明材料或者其他手段骗取社会保险待遇的，由社会保险行政部门责令退回骗取的社会保险金，处骗取金额2倍以上5倍以下的罚款。

（二）对隐匿、转移、侵占、挪用或者违规投资运营社会保险基金行为的行政处罚

根据《社会保险法》的规定，隐匿、转移、侵占、挪用社会保险基金或者违规投资运营的，由社会保险行政部门、财政部门、审计机关责令追回；有违法所得的，没收违法所得；对直接负责的主管人员和其他直接责任人员依法给予处分。

（三）对违反劳动能力鉴定、工伤保险辅助器具配置确认规定行为的行政处罚

根据《工伤保险条例》，从事劳动能力鉴定的组织或者个人有提供虚假鉴定意见、虚假诊断证明或者收受当事人财物等行为的，由社会保险行政部门责令改正，处2 000元以上1万元以下的罚款。根据《工伤保险辅助器具配置管理办法》的规定，从事工伤保险辅助器具配置确认工作的组织或者个人有提供虚假确认意见、虚假诊断证明或者病历、收受当事人财物等行为的，由社会保险行政部门责令改正，处2 000元以上1万元以下的罚款。

（四）对非法提供、复制、公布、出售或者变相交易社会保险个人权益记录行为的行政处罚

根据《社会保险个人权益记录管理办法》的规定，任何组织和个人非法提供、复制、公布、出售或者变相交易社会保险个人权益记录，有违法所得的，由人力资源社会保障行政部门没收违法所得；属于社会保险服务机构、信息技术服务商的，可由社会保险经办机构与其解除服务协议；依法对直接负责的主管人员和其他直接责任人员给予处分；给社会保险基金、用人单位或者个人造成损失的，依法承担赔偿责任；构成违反治安管理行为的，由公安机关依法予以处罚；构成犯罪的，依法追究刑事责任。

人力资源和社会保障行政处罚事项目录

序号	违法行为	法律依据	备注
1	未经许可和登记，擅自从事职业中介活动	《就业促进法》 第六十四条　违反本法规定，未经许可和登记，擅自从事职业中介活动的，由劳动行政部门或者其他主管部门依法予以关闭；有违法所得的，没收违法所得，并处1万元以上5万元以下的罚款。	
2	职业中介机构有提供虚假就业信息、为无合法证照的用人单位提供职业中介服务等违法行为	《就业促进法》 第六十五条　违反本法规定，职业中介机构提供虚假就业信息，为无合法证照的用人单位提供职业中介服务，伪造、涂改、转让职业中介许可证的，由劳动行政部门或者其他主管部门责令改正；有违法所得的，没收违法所得，并处1万元以上5万元以下的罚款；情节严重的，吊销职业中介许可证。 第六十六条　违反本法规定，职业中介机构扣押劳动者居民身份证等证件的，由劳动行政部门责令限期退还劳动者，并依照有关法律规定给予处罚。 违反本法规定，职业中介机构向劳动者收取押金的，由劳动行政部门责令限期退还劳动者，并以每人500元以上2 000元以下的标准处以罚款。 《就业服务与就业管理规定》 第五十八条　禁止职业中介机构有下列行为： （一）提供虚假就业信息； （二）发布的就业信息中包含歧视性内容； （三）伪造、涂改、转让职业中介许可证； （四）为无合法证照的用人单位提供职业中介服务； （五）介绍未满16周岁的未成年人就业； （六）为无合法身份证件的劳动者提供职业中介服务； （七）介绍劳动者从事法律、法规禁止从事的职业； （八）扣押劳动者的居民身份证和其他证件，或者向劳动者收取押金；	

续表

序号	违法行为	法律依据	备注
		（九）以暴力、胁迫、欺诈等方式进行职业中介活动； （十）超出核准的业务范围经营； （十一）其他违反法律、法规规定的行为。 第七十四条　职业中介机构违反本规定第五十八条第（一）（三）（四）（八）项规定的，按照就业促进法第六十五条、第六十六条规定予以处罚。违反本规定第五十八条第（五）项规定的，按照国家禁止使用童工的规定予以处罚。违反本规定第五十八条其他各项规定的，由劳动保障行政部门责令改正，没有违法所得的，可处以1万元以下的罚款；有违法所得的，可处以不超过违法所得3倍的罚款，但最高不得超过3万元；情节严重的，提请工商部门依法吊销营业执照；对当事人造成损害的，应当承担赔偿责任。	
3	职业中介机构未在服务场所明示职业中介许可证等信息，或者未按要求建立服务台账，或者在职业中介服务不成功后未向劳动者退还所收取的中介服务费	《就业服务与就业管理规定》 第七十一条　职业中介机构违反本规定第五十三条规定，未明示职业中介许可证、监督电话的，由劳动保障行政部门责令改正，并可处以1 000元以下的罚款；未明示收费标准的，提请价格主管部门依据国家有关规定处罚；未明示营业执照的，提请工商行政管理部门依据国家有关规定处罚。 第七十二条　职业中介机构违反本规定第五十四条规定，未建立服务台账，或虽建立服务台账但未记录服务对象、服务过程、服务结果和收费情况的，由劳动保障行政部门责令改正，并可处以1 000元以下的罚款。 第七十三条　职业中介机构违反本规定第五十五条规定，在职业中介服务不成功后未向劳动者退还所收取的中介服务费的，由劳动保障行政部门责令改正，并可处以1 000元以下的罚款。	

续表

序号	违法行为	法律依据	备注
4	未经批准擅自设立人才中介服务机构（含中外合资人才中介机构）或者从事人才中介服务活动	《人才市场管理规定》 第三十三条　违反本规定，未经政府人事行政部门批准擅自设立人才中介服务机构或从事人才中介服务活动的，由县级以上政府人事行政部门责令停办，并处1万元以下罚款；有违法所得的，可处以不超过违法所得3倍的罚款，但最高不得超过3万元。 违反本规定，未经政府人事行政部门批准擅自设立中外合资人才中介机构的，由省级以上政府人事行政部门按照前款规定予以处罚。 《中外合资人才中介机构管理暂行规定》 第十六条　违反本规定，未经批准擅自设立中外合资人才中介机构的，超出核准登记的经营范围从事经营活动的，按照《公司登记管理条例》《无照经营查处取缔办法》和有关规定进行处罚。采用不正当竞争行为的，按照《反不正当竞争法》有关规定进行处罚。	
5	人才中介服务机构违反人才市场管理规定	《人才市场管理规定》 第三十四条　人才中介服务机构违反本规定，擅自扩大许可业务范围、不依法接受检查或提供虚假材料，不按规定办理许可证变更等手续的，由县级以上政府人事行政部门予以警告，可并处1万元以下罚款；情节严重的，责令停业整顿；有违法所得的，没收违法所得，并可处以不超过违法所得3倍的罚款，但最高不得超过3万元。 第三十五条　违反本规定，未经政府人事行政部门授权从事人事代理业务的，由县级以上政府人事行政部门责令立即停办，并处1万元以下罚款；有违法所得的，可处以不超过违法所得3倍的罚款，但最高不得超过3万元；情节严重的，并责令停业整顿。 第三十六条　人才中介服务机构违反本规定，超出许可业务范围接受代理业务的，由县级以上政府人事行政部门予以警告，限期改正，并处1万元以下罚款。	

续表

序号	违法行为	法律依据	备注
6	中外合资人才中介机构不依法接受检查、不按规定办理许可证变更手续等	《中外合资人才中介机构管理暂行规定》 第十五条　中外合资人才中介机构不依法接受检查，不按规定办理许可证变更等手续，提供虚假信息或者采取其他手段欺骗用人单位和应聘人员的，省、自治区、直辖市人民政府人事行政部门予以警告，并可处以1万元人民币以下罚款；情节严重的，有违法所得的，处以不超过违法所得3倍的罚款，但最高不得超过3万元人民币。	
7	单位或者个人为不满16周岁的未成年人介绍就业	《禁止使用童工规定》 第七条　单位或者个人为不满16周岁的未成年人介绍就业的，由劳动保障行政部门按照每介绍一人处5 000元罚款的标准给予处罚；职业中介机构为不满16周岁的未成年人介绍就业的，并由劳动保障行政部门吊销其职业介绍许可证。 第九条　无营业执照、被依法吊销营业执照的单位以及未依法登记、备案的单位使用童工或者介绍童工就业的，依照本规定第六条、第七条、第八条规定的标准加一倍罚款，该非法单位由有关的行政主管部门予以取缔。	
8	民办学校违反民办教育促进法规定	《民办教育促进法》 第六十二条　民办学校有下列行为之一的，由县级以上人民政府教育行政部门、人力资源社会保障行政部门或者其他有关部门责令限期改正，并予以警告；有违法所得的，退还所收费用后没收违法所得；情节严重的，责令停止招生、吊销办学许可证；构成犯罪的，依法追究刑事责任： （一）擅自分立、合并民办学校的； （二）擅自改变民办学校名称、层次、类别和举办者的； （三）发布虚假招生简章或者广告，骗取钱财的；	

续表

序号	违法行为	法律依据	备注
		（四）非法颁发或者伪造学历证书、结业证书、培训证书、职业资格证书的； （五）管理混乱严重影响教育教学，产生恶劣社会影响的； （六）提交虚假证明文件或者采取其他欺诈手段隐瞒重要事实骗取办学许可证的； （七）伪造、变造、买卖、出租、出借办学许可证的； （八）恶意终止办学、抽逃资金或者挪用办学经费的。 《中华人民共和国民办教育促进法实施条例》（以下简称《民办教育促进法实施条例》） 第五十条　民办学校未依照本条例的规定将出资人取得回报比例的决定和向社会公布的与其办学水平和教育质量有关的材料、财务状况报审批机关备案，或者向审批机关备案的材料不真实的，由审批机关责令改正，并予以警告；有违法所得的，没收违法所得；情节严重的，责令停止招生、吊销办学许可证。 第五十一条　民办学校管理混乱严重影响教育教学，有下列情形之一的，依照民办教育促进法第六十二条的规定予以处罚： （一）理事会、董事会或者其他形式决策机构未依法履行职责的； （二）教学条件明显不能满足教学要求、教育教学质量低下，未及时采取措施的； （三）校舍或者其他教育教学设施、设备存在重大安全隐患，未及时采取措施的； （四）未依照《中华人民共和国会计法》和国家统一的会计制度进行会计核算、编制财务会计报告，财务、资产管理混乱的； （五）侵犯受教育者的合法权益，产生恶劣社会影响的； （六）违反国家规定聘任、解聘教师的。	

续表

序号	违法行为	法律依据	备注
9	社会组织和个人擅自举办民办学校	《民办教育促进法》 第六十四条　违反国家有关规定擅自举办民办学校的，由所在地县级以上地方人民政府教育行政部门或者人力资源社会保障行政部门会同同级公安、民政或者工商行政管理等有关部门责令停止办学、退还所收费用，并对举办者处违法所得1倍以上5倍以下罚款；构成违反治安管理行为的，由公安机关依法给予治安管理处罚；构成犯罪的，依法追究刑事责任。	
10	民办学校出资人违反规定取得回报	《民办教育促进法实施条例》 第四十九条　有下列情形之一的，由审批机关没收出资人取得的回报，责令停止招生；情节严重的，吊销办学许可证；构成犯罪的，依法追究刑事责任： （一）民办学校的章程未规定出资人要求取得合理回报，出资人擅自取得回报的； （二）违反本条例第四十七条规定，不得取得回报而取得回报的； （三）出资人不从办学结余而从民办学校的其他经费中提取回报的； （四）不依照本条例的规定计算办学结余或者确定取得回报的比例的； （五）出资人从办学结余中取得回报的比例过高，产生恶劣社会影响的。	
11	职业技能培训机构违反国家有关职业技能培训规定	《劳动保障监察条例》 第二十八条　职业介绍机构、职业技能培训机构或者职业技能考核鉴定机构违反国家有关职业介绍、职业技能培训或者职业技能考核鉴定的规定的，由劳动保障行政部门责令改正，没收违法所得，并处1万元以上5万元以下的罚款；情节严重的，吊销许可证。 未经劳动保障行政部门许可，从事职业介绍、职业技能培训或者职业技能考核鉴定的组织或者个人，由劳动保障行政部门、工商行政管理部门依照国家有关无照经营查处取缔的规定查处取缔。	

续表

序号	违法行为	法律依据	备注
12	未经批准擅自设立中外合作办学机构，或者以不正当手段骗取中外合作办学许可证	《中外合作办学条例》 第五十一条　违反本条例的规定，未经批准擅自设立中外合作办学机构，或者以不正当手段骗取中外合作办学许可证的，由教育行政部门、劳动行政部门按照职责分工予以取缔或者会同公安机关予以取缔，责令退还向学生收取的费用，并处以10万元以下的罚款；触犯刑律的，依照刑法关于诈骗罪或者其他罪的规定，依法追究刑事责任。	
13	在中外合作办学机构筹备设立期间招收学生	《中外合作办学条例》 第五十二条　违反本条例的规定，在中外合作办学机构筹备设立期间招收学生的，由教育行政部门、劳动行政部门按照职责分工责令停止招生，责令退还向学生收取的费用，并处以10万元以下的罚款；情节严重，拒不停止招生的，由审批机关撤销筹备设立批准书。	
14	中外合作办学者虚假出资或者在中外合作办学机构成立后抽逃出资	《中外合作办学条例》 第五十三条　中外合作办学者虚假出资或者在中外合作办学机构成立后抽逃出资的，由教育行政部门、劳动行政部门按照职责分工责令限期改正；逾期不改正的，由教育行政部门、劳动行政部门按照职责分工处以虚假出资金额或者抽逃出资金额2倍以下的罚款。	
15	中外合作办学机构管理混乱、教育教学质量低下，造成恶劣影响的	《中外合作办学条例》 第五十六条　中外合作办学机构管理混乱、教育教学质量低下，造成恶劣影响的，由教育行政部门、劳动行政部门按照职责分工责令限期整顿并予以公告；情节严重、逾期不整顿或者经整顿仍达不到要求的，由教育行政部门、劳动行政部门按照职责分工责令停止招生、吊销中外合作办学许可证。 《中外合作职业技能培训办学管理办法》 第五十一条　中外合作职业技能培训机构违反本办法有关组织与活动的规定，导致管理混乱、教育教学质量低下，造成恶劣影响的，按照《中外合作办学条例》第五十六条规定追究法律责任。	

续表

序号	违法行为	法律依据	备注
16	发布虚假招生简章，骗取钱财	《中外合作办学条例》 第五十七条　违反本条例的规定，发布虚假招生简章，骗取钱财的，由教育行政部门、劳动行政部门按照职责分工，责令限期改正并予以警告；有违法所得的，退还所收费用后没收违法所得，并可处以 10 万元以下的罚款；情节严重的，责令停止招生、吊销中外合作办学许可证；构成犯罪的，依照刑法关于诈骗罪或者其他罪的规定，依法追究刑事责任。 中外合作办学机构发布虚假招生广告的，依照《中华人民共和国广告法》的有关规定追究其法律责任。 《中外合作职业技能培训办学管理办法》 第五十四条　中外合作职业技能培训办学项目发布虚假招生简章或者招生广告，骗取钱财的，由劳动保障行政部门责令举办该项目的中国教育机构退还收取的费用后，没收剩余违法所得，并处以违法所得 3 倍以下且总额 3 万元以下的罚款。	
17	未经批准擅自举办中外合作职业技能培训办学项目，或者以不正当手段骗取中外合作办学项目批准书	《中外合作职业技能培训办学管理办法》 第五十二条　违反本办法的规定，未经批准擅自举办中外合作职业技能培训办学项目，或者以不正当手段骗取中外合作办学项目批准书的，由劳动保障行政部门责令举办该项目的中国教育机构限期改正、退还向学生收取的费用，并处以 1 万元以下罚款。	
18	中外合作职业技能培训办学项目未经批准增加收费项目或者提高收费标准	《中外合作职业技能培训办学管理办法》 第五十三条　中外合作职业技能培训办学项目未经批准增加收费项目或者提高收费标准的，由劳动保障行政部门责令举办该项目的中国教育机构退还多收的费用，并提请价格主管部门依照有关法律、行政法规的规定予以处罚。	

续表

序号	违法行为	法律依据	备注
19	继续教育机构未如实出具专业技术人员参加继续教育的证明	《专业技术人员继续教育规定》 第二十九条　继续教育机构违反本规定第十九条第一款规定的，由人力资源社会保障行政部门或者有关行业主管部门责令改正，给予警告。	
20	职业技能考核鉴定机构违反国家有关职业技能考核鉴定规定	《劳动保障监察条例》 第二十八条　职业介绍机构、职业技能培训机构或者职业技能考核鉴定机构违反国家有关职业介绍、职业技能培训或者职业技能考核鉴定的规定的，由劳动保障行政部门责令改正，没收违法所得，并处 1 万元以上 5 万元以下的罚款；情节严重的，吊销许可证。 未经劳动保障行政部门许可，从事职业介绍、职业技能培训或者职业技能考核鉴定的组织或者个人，由劳动保障行政部门、工商行政管理部门依照国家有关无照经营查处取缔的规定查处取缔。 《职业技能鉴定规定》 第二十五条　职业技能鉴定指导中心和职业技能鉴定站（所）的工作人员，在职业技能鉴定工作中弄虚作假、徇私舞弊的，视情节轻重，由其所在单位根据人事管理权限给予行政处分，并停止其在指导中心或鉴定站（所）的工作；考评人员如有上述行为者，吊销考评员资格证书。 第二十六条　违反本规定第十三条、第十四条和第十八条（二），造成不良影响的职业技能鉴定站（所），由劳动行政部门吊销其《职业技能鉴定许可证》；对乱收费的，没收其非法所得费用。没收的费用，专项用于职业技能鉴定事业。	

续表

序号	违法行为	法律依据	备注
21	违反规定，滥发《技师合格证书》《技术等级证书》《特种作业人员操作证》	《工人考核条例》 第二十七条　违反《技师合格证书》《技术等级证书》《特种作业人员操作证》的核发办法和规定，滥发上述证书的，除应当宣布其所发证书无效外，还应视情节轻重，由其上级主管部门或者监察机关对有关责任人员给予行政处分；对其中通过滥发证书获取非法收入的，应当没收其非法所得，并可处以非法所得5倍以下的罚款；构成犯罪的，应当依法追究其刑事责任。 《职业技能鉴定规定》 第二十七条　违反本规定第三条（二）中第五项和第十七条（三），伪造、仿制或滥发《技术等级证书》《技师合格证书》《高级技师合格证书》的，除宣布其所发证书无效外，还应视情节轻重，由其上级主管部门或监察机关对主要责任者给予行政处分；对其中通过滥发证书获取非法收入的，应没收其非法所得，并处以非法所得5倍以下的罚款；构成犯罪的，应依法追究刑事责任。	
22	企业未按照国家规定提取职工教育经费，或者挪用职工教育经费	《就业促进法》 第六十七条　违反本法规定，企业未按照国家规定提取职工教育经费，或者挪用职工教育经费的，由劳动行政部门责令改正，并依法给予处罚。	
23	用人单位招用人员时，有提供虚假招聘信息，发布虚假招聘广告、扣押劳动者居民身份证、收取财物等违法行为	《劳动合同法》 第八十四条　用人单位违反本法规定，扣押劳动者居民身份证等证件的，由劳动行政部门责令限期退还劳动者本人，并依照有关法律规定给予处罚。	

续表

序号	违法行为	法律依据	备注
		用人单位违反本法规定，以担保或者其他名义向劳动者收取财物的，由劳动行政部门责令限期退还劳动者本人，并以每人500元以上2 000元以下的标准处以罚款；给劳动者造成损害的，应当承担赔偿责任。 劳动者依法解除或者终止劳动合同，用人单位扣押劳动者档案或者其他物品的，依照前款规定处罚。 《就业服务与就业管理规定》 第十四条　用人单位招用人员不得有下列行为： （一）提供虚假招聘信息，发布虚假招聘广告； （二）扣押被录用人员的居民身份证和其他证件； （三）以担保或者其他名义向劳动者收取财物； （四）招用未满16周岁的未成年人以及国家法律、行政法规规定不得招用的其他人员； （五）招用无合法身份证件的人员； （六）以招用人员为名牟取不正当利益或进行其他违法活动。 第六十七条　用人单位违反本规定第十四条第（二）（三）项规定的，按照劳动合同法第八十四条的规定予以处罚；用人单位违反第十四条第（四）项规定的，按照国家禁止使用童工和其他有关法律、法规的规定予以处罚。用人单位违反第十四条第（一）（五）（六）项规定的，由劳动保障行政部门责令改正，并可处以1 000元以下的罚款；对当事人造成损害的，应当承担赔偿责任。 第六十八条　用人单位违反本规定第十九条第二款规定，在国家法律、行政法规和国务院卫生行政部门规定禁止乙肝病原携带者从事的工作岗位以外招用人员时，将乙肝病毒血清学指标作为体检标准的，由劳动保障行政部门责令改正，并可处以1 000元以下的罚款；对当事人造成损害的，应当承担赔偿责任。	

续表

序号	违法行为	法律依据	备注
24	用人单位使用童工	《劳动法》 第九十四条　用人单位非法招用未满十六周岁的未成年人的，由劳动行政部门责令改正，处以罚款；情节严重的，由工商行政管理部门吊销营业执照。 《禁止使用童工规定》 第六条　用人单位使用童工的，由劳动保障行政部门按照每使用一名童工每月处5 000元罚款的标准给予处罚；在使用有毒物品的作业场所使用童工的，按照《使用有毒物品作业场所劳动保护条例》规定的罚款幅度，或者按照每使用一名童工每月处5 000元罚款的标准，从重处罚。劳动保障行政部门并应当责令用人单位限期将童工送回原居住地交其父母或者其他监护人，所需交通和食宿费用全部由用人单位承担。 用人单位经劳动保障行政部门依照前款规定责令限期改正，逾期仍不将童工送交其父母或者其他监护人的，从责令限期改正之日起，由劳动保障行政部门按照每使用一名童工每月处1万元罚款的标准处罚，并由工商行政管理部门吊销其营业执照或者由民政部门撤销民办非企业单位登记；用人单位是国家机关、事业单位的，由有关单位依法对直接负责的主管人员和其他直接责任人员给予降级或者撤职的行政处分或者纪律处分。 第九条　无营业执照、被依法吊销营业执照的单位以及未依法登记、备案的单位使用童工或者介绍童工就业的，依照本规定第六条、第七条、第八条规定的标准加一倍罚款，该非法单位由有关的行政主管部门予以取缔。	

续表

序号	违法行为	法律依据	备注
25	用人单位未按规定保存录用登记材料或者伪造录用登记材料	《禁止使用童工规定》 第四条　用人单位招用人员时，必须核查被招用人员的身份证；对不满16周岁的未成年人，一律不得录用。用人单位录用人员的录用登记、核查材料应当妥善保管。 第八条　用人单位未按照本规定第四条的规定保存录用登记材料，或者伪造录用登记材料的，由劳动保障行政部门处1万元的罚款。	
26	娱乐场所招用未成年人	《娱乐场所管理条例》 第五十二条　娱乐场所招用未成年人的，由劳动保障行政部门责令改正，并按照每招用一名未成年人每月处5 000元罚款的标准给予处罚。	
27	用人单位未及时为劳动者办理就业登记手续	《就业服务与就业管理规定》 第七十五条　用人单位违反本规定第六十二条规定，未及时为劳动者办理就业登记手续的，由劳动保障行政部门责令改正，并可处以1 000元以下的罚款。	
28	外国人和用人单位违反外国人就业管理规定	《外国人在中国就业管理规定》 第二十七条　对违反本规定未申领就业证擅自就业的外国人和未办理许可证书擅自聘用外国人的用人单位，由公安机关按《中华人民共和国外国人入境出境管理法实施细则》第四十四条处理。 第二十八条　对拒绝劳动行政部门检查就业证、擅自变更用人单位、擅自更换职业、擅自延长就业期限的外国人，由劳动行政部门收回其就业证，并提请公安机关取消其居留资格。对需该机关遣送出境的，遣送费用由聘用单位或该外国人承担。 第二十九条　对伪造、涂改、冒用、转让、买卖就业证和许可证书的外国人和用人单位，由劳动行政部门收缴就业证和许可证书，没收其非法所得，并处以1万元以上10万元以下的罚款；情节严重构成犯罪的，移送司法机关依法追究刑事责任。	

续表

序号	违法行为	法律依据	备注
29	用人单位有以暴力、威胁或者非法限制人身自由的手段强迫劳动等情形	《劳动合同法》 第八十八条　用人单位有下列情形之一的，依法给予行政处罚；构成犯罪的，依法追究刑事责任；给劳动者造成损害的，应当承担赔偿责任： （一）以暴力、威胁或者非法限制人身自由的手段强迫劳动的； （二）违章指挥或者强令冒险作业危及劳动者人身安全的； （三）侮辱、体罚、殴打、非法搜查或者拘禁劳动者的； （四）劳动条件恶劣、环境污染严重，给劳动者身心健康造成严重损害的。	
30	用人单位制定的劳动规章制度违反法律、法规规定	《劳动法》 第八十九条　用人单位制定的劳动规章制度违反法律、法规规定的，由劳动行政部门给予警告，责令改正；对劳动者造成损害的，应当承担赔偿责任。 《劳动合同法》 第八十条　用人单位直接涉及劳动者切身利益的规章制度违反法律、法规规定的，由劳动行政部门责令改正，给予警告；给劳动者造成损害的，应当承担赔偿责任。	
31	用人单位违反有关建立职工名册规定	《劳动合同法实施条例》 第三十三条　用人单位违反劳动合同法有关建立职工名册规定的，由劳动行政部门责令限期改正；逾期不改正的，由劳动行政部门处 2 000 元以上 2 万元以下的罚款。	

续表

序号	违法行为	法律依据	备注
32	未经许可，擅自经营劳务派遣业务	《劳动合同法》 第九十二条第一款　违反本法规定，未经许可，擅自经营劳务派遣业务的，由劳动行政部门责令停止违法行为，没收违法所得，并处违法所得1倍以上5倍以下的罚款；没有违法所得的，可以处5万元以下的罚款。 《劳务派遣行政许可实施办法》 第三十一条　任何单位和个人违反《中华人民共和国劳动合同法》的规定，未经许可，擅自经营劳务派遣业务的，由人力资源社会保障行政部门责令停止违法行为，没收违法所得，并处违法所得1倍以上5倍以下的罚款；没有违法所得的，可以处5万元以下的罚款。	
33	劳务派遣单位违反有关劳务派遣规定	《劳动合同法》 第九十二条第二款　劳务派遣单位、用工单位违反本法有关劳务派遣规定的，由劳动行政部门责令限期改正；逾期不改正的，以每人5 000元以上1万元以下的标准处以罚款，对劳务派遣单位，吊销其劳务派遣业务经营许可证。用工单位给被派遣劳动者造成损害的，劳务派遣单位与用工单位承担连带赔偿责任。 《劳务派遣行政许可实施办法》 第三十二条　劳务派遣单位违反《中华人民共和国劳动合同法》有关劳务派遣规定的，由人力资源社会保障行政部门责令限期改正；逾期不改正的，以每人5 000元以上1万元以下的标准处以罚款，并吊销其《劳务派遣经营许可证》。 第三十三条　劳务派遣单位有下列情形之一的，由人力资源社会保障行政部门处1万元以下的罚款；情节严重的，处1万元以上3万元以下的罚款：	

续表

序号	违法行为	法律依据	备注
		（一）涂改、倒卖、出租、出借《劳务派遣经营许可证》，或者以其他形式非法转让《劳务派遣经营许可证》的； （二）隐瞒真实情况或者提交虚假材料取得劳务派遣行政许可的； （三）以欺骗、贿赂等不正当手段取得劳务派遣行政许可的。 《劳务派遣暂行规定》 第二十条　劳务派遣单位、用工单位违反劳动合同法和劳动合同法实施条例有关劳务派遣规定的，按照劳动合同法第九十二条规定执行。	
34	用工单位违反有关劳务派遣规定	《劳动合同法》 第九十二条第二款　劳务派遣单位、用工单位违反本法有关劳务派遣规定的，由劳动行政部门责令限期改正；逾期不改正的，以每人5 000元以上1万元以下的标准处以罚款，对劳务派遣单位，吊销其劳务派遣业务经营许可证。用工单位给被派遣劳动者造成损害的，劳务派遣单位与用工单位承担连带赔偿责任。 《劳务派遣暂行规定》 第二十条　劳务派遣单位、用工单位违反劳动合同法和劳动合同法实施条例有关劳务派遣规定的，按照劳动合同法第九十二条规定执行。 第二十二条　用工单位违反本规定第三条第三款规定的，由人力资源社会保障行政部门责令改正，给予警告；给被派遣劳动者造成损害的，依法承担赔偿责任。 第二十四条　用工单位违反本规定退回被派遣劳动者的，按照劳动合同法第九十二条第二款规定执行。	

续表

序号	违法行为	法律依据	备注
35	用人单位违法延长劳动者工作时间	《劳动法》 第九十条　用人单位违反本法规定，延长劳动者工作时间的，由劳动行政部门给予警告，责令改正，并可以处以罚款。 《劳动保障监察条例》 第二十五条　用人单位违反劳动保障法律、法规或者规章延长劳动者工作时间的，由劳动保障行政部门给予警告，责令限期改正，并可以按照受侵害的劳动者每人100元以上500元以下的标准计算，处以罚款。	
36	用人单位违反女职工和未成年工劳动保护规定	《劳动法》 第九十五条　用人单位违反本法对女职工和未成年工的保护规定，侵害其合法权益的，由劳动行政部门责令改正，处以罚款；对女职工或者未成年工造成损害的，应当承担赔偿责任。 《女职工劳动保护特别规定》 第十三条第一款　用人单位违反本规定第六条第二款、第七条、第九条第一款规定的，由县级以上人民政府人力资源社会保障行政部门责令限期改正，按照受侵害女职工每人1 000元以上5 000元以下的标准计算，处以罚款。 《劳动保障监察条例》 第二十三条　用人单位有下列行为之一的，由劳动保障行政部门责令改正，按照受侵害的劳动者每人1 000元以上5 000元以下的标准计算，处以罚款： （一）安排女职工从事矿山井下劳动、国家规定的第四级体力劳动强度的劳动或者其他禁忌从事的劳动的； （二）安排女职工在经期从事高处、低温、冷水作业或者国家规定的第三级体力劳动强度的劳动的； （三）安排女职工在怀孕期间从事国家规定的第三级体力劳动强度的劳动或者孕期禁忌从事的劳动的；	

续表

序号	违法行为	法律依据	备注
		（四）安排怀孕7个月以上的女职工夜班劳动或者延长其工作时间的； （五）女职工生育享受产假少于90天的（注：《女职工劳动保护特别规定》第七条已将女职工法定产假由不少于90天修改为98天）； （六）安排女职工在哺乳未满1周岁的婴儿期间从事国家规定的第三级体力劳动强度的劳动或者哺乳期禁忌从事的其他劳动，以及延长其工作时间或者安排其夜班劳动的； （七）安排未成年工从事矿山井下、有毒有害、国家规定的第四级体力劳动强度的劳动或者其他禁忌从事的劳动的； （八）未对未成年工定期进行健康检查的。	
37	用人单位不依法办理社会保险登记	《社会保险法》 第八十四条　用人单位不办理社会保险登记的，由社会保险行政部门责令限期改正；逾期不改正的，对用人单位处应缴社会保险费数额1倍以上3倍以下的罚款，对其直接负责的主管人员和其他直接责任人员处500元以上3 000元以下的罚款。 《社会保险费征缴暂行条例》 第二十三条　缴费单位未按照规定办理社会保险登记、变更登记或者注销登记，或者未按照规定申报应缴纳的社会保险费数额的，由劳动保障行政部门责令限期改正；情节严重的，对直接负责的主管人员和其他直接责任人员可以处1 000元以上5 000元以下的罚款；情节特别严重的，对直接负责的主管人员和其他直接责任人员可以处5 000元以上1万元以下的罚款。	

续表

序号	违法行为	法律依据	备注
38	用人单位未按时足额缴纳社会保险费	《社会保险法》 第八十六条　用人单位未按时足额缴纳社会保险费的，由社会保险费征收机构责令限期缴纳或者补足，并自欠缴之日起，按日加收万分之五的滞纳金；逾期仍不缴纳的，由有关行政部门处欠缴数额1倍以上3倍以下的罚款。 《社会保险费征缴暂行条例》 第二十四条　缴费单位违反有关财务、会计、统计的法律、行政法规和国家有关规定，伪造、变造、故意毁灭有关账册、材料，或者不设账册，致使社会保险费缴费基数无法确定的，除依照有关法律、行政法规的规定给予行政处罚、纪律处分、刑事处罚外，依照本条例第十条的规定征缴；迟延缴纳的，由劳动保障行政部门或者税务机关依照第十三条的规定决定加收滞纳金，并对直接负责的主管人员和其他直接责任人员处5 000元以上2万元以下的罚款。	
39	用人单位未按月将缴纳社会保险费的明细情况告知职工本人	《实施〈中华人民共和国社会保险法〉若干规定》 第二十四条　用人单位未按月将缴纳社会保险费的明细情况告知职工本人的，由社会保险行政部门责令改正；逾期不改的，按照《劳动保障监察条例》第三十条的规定处理。	《劳动保障监察条例》第三十条具体内容参见154页。
40		《社会保险法》 第八十七条　社会保险经办机构以及医疗机构、药品经营单位等社会保险服务机构以欺诈、伪造证明材料或者其他手段骗取社会保险基金支出的，由社会保险行政部门责令退回骗取的社会保险金，处骗取金额2倍以上5倍以下的罚款；属于社会保险服务机构的，解除服务协议；直接负责的主管人员和其他直接责任人员有执业资格的，依法吊销其执业资格。	

续表

序号	违法行为	法律依据	备注
	社会保险经办机构以及医疗机构、药品经营单位等社会保险服务机构以欺诈、伪造证明材料或者其他手段骗取社会保险基金支出	《工伤保险条例》 第六十条　用人单位、工伤职工或者其近亲属骗取工伤保险待遇，医疗机构、辅助器具配置机构骗取工伤保险基金支出的，由社会保险行政部门责令退还，处骗取金额2倍以上5倍以下的罚款；情节严重，构成犯罪的，依法追究刑事责任。 《实施〈中华人民共和国社会保险法〉若干规定》 第二十五条　医疗机构、药品经营单位等社会保险服务机构以欺诈、伪造证明材料或者其他手段骗取社会保险基金支出的，由社会保险行政部门责令退回骗取的社会保险金，处骗取金额2倍以上5倍以下的罚款。对与社会保险经办机构签订服务协议的医疗机构、药品经营单位，由社会保险经办机构按照协议追究责任，情节严重的，可以解除与其签订的服务协议。对有执业资格的直接负责的主管人员和其他直接责任人员，由社会保险行政部门建议授予其执业资格的有关主管部门依法吊销其执业资格。 《工伤保险辅助器具配置管理办法》 第二十九条　用人单位、工伤职工或者其近亲属骗取工伤保险待遇，辅助器具装配机构、医疗机构骗取工伤保险基金支出的，按照《工伤保险条例》第六十条的规定，由人力资源社会保障行政部门责令退还，处骗取金额2倍以上5倍以下的罚款；情节严重，构成犯罪的，依法追究刑事责任。	
41	以欺诈、伪造证明材料或者其他手段骗取社会保险待遇	《社会保险法》 第八十八条　以欺诈、伪造证明材料或者其他手段骗取社会保险待遇的，由社会保险行政部门责令退回骗取的社会保险金，处骗取金额2倍以上5倍以下的罚款。	

续表

序号	违法行为	法律依据	备注
		《工伤保险条例》 第六十条 用人单位、工伤职工或者其近亲属骗取工伤保险待遇，医疗机构、辅助器具配置机构骗取工伤保险基金支出的，由社会保险行政部门责令退还，处骗取金额2倍以上5倍以下的罚款；情节严重，构成犯罪的，依法追究刑事责任。 《工伤职工劳动能力鉴定管理办法》 第三十条 以欺诈、伪造证明材料或者其他手段骗取鉴定结论、领取工伤保险待遇的，按照《中华人民共和国社会保险法》第八十八条的规定，由人力资源社会保障行政部门责令退回骗取的社会保险金，处骗取金额2倍以上5倍以下的罚款。 《社会保险基金先行支付暂行办法》 第十六条 个人隐瞒已经从第三人或者用人单位处获得医疗费用、工伤医疗费用或者工伤保险待遇，向社会保险经办机构申请并获得社会保险基金先行支付的，按照社会保险法第八十八条的规定处理。	
42	隐匿、转移、侵占、挪用社会保险基金或者违规投资运营	《社会保险法》 第九十一条 违反本法规定，隐匿、转移、侵占、挪用社会保险基金或者违规投资运营的，由社会保险行政部门、财政部门、审计机关责令追回；有违法所得的，没收违法所得；对直接负责的主管人员和其他直接责任人员依法给予处分。 《实施〈中华人民共和国社会保险法〉若干规定》 第二十六条 社会保险经办机构、社会保险费征收机构、社会保险基金投资运营机构、开设社会保险基金专户的机构和专户管理银行及其工作人员有下列违法情形的，由社会保险行政部门按照社会保险法第九十一条的规定查处：	

续表

序号	违法行为	法律依据	备注
		（一）将应征和已征的社会保险基金，采取隐藏、非法放置等手段，未按规定征缴、入账的； （二）违规将社会保险基金转入社会保险基金专户以外的账户的； （三）侵吞社会保险基金的； （四）将各项社会保险基金互相挤占或者其他社会保障基金挤占社会保险基金的； （五）将社会保险基金用于平衡财政预算，兴建、改建办公场所和支付人员经费、运行费用、管理费用的； （六）违反国家规定的投资运营政策的。	
43	从事劳动能力鉴定、工伤保险辅助器具配置确认工作的组织或者个人提供虚假意见、虚假诊断证明或者收受当事人财物	《工伤保险条例》 第六十一条　从事劳动能力鉴定的组织或者个人有下列情形之一的，由社会保险行政部门责令改正，处2 000元以上1万元以下的罚款；情节严重，构成犯罪的，依法追究刑事责任： （一）提供虚假鉴定意见的； （二）提供虚假诊断证明的； （三）收受当事人财物的。 《工伤保险辅助器具配置管理办法》 第二十七条　从事工伤保险辅助器具配置确认工作的组织或者个人有下列情形之一的，由人力资源社会保障行政部门责令改正，处2 000元以上1万元以下的罚款；情节严重，构成犯罪的，依法追究刑事责任： （一）提供虚假确认意见的； （二）提供虚假诊断证明或者病历的； （三）收受当事人财物的。	

续表

序号	违法行为	法律依据	备注
44	用人单位拒不协助社会保险行政部门对事故进行调查核实	《工伤保险条例》 第六十三条　用人单位违反本条例第十九条的规定，拒不协助社会保险行政部门对事故进行调查核实的，由社会保险行政部门责令改正，处 2 000 元以上 2 万元以下的罚款。 《工伤认定办法》 第二十五条　用人单位拒不协助社会保险行政部门对事故伤害进行调查核实的，由社会保险行政部门责令改正，处 2 000 元以上 2 万元以下的罚款。	
45	非法提供、复制、公布、出售或者变相交易社会保险个人权益记录	《社会保险个人权益记录管理办法》 第三十条　任何组织和个人非法提供、复制、公布、出售或者变相交易社会保险个人权益记录，有违法所得的，由人力资源社会保障行政部门没收违法所得；属于社会保险服务机构、信息技术服务商的，可由社会保险经办机构与其解除服务协议；依法对直接负责的主管人员和其他直接责任人员给予处分；给社会保险基金、用人单位或者个人造成损失的，依法承担赔偿责任；构成违反治安管理行为的，由公安机关依法予以处罚；构成犯罪的，依法追究刑事责任。	
46	违反企业年金规定	《企业年金办法》 第二十九条　县级以上人民政府人力资源社会保障行政部门负责对本办法的执行情况进行监督检查。对违反本办法的，由人力资源社会保障行政部门予以警告，责令改正。	
47	受托人、账户管理人、托管人、投资管理人违反企业年金基金管理规定	《企业年金基金管理办法》 第八十四条　受托人、账户管理人、托管人、投资管理人发生违法违规行为可能影响企业年金基金财产安全的，或者经责令改正而不改正的，由人力资源社会保障部暂停其接收新的企业年金基金管理业务。给企业年金基金财产或者受益人利益造成损害的，依法承担赔偿责任；构成犯罪的，依法追究刑事责任。	

续表

序号	违法行为	法律依据	备注
48	申请人隐瞒有关情况或者提供虚假材料	《企业年金基金管理机构资格认定暂行办法》 第十六条 申请人隐瞒有关情况或者提供虚假材料的，劳动保障部不予受理或者不予认定企业年金基金管理机构资格，并给予警告；申请人1年内不得再次申请企业年金基金管理机构资格。 第十七条 申请人采用贿赂、欺诈等不正当手段取得企业年金基金管理机构资格的，劳动保障部会商中国银监会、中国证监会、中国保监会后取消其资格；申请人3年内不得再次申请企业年金基金管理机构资格；构成犯罪的，移交司法机关依法追究刑事责任。	
49	用人单位有无理抗拒、阻挠实施劳动保障监察等违法情形	《劳动法》 第一百零一条 用人单位无理阻挠劳动行政部门、有关部门及其工作人员行使监督检查权，打击报复举报人员的，由劳动行政部门或者有关部门处以罚款；构成犯罪的，对责任人员依法追究刑事责任。 《劳动保障监察条例》 第三十条 有下列行为之一的，由劳动保障行政部门责令改正；对有第（一）项、第（二）项或者第（三）项规定的行为的，处2 000元以上2万元以下的罚款： （一）无理抗拒、阻挠劳动保障行政部门依照本条例的规定实施劳动保障监察的； （二）不按照劳动保障行政部门的要求报送书面材料，隐瞒事实真相，出具伪证或者隐匿、毁灭证据的； （三）经劳动保障行政部门责令改正拒不改正，或者拒不履行劳动保障行政部门的行政处理决定的； （四）打击报复举报人、投诉人的。 违反前款规定，构成违反治安管理行为的，由公安机关依法给予治安管理处罚；构成犯罪的，依法追究刑事责任。	

注：本目录引用法律、行政法规和规章截至2017年12月。

第六章 行 政 复 议

第一节 行政复议概述

一、行政复议的概念与特征

行政复议，是指公民、法人或者其他组织认为具体行政行为侵犯其合法权益，依法向法定的行政复议机关提出申请，由行政复议机关依法对该具体行政行为的合法性和适当性进行审查，并作出行政复议决定的行政行为。

从行政复议的基本概念，可以把握行政复议的四个特点：

行政复议是一种依申请的行政行为，需由公民、法人或者其他组织一方主动申请，否则行政复议就不可能启动。即行政复议机关不能主动开启该程序。

行政复议的审查对象主要是具体行政行为，其解决的是行政争议而非民事争议或其他争议。

行政复议不仅审查具体行政行为的合法性，同时还要审查其适当性，相较于行政诉讼其具有更严格的审查标准。

行政复议由法定的行政复议机关依法进行审查，审查过程必须遵循相应的规则和程序。

二、行政复议的原则

根据《行政复议法》的规定，行政复议活动应当遵循以下几个主要原则。

合法原则。合法原则是指行政复议机关必须依法履行其行政复议的职责，其管辖权限应当符合法律规定；审查行政复议申请的程序应当符合法律规定；审查复议案件的依据应当合法。这里的依据包括宪法、法律、法规、规章以及其他合法的规范性文件。

公正原则。公正原则是合法原则的必要补充，这是一项直接关系行政机关社会形象的重要原则，要求行政复议机关在履行复议职责时，公正对待申请人和被申请人。要以法律的目的和社会公认的公正标准对原具体行政行为的适当性进行审查，正确运用自由裁量权。

公开原则。该原则是行政复议民主化的体现。只有行政复议过程的公开，才能保证行政复议结果的公正。为此，要求行政复议机关在办理行政复议案件时，允许申请人、第三人依法查阅被申请人提出的书面答复、作出具体行政行为的证据、依据和其他有关材料，要认真听取申请人、第三人的意见，并将行政复议的依据和行政复议决定予以公开。

及时原则。及时原则是指行政复议机关应当在法律规定的期限内，及时完成复议案件的审查，并及时将审查结果告知申请人。受理行政复议申请后，对具体行政行为要认真调查取证，核实证据，及时作出复议决定并依法采取措施，保证复议决定的履行。

便民原则。便民原则要求行政复议活动要方便老百姓。也就是说，在法律规定申请人享受的权利内，要尽可能为申请人提供方便，在法律规定申请人应承担的义务外，不得增加申请人的负担。便民原则不仅反映了行政复议的特点，也体现了我国社会主义法律的本质。

第二节　行政复议受案范围

行政复议的受案范围，是指公民、法人或者其他组织依法可以向行政复议机关申请行政复议的事项范围。《行政复议法》规定了可以申请复议的行政行为和不能申请行政复议的事项。

一、行政复议机关应当受理的范围

根据《行政复议法》规定，公民、法人或者其他组织对行政机关下列具体行政行为不服的，可以申请行政复议。

（一）对行政机关作出的警告、罚款、没收违法所得、没收非法财物、责令停产停业、暂扣或者吊销许可证、暂扣或者吊销执照、行政拘留等行政处罚决定不服的

行政处罚是指具有行政处罚权的行政机关或者组织依照法律、法规以及规章的规定对公民、法人或者其他组织违反行政管理秩序的行为给予的制裁。由于行政处罚是对行政相对人的一种制裁，如果运用不当，会对被处罚人的合法权益造成严重损害。因此，对行政处罚决定不服的，公民、法人或者其他组织都可以依法向有关行政机关申请行政复议。行政处罚包括警告、罚款、没收违法所得、没收非法财物、责令停产停业、暂扣或者吊销许可证、暂扣或者吊销执照、行政拘留等。

（二）对行政机关作出的限制人身自由或者查封、扣押、冻结财产等行政强制措施决定不服的

包括两方面：一是限制人身自由的行政强制措施，其主要包括强制戒毒、强制遣送、扣留。除了以上几种措施外，限制人身自由的行政强制措施还包括对传染病人的强制隔离措施，对公共场合醉酒者的强制约束，对闹事者采取的带离现场的措施等。二是限制财产流通的行政强制措施，主要包括：查封，即对动产或者不动产的就地封存，防止财产所有人对财产处分的行为；扣押，它是行政机关为了取证或者防止当事人转移财产而对动产采取的扣押行为，被扣押的财产要置于行政机关的控制之下；冻结，即银行根据行政机关的要求，冻结当事人的银行账户，不准其动用账户内存款的行政行为。

（三）对行政机关作出的有关许可证、执照、资质证、资格证等证书变更、中止、撤销的决定不服的

许可证、执照等资格证书是行政机关应公民、法人或者其他组

织的请求而配发的，准许其从事某种活动的法律凭证。如果决定变更、中止或者撤销凭证，就意味着公民、法人或者其他组织从事某种活动的权利丧失或受到限制等，有可能对持证人的合法权益造成损害。合法权益受到侵害的公民、法人或者其他组织就可以申请行政复议，以获得法律救济。

（四）对行政机关作出的关于确认土地、矿藏、水流、森林、山岭、草原、荒地、滩涂、海域等自然资源的所有权或者使用权的决定不服的

对土地、矿产资源以及其他自然资源的所有权或者使用权的确定权属以及变更权属等，我国实行必要的行政管理。为此，在有关的法律中，对自然资源的所有权或者使用权的确定、变更以及发生的争议，规定了行政机关进行调处或者进行行政处理的职责和权限。为了保证行政机关确权或者变更决定的公正、合理，有关公民、法人或者其他组织可以对该决定申请行政复议，以保证自然资源得到充分利用和保护，最大限度地发挥自然资源的潜力。

（五）认为行政机关侵犯合法的经营自主权的

经营自主权是指法律、法规赋予市场经营主体依法享有按照自己的意愿调配和使用自己的人力、物力、财力，独立开展生产经营活动的权利。凡是行政机关对市场经营主体依法享有的经营自主权非法进行干预，都构成对合法经营者的经营自主权的侵犯。有关当事人都有权依照《行政复议法》的规定，向行政复议机关申请行政复议。

（六）认为行政机关变更或者废除农业承包合同，侵犯其合法权益的

一些基层行政机关中个别干部借农村承包合同管理为名，采取行政手段解除未到期的承包合同，侵害农民的合法权益；有的乡镇政府支持乡村集体经济组织不履行承包合同规定的义务，甚至单方面撕毁合同等。将这类行为明确列入行政复议范围，对于杜绝这类违法现象，具有重要意义。

（七）认为行政机关违法集资、征收财物、摊派费用或者违法要求履行其他义务的

在行政管理活动中，行政机关一般拥有两类职权：一是赋予某种权利的，即行政机关赋予行政相对人某种权利或者剥夺行政相对人某种权利；二是课以某种义务的，即行政机关课以行政相对人某种新增的义务或者免除行政相对人某种既存的义务。行政相对人可以通过申请行政复议，纠正行政机关违法要求履行义务的错误行为，防止对行政相对人合法权益的侵犯。

（八）认为符合法定条件，申请行政机关颁发许可证、执照、资质证、资格证等证书，或者申请行政机关审批、登记有关事项，行政机关没有依法办理的

公民、法人或者其他组织申请颁发许可证、执照、资质证、资格证等证书，或者申请行政机关审批、登记有关事项，行政机关对申请人的申请进行认真审查，认为符合法定条件的，才颁发相应的证书或者办理批准、登记手续。行政机关对符合法定条件的申请人，拒绝颁发有关证书或者不予批准、登记，都属于不依法履行职责的行为，申请人可以依法申请行政复议。

（九）申请行政机关履行保护人身权利、财产权利、受教育权利的法定职责，行政机关没有依法履行的

人身权利是指与人身相联系的没有直接财产内容的权利，包括生命健康权、姓名权、名称权、肖像权、名誉权、荣誉权、婚姻自主权等。财产权利是指具有经济利益的权利，包括物权、债权、专利权、商标权、继承权等。受教育权利是依照法律规定接受教育的权利，分为普遍享有的权利和有条件享有的权利，适龄儿童、少年接受规定年限义务教育的权利就是一项普遍享有的权利，而上大学就是有条件享有的权利。公民、法人或者其他组织如果上述权利受到侵犯，可以依法申请行政机关予以保护。

（十）申请行政机关依法发放抚恤金、社会保险金或者最低生活保障费，行政机关没有依法发放的

行政机关没有依法发放抚恤金、社会保险金或者最低生活保障

费，包括以下三个方面的含义。一是抚恤金、社会保险金或者最低生活保障费必须是法律、法规规定的。如果法律、法规未做规定，要求行政机关发放相应的费用遭到拒绝，不能申请行政复议。二是抚恤金、社会保险金或者最低生活保障费必须是法律、法规规定由行政机关发放的。如果法律、法规规定由企业事业单位发放，而不是由行政机关发放，当事人不能申请行政复议。三是行政机关没有依法发放抚恤金、社会保险金或者最低生活保障费的情况，既包括未发放的情况，也包括未足额发放的情况，同时还包括误认受领有关费用的情况。

（十一）认为行政机关的其他具体行政行为侵犯其合法权益的

《行政复议法》通过以上十种情形列举的是日常生活中常见的容易侵犯公民、法人或者其他组织的具体行政行为。但是，行政复议作为行政机关的内部监督制度，其范围与行政诉讼范围相比，要宽泛得多。凡是具体行政行为，不论是作为还是不作为，不论是侵犯行政相对人人身权利还是财产权利，只要公民、法人或者其他组织认为侵犯其合法权益，都可以申请行政复议。

二、不能申请行政复议的事项

（一）对行政机关作出的行政处分或者其他人事处理决定不服的，不能申请行政复议

行政处分，是指国家机关对所属的工作人员，在其犯有违纪行为或者轻微违法行为但尚未构成犯罪时，所给予的一种制裁。行政机关适用行政处分，以被处分人与本机关存在行政隶属关系为前提，行政机关不能对不属于其管理的人员进行处分。无论是行政处分，还是其他人事处理，都是行政机关内部的行政行为。由于行政机关的内部行政行为与其对社会依法行使行政管理职权的外部行政行为，存在较大差异，由此引发的争议不宜按照与外部行政行为同样的办法解决，因此，现行法律、法规规定，有关人事和行政监察部门专门负责受理对行政机关内部行为不服提起的申诉，并按照规定的程序对人事争议作出处理。

（二）对行政机关就民事纠纷作出的调解或者其他处理的，不能申请行政复议

行政机关对民事纠纷进行调解，其本质是在当事人自愿调解的情况下就所争议的内容达成一致意见，行政机关只起劝解、引导的作用，并不单方面对当事人之间的权利义务强行作出变更。因此，如果调解达成协议，是当事人双方对自己的民事权利依法处分的结果；如果未达成协议，则调解行为终止，当事人任何一方均可以依法向人民法院提起民事诉讼。由于行政调解行为本身并不对申请人的权利义务产生实质影响，因此没有必要将其纳入行政复议范围。

第三节　行政复议管辖

行政复议的管辖是指行政复议机关受理行政复议案件的权限和分工，即行政相对人应向哪一个行政复议机关申请行政复议。按照《行政复议法》和《中华人民共和国行政复议法实施条例》（以下简称《行政复议法实施条例》）的相关规定，行政复议的管辖如下：

（1）对县级以上地方各级人民政府工作部门的具体行政行为不服的，由申请人选择，可以向该部门的本级人民政府申请行政复议，也可以向上一级主管部门申请行政复议。对海关、金融、国税、外汇管理等实行垂直领导的行政机关和国家安全机关的具体行政行为不服的，向上一级主管部门申请行政复议。

（2）对地方各级人民政府的具体行政行为不服的，向上一级地方人民政府申请行政复议。对省、自治区人民政府依法设立的派出机关所属的县级地方人民政府的具体行政行为不服的，向该派出机关申请行政复议。

（3）对国务院部门或者省、自治区、直辖市人民政府的具体行政行为不服的，向作出该具体行政行为的国务院部门或者省、自治区、直辖市人民政府申请行政复议。对行政复议决定不服的，可以向人民法院提起行政诉讼，也可以向国务院申请裁决，国务院依照《行政复议法》的规定作出最终裁决。

（4）对两个以上国务院部门共同作出的具体行政行为不服的，可以向其中任何一个国务院部门提出行政复议申请，由作出具体行政行为的国务院部门共同作出行政复议决定。

（5）对经国务院批准实行省以下垂直领导的部门作出的具体行政行为不服的，可以选择向该部门的本级人民政府或者上一级主管部门申请行政复议；省、自治区、直辖市另有规定的，依照省、自治区、直辖市的规定办理。

对上述规定以外的其他行政机关、组织的具体行政行为不服的，按照下列规定申请行政复议：

（1）对县级以上地方人民政府依法设立的派出机关的具体行政行为不服的，向设立该派出机关的人民政府申请行政复议。

（2）对政府工作部门依法设立的派出机构依照法律、法规或者规章规定，以自己的名义作出的具体行政行为不服的，向设立该派出机构的部门或者该部门的本级地方人民政府申请行政复议。

（3）对法律、法规授权的组织的具体行政行为不服的，分别向直接管理该组织的地方人民政府、地方人民政府工作部门或者国务院部门申请行政复议。

（4）对两个或者两个以上的行政机关以共同的名义作出的具体行政行为不服的，向其共同上一级行政机关申请行政复议。

（5）对被撤销的行政机关在撤销前所作出的具体行政行为不服的，向继续行使其职权的行政机关的上一级行政机关申请行政复议。

有上述所列情形之一的，申请人也可以向具体行政行为发生地的县级地方人民政府提出行政复议申请，由接受申请的县级地方人民政府依照《行政复议法》第十八条的规定办理。

第四节　行政复议当事人

行政复议当事人，是指与行政争议有利害关系、以自己的名义参与行政复议程序的主体，包括申请人、被申请人和第三人。也就是说，行政复议案件的处理结果会直接涉及申请人、被申请人或第三人的利益。证人、鉴定人、翻译人员等人员不属于行政复议当事人。

一、行政复议申请人

行政复议申请人是指向行政复议机关提起行政复议申请的公民、法人或者其他组织。依照《行政复议法》的规定，申请人应当具备以下几个条件。第一，申请人包括公民、法人或者其他组织以及外国人、无国籍人。公民是指具有中国国籍的自然人。外国人和无国籍人在中国境内，其合法权益也受中华人民共和国法律的保护。第二，认为具体行政行为侵犯了自己的合法权益，事实上这种“认为”可能有对有错，但不影响其申请行政复议的权利。第三，对于公民来说，通常情况下申请人大多是有权申请行政复议的公民本人，由自己提出复议申请，但有两种情况有权申请行政复议的公民本人不能亲自提出申请，一种是该公民是无行为能力人或者限制行为能力人，必须由其法定代理人代为提出申请，另一种是有权申请行政复议的公民死亡，行政复议申请资格发生转移，其近亲属包括其配偶、父母、子女、兄弟姐妹、祖父母、外祖父母、孙子女、外孙子女可以申请行政复议。第四，对于法人或者其他组织来说，如果有权申请行政复议的法人或者其他组织终止的，承受其权利的法人或者其他组织可以申请行政复议。

同时，根据《行政复议法实施条例》的规定，申请人的特殊情形有如下三种情况。第一，合伙企业申请行政复议的，应当以核准登记的企业为申请人，由执行合伙事务的合伙人代表该企业参加行政复议，其他合伙组织申请行政复议的，由合伙人共同申请行政复议。不具备法人资格的其他组织申请行政复议的，由该组织的主要负责人代表该组织参加行政复议，没有主要负责人的，由共同推选的其他成员代表该组织参加行政复议。第二，股份制企业的股东大会、股东代表大会、董事会认为行政机关作出的具体行政行为侵犯企业合法权益的，可以以企业的名义申请行政复议。第三，同一行政复议案件申请人超过5人的，推选1至5名代表参加行政复议。

二、行政复议被申请人

行政复议被申请人是指被公民、法人或者其他组织认为侵犯其合法权益而向复议机关“指控”，并由复议机关通知参加复议的行政主体。成为被申请人应具备三个条件。第一，必须是具有外部行政管理职能的行政机关，或者法律、法规授权行使外部行政管理职权的组织。行政机关作为行政复议申请人的情形比较容易理解，对于法律、法规授权行使管理职权的组织，我们举例说明。比如《社会保险法》第七十三条规定，社会保险经办机构应当按时足额支付社会保险待遇，即属于此类情形，如果申请人不服社会保险经办机构支付社会保险待遇的行为，就可以经办机构为被申请人直接申请行政复议。第二，作为被申请人，必须是运用行政权力，实施了申请人认为侵犯其合法权益的具体行政行为，并且这个具体行政行为与申请人的合法权益之间存在因果关系。没有实施具体行政行为或者虽实施了具体行政行为但与申请人的合法权益之间没有因果关系，不能成为被申请人。第三，必须是由复议机关通知参加复议的。这是行政复议发生的标志，也是某一行政机关或者组织作为被申请人的必要条件。复议机关没有通知参加复议的，不能成为被申请人。

同时，根据《行政复议法实施条例》的规定，被申请人的特殊情形如下。第一，公民、法人或者其他组织对行政机关的具体行政行为不服，依照《行政复议法》和《行政复议法实施条例》的规定申请行政复议的，作出该具体行政行为的行政机关为被申请人。第二，行政机关与法律、法规授权的组织以共同的名义作出具体行政行为的，行政机关和法律、法规授权的组织为共同被申请人。行政机关与其他组织以共同名义作出具体行政行为的，行政机关为被申请人。第三，下级行政机关依照法律、法规、规章规定，经上级行政机关批准作出具体行政行为的，批准机关为被申请人。第四，行政机关设立的派出机构、内设机构或者其他组织，未经法律、法规授权，对外以自己名义作出具体行政行为的，该行政机关为被申请人。

在申请人提出行政复议申请时，有可能发生错列被申请人的情形，根据《行政复议法实施条例》第二十二条的规定，行政复议机构应当告知申请人变更被申请人。申请人更正期间，不计入行政复议审理期限。

三、行政复议第三人

行政复议第三人是指与申请人申请行政复议的具体行政行为有利害关系，通过申请或者复议机关通知参加到行政复议中去的公民、法人或者其他组织。第三人在行政复议中具有独立的法律地位。第三人与申请人和被申请人不同，其参加行政复议是为了维护自己的合法权益，在行政复议中不依附于申请人或者被申请人，享有与申请人基本相同的复议权利。作为行政复议第三人，有三个基本特征。第一，与所复议的具体行政行为有利害关系。所谓“利害关系”是指第三人对申请人申请复议的具体行政行为具有权利、义务关系。与具体行政行为有利害关系，是第三人参与行政复议的唯一根据。第二，第三人参加行政复议，与作为被申请人的行政机关之间应当有管理与被管理、支配与被支配的关系。第三，参加到他人已经开始但尚未终结的行政复议活动中去。如果他人的行政复议活动尚未开始，不发生第三人参加行政复议活动的问题，如果他人的行政复议活动已经终结，也不存在第三人参加行政复议活动的问题。

第五节 行政复议程序

一、行政复议申请

（一）行政复议申请期限

行政复议申请期限，是指认为具体行政行为侵犯了其合法权益的公民、法人或者其他组织提出行政复议申请的法定期限。公民、法人或者其他组织认为具体行政行为侵犯其合法权益时，只有在法定期限内提出行政复议申请，行政复议机关才予受理。否则，行政复议机关不予受理。

1. 行政复议申请期限类型

行政复议申请期限分为一般期限和特别期限。申请行政复议的一般期限是指申请人向行政复议机关申请行政复议，应当在知道侵犯其合法权益的具体行政行为之日起60日之内提出，超过了这个期限提出行政复议申请，应视为放弃行政复议申请权，行政复议机关应不予受理。申请行政复议的特别期限是指《行政复议法》认可的由单行法律对申请复议期限所作的特别规定。按照《行政复议法》第九条第一款规定，一般期限为60日，“但是法律规定的申请期限超过60日的除外”。这就是说，单行法律对期限如有特殊规定，超过60日即为有效，但少于60日的一律按60日执行。这为个别特殊的行政管理领域需要延长行政复议申请期限提供了法律依据。

2. 行政复议申请期限计算方式

如何计算行政复议申请期限，理论上讲是从公民、法人或者其他组织自知道该具体行政行为之日起计算，具体而言有以下情形：第一，当场作出具体行政行为的，自具体行政行为作出之日起计算；第二，载明具体行政行为的法律文书直接送达的，自受送达人签收之日起计算；第三，载明具体行政行为的法律文书邮寄送达的，自受送达人在邮件签收单上签收之日起计算，没有邮件签收单的，自受送达人在送达回执上签名之日起计算；第四，具体行政行为依法通过公告形式告知受送达人的，自公告规定的期限届满之日起计算；第五，行政机关作出具体行政行为时未告知公民、法人或者其他组织，事后补充告知的，自该公民、法人或者其他组织收到行政机关补充告知的通知之日起计算；第六，被申请人能够证明公民、法人或者其他组织知道具体行政行为的，自证明材料证明其知道具体行政行为之日起计算。

行政机关作出具体行政行为，依法应当向有关公民、法人或者其他组织送达法律文书而未送达的，视为该公民、法人或者其他组织不知道该具体行政行为。

在实践中，还存在这样的情形，即公民、法人或者其他组织申请行政机关履行法定职责，行政机关未履行的，行政复议申请期限依照下列规定计算：有履行期限规定的，自履行期限届满之日起计算；没有履行期限规定的，自行政机关收到申请满60日起计算。

公民、法人或者其他组织在紧急情况下请求行政机关履行保护人身权、财产权的法定职责，行政机关不履行的，行政复议申请期限不受前款规定的限制。

3. 申请行政复议期限的延长

行政复议申请期限的延长是指因不可抗力或者其他正当理由耽误法定申请期限的，申请期限可以延长，自障碍消除之日起继续计算。根据《行政复议法》的规定，可以适当延长期限的情况有两类。一是因不可抗力的发生耽误了法定申请期限。不可抗力是指不能预见、不能避免和克服的客观情况，如地震、火灾、水灾、战争等。二是其他一些正当理由耽误了法定申请期限，其他正当理由是指不可抗力之外的其他可以延长期限的事由，如法人处于合并或者改组阶段、复议申请人病重等。

（二）行政复议申请形式

行政复议申请形式，是指公民、法人或者其他组织表达其复议意愿和要求的具体表现形式，包括书面申请、口头申请和电子邮件申请三种形式。书面申请是指行政相对人通过向行政复议机关递交复议申请书，以表达其申请复议的意愿和要求。申请人书面申请行政复议的，可以采取当面递交、邮寄或者传真等方式。申请书应当载明如下内容。第一，申请人的基本情况，包括：公民的姓名、性别、年龄、身份证号码、工作单位、住所、邮政编码，法人或者其他组织的名称、住所、邮政编码和法定代表人或者主要负责人的姓名、职务；第二，被申请人的名称；第三，行政复议请求、申请行政复议的主要事实和理由；第四，申请人的签名或者盖章；第五，申请行政复议的日期。行政复议也可以口头申请。口头申请行政复议的，行政复议机构应当依照书面行政复议申请书规定的事项，当场制作行政复议申请笔录交申请人核对或者向申请人宣读，并由申请人签字确认。

二、行政复议的受理

行政复议的受理是关于行政复议机关对公民、法人或者其他组织提出的行政复议申请进行审查并依法处理的规定。

（一）行政复议机构的受理职责

《行政复议法》第三条规定，行政复议机关负责法制工作的机构具体受理行政复议申请。

（二）审查期限

《行政复议法》第十七条规定："行政复议机关收到行政复议申请后，应当在五日内进行审查。"上述期限规定是为了促进行政复议机关及时审查复议申请，防止在复议工作中出现办事拖拉、效率低下的现象，更好地发挥行政复议制度的功能和作用。

（三）复议申请的审查内容

行政复议机构对行政复议申请进行审查，是确保行政复议活动正常进行的重要环节。做好这一工作，既可以保证行政相对人正确行使自己的权利，也可以避免行政复议机构盲目立案，为顺利地开展行政复议活动创造有利条件。行政复议机构对公民、法人或者其他组织的复议申请主要审查下列事项。

(1) 是否有明确的申请人和符合规定的被申请人。申请人必须是认为具体行政行为侵犯其合法权益的行政相对人，其与具体行政行为具有法律上的利害关系。在判断上，要注意以下几点：一是具体行政行为侵犯的是申请人的权益，而不是他人的权益，更不是社会公共权益；二是侵犯的权益必须是合法的，所谓合法权益是指相对人依法已经享有或者取得的权利或者利益，该权益应当已经得到具体法律上的认可和保护，尚未取得或者依法不予保护的权益，不属于合法权益；三是相对人只要"认为侵犯其合法权益"，就可以提出行政复议申请，而不必拘泥其权益是否真正受到侵犯。对于被申请人，如果不符合《行政复议法》及其实施条例的相关规定，复议机关则可拒绝受理。

(2) 是否有具体的行政复议请求和理由。申请人对具体行政行为不服提出行政复议，应当有具体的行政复议请求，并针对行政复议请求的事实和理由进行说明。比如对于具体行政行为是请求撤销、变更、确认违法还是请求国家赔偿等应当明确、具体，便于行政复议机关及时了解申请人的意思。

（3）是否在法定申请期限内提出。法律设定行政复议申请期限的目的在于维护社会管理秩序的稳定，防止行政复议救济权被滥用，如果当事人不珍惜行政复议权利，无正当理由超过行政复议申请期限的，对其行政复议申请将不予受理。但是，如果行政复议申请人有正当理由的，比如不可抗力或者由于行政机关的原因造成期限的耽搁，行政复议机关就要从宽把握和判断。

（4）是否属于法律、法规规定的行政复议范围。行政复议申请是否属于行政复议的受案范围，这是审查复议申请最重要的内容之一。行政复议机关必须严格按照法定的行政复议范围进行审查，不能以各种借口将符合复议范围的申请排除在受理范围之外，也不能盲目扩大复议范围。

（5）是否属于行政复议机构管辖。复议管辖是法定的，行政复议机关应当严格依照法律规定受理行政复议申请，既不能推诿、敷衍，该受理不受理，也不能越权不应受理而受理。对于不属于该机关管辖的，应当告知申请人向有管辖权的复议机关提出。

（6）其他行政复议机构是否受理同一行政复议申请，人民法院是否受理同一主体就同一事实提起的行政诉讼。根据《行政复议法》的规定，行政相对人对有些行政机关作出的具体行政行为不服，可以选择向不同的行政复议机关申请行政复议，但是对于同一行政复议申请只能由一个行政复议机关受理，如果其中一个行政复议机关已经受理，另一个行政复议机关则不能受理。同时，行政相对人一旦提起行政诉讼，则表明其放弃了行政复议，行政复议机关也不能再受理行政复议申请。

（四）审查后的处理

经过对复议申请的审查，行政复议机关应视具体情况作出适当的处理。

（1）对符合《行政复议法实施条例》第二十八条规定的，依法应予受理。行政复议申请自行政复议机关负责法制工作的机构收到之日即为受理。

（2）对符合《行政复议法》规定，但不属于本机关受理的，应当在收到行政复议申请 5 日内书面告知申请人向有关行政复议机关提出。

（3）对不符合法定受理条件的，应当在收到复议申请 5 日内作出不予受理决定，并书面告知申请人，该决定书中应当说明不予受理的理由和依据。如果申请人认为行政复议机关应当受理而不予受理的，可以据此向人民法院提起行政诉讼，也可以向行政复议机关的上级机关反映。上级行政机关认为行政复议机关不予受理的理由不成立的，可以先行督促其受理；经督促仍不受理的，应当责令其限期受理，必要时也可以直接受理；认为行政复议申请不符合法定受理条件的，应当告知申请人。

（4）依照《行政复议法实施条例》第二十九条的规定，行政复议申请材料不齐全或者表述不清楚的，行政复议机构可以向申请人发出补正通知，一次性告知申请人需要补正的事项。补正通知应当载明下列事项：行政复议申请书中需要修改、补充的具体内容；需要补正的证明材料；合理的补正期限；逾期未补正的法律后果。补正期限从申请人收到补正通知之日起计算。无正当理由逾期不补正的，视为申请人放弃行政复议申请。申请人应当在补正期限内向行政复议机构提交需要补正的材料。补正申请材料所用时间不计入行政复议审理期限。

（五）行政复议期间对具体行政行为的处理

行政复议期间具体行政行为不停止执行。确立这个原则的目的是，既要维护国家社会公共利益，又不能损害行政相对人的合法权益。为了保证正确执行这个原则，出现以下几种情形可以停止执行。

（1）被申请人认为需要停止执行的。公民、法人或者其他组织申请行政复议后，被申请人发现作出的具体行政行为有可能违法或者不当，如该具体行政行为不停止执行，有可能给申请人造成不可弥补的损失，被申请人认为需要停止执行的可以停止执行。

(2) 行政复议机关认为需要停止执行的。行政复议机关对被申请人有监督的职责，同时对复议申请人也有保护的职责。因此，对被申请人的具体行政行为是否需要停止执行应当审查。如该具体行政行为不合法或者不适当，执行该具体行政行为可能造成重大行政赔偿，或者对申请人可能造成不可挽回的损失，行政复议机关可以决定停止执行。

(3) 申请人申请停止执行，行政复议机关认为其要求合理，决定停止执行的。

(4) 法律规定停止执行的。

三、行政复议的审理

(一) 行政复议的审理方式

行政复议的审理方式是行政复议制度的核心环节，是行政复议制度的价值和功能得以实现和发挥的关键。行政复议原则上采取书面审查的办法，但是申请人提出要求或者行政复议机关负责法制工作的机构认为必要时，可以向有关组织和人员调查情况，听取申请人、被申请人和第三人的意见。行政复议机构认为必要时，可以实地调查核实证据；对重大、复杂的案件，申请人提出要求或者行政复议机构认为必要时，可以采取听证的方式审理。

(二) 行政复议的举证责任

1. 被申请人的举证责任

被申请人应当自收到申请书或者申请笔录复印件之日起 10 日内，提出书面答复，并提交当初作出具体行政行为的证据、依据和其他有关材料。也就是说，被申请人必须向行政复议机关提出证明其具体行政行为合法、适当的事实和法律依据，如果提不出证据或者提出的证据不充分，就要承担对其不利的法律后果。也就是说，被申请人要紧紧围绕其具体行政行为的合法性与适当性进行举证。

被申请人的举证责任源于三点考虑。第一，“先取证、后裁决”原则的要求。根据依法行政原则，行政机关作出具体行政行为必须职权法定、程序法定。因此，被申请人决定作出具体行政行为时，必有其所认为的合法的、适当的证据。没有确凿的证据，就对行政相对人作出具体行政行为，显然是不行的。第二，被申请人的举证能力强。在行政活动中，被申请人无疑处于主动的地位，作出具体行政行为无须征得申请人的同意，再加上行政主体在知识、技术手段、资料、设备方面的优势，其举证能力明显要比申请人强得多。第三，行政管理双方地位的不平等。为了弥补这种不平等的关系，法律将证明具体行政行为合法、适当的责任归于被申请人一方。

需要强调的是，在行政复议过程中，被申请人不得自行向申请人和其他组织或者个人收集证据。按照依法行政原则，行政机关在对社会实施行政管理过程中，如果作出某种具体行政行为，必须先掌握这一具体行政行为成立所需要的基本事实，并具有充分的证据。不能在主要事实不清楚、证据缺失的情况下，先作出具体行政行为，然后再去调查取证，这种“先决定、后取证”的做法，与依法行政的原则是相悖的。

2. 申请人的举证责任

在行政复议程序中，被申请人承担主要的举证责任，但并非申请人就没有举证义务。在实践中，申请人申请行政复议时需要提供某些特定的事实根据。为此，《行政复议法实施条例》第二十一条规定，申请人应当对以下情形提供证明材料：一是认为被申请人不履行法定职责的，提供曾经要求被申请人履行法定职责而被申请人未履行的证明材料；二是申请行政复议时一并提出行政赔偿请求的，提供受具体行政行为侵害而造成损害的证明材料；三是法律、法规规定需要申请人提供证据材料的其他情形。

3. 对行政复议机构的调查取证权的限制

根据相关规定，行政复议机构可以直接以自己的名义调查取证、查阅有关文件和资料，独立行使调查取证权。行政复议机构直接调查取证，是为了保证行政复议机关全面客观地查明案件事实。但需要强调的是：行政复议机构可以收集证明原具体行政行为违法、不当的证据，但不能收集证明原具体行政行为合法、适当的证据。因为提供具体行政行为合法、适当证据的责任主体是被申请人，行政复议机构不能替被申请人补充、收集证据，否则与行政复议机构居中裁决的中立地位相悖。

（三）行政复议和解和调解

1. 行政复议和解

行政复议和解是申请人、被申请人在行政复议过程中自愿达成和解，行政复议机关经审查批准后，对行政复议案件不再继续审理。根据《行政复议法实施条例》第四十条，公民、法人或者其他组织对行政机关行使法律、法规规定的自由裁量权作出的具体行政行为不服，申请行政复议，申请人与被申请人在行政复议决定作出前自愿达成和解的，应向行政复议机构提交书面和解协议。和解内容不损害社会公共利益和他人合法权益的，行政复议机构应当准许。

行政复议和解应当注意以下四点：一是可以和解的具体行政行为必须是对行政机关行使法律、法规规定的自由裁量权而作出的具体行政行为；二是和解必须坚持平等、自愿、合法的原则；三是和解协议应当在行政复议决定作出前达成；四是和解协议应当经过行政复议机构批准。

2. 行政复议调解

调解作为解决社会冲突的方式在我国被广泛运用，并作为一种制度文化深深地影响着民众的社会价值观。《行政复议法实施条例》第五十条规定，行政复议机关可以按照自愿、合法的原则对两种纠纷进行调解：一是公民、法人或者其他组织对行政机关行使法律、法规规定的自由裁量权作出的具体行政行为不服，申请行政复议的；二是当事人之间的行政赔偿或者行政补偿纠纷。当事人经调解达成协议的，行政复议机关应当制作行政复议调解书。调解书应当载明行政复议请求、事实、理由和调解结果，并加盖行政复议机关印章。行政复议调解书经双方当事人签字，即具有法律效力。调解未达成协议或者调解书生效前一方反悔的，行政复议机关应当及时作出行政复议决定。鉴于行政行为不可自由处分的特殊性，行政复议调解应严格限制在一定的范围之内。

（四）行政复议中止和终止

1. 行政复议中止

行政复议中止，是行政复议过程中出现法定情形后，行政复议机关暂停有关行政复议案件的审理，待有关影响行政复议案件正常审理的情形消除后，再继续审理行政复议案件。按照《行政复议法实施条例》第四十一条的规定，行政复议期间有下列情形之一，影响行政复议案件审理的，行政复议中止：

第一，作为申请人的自然人死亡，其近亲属尚未确定是否参加行政复议的；

第二，作为申请人的自然人丧失参加行政复议的能力，尚未确定法定代理人参加行政复议的；

第三，作为申请人的法人或者其他组织终止，尚未确定权利义务承受人的；

第四，作为申请人的自然人下落不明或者被宣告失踪的；

第五，申请人、被申请人因不可抗力，不能参加行政复议的；

第六，案件涉及法律适用问题，需要有权机关作出解释或者确认的；

第七，案件审理需要以其他案件的审理结果为依据，而其他案件尚未审结的；

第八，其他需要中止行政复议的情形。

行政复议中止的原因消除后，应当及时恢复行政复议案件的审理。行政复议机构中止、恢复行政复议案件的审理，应当告知有关当事人。

2. 行政复议终止

行政复议终止，是行政复议过程中出现法定情形后，行政复议机关不再继续审理有关案件，从而终结行政复议的活动。按照《行政复议法实施条例》第四十二条的规定，行政复议期间有下列情形之一，影响行政复议案件审理的，行政复议终止：

第一，申请人要求撤回行政复议申请，行政复议机构准予撤回的；

第二，作为申请人的自然人死亡，没有近亲属或者其近亲属放弃行政复议权利的；

第三，作为申请人的法人或者其他组织终止，其权利义务的承受人放弃行政复议权利的；

第四，申请人与被申请人依照《行政复议法实施条例》第四十条的规定，经行政复议机构准许达成和解的；

第五，申请人对行政拘留或者限制人身自由的行政强制措施不服，申请行政复议后，因申请人同一违法行为涉嫌犯罪，该行政拘留或者限制人身自由的行政强制措施变更为刑事拘留的。

同时，依照《行政复议法实施条例》第四十一条第一款第（一）项、第（二）项、第（三）项规定中止行政复议，满60日行政复议中止的原因仍未消除的，行政复议终止。

四、行政复议决定

行政复议决定是行政复议机关根据申请人的要求，对具体行政行为进行审查后所得出的结论性意见。行政复议决定包括维持、撤销、变更、限期履行、确认违法等。行政复议决定以书面方式作出，并在送达当事人后生效。

（一）行政复议不利变更禁止原则

行政复议中的不利变更禁止是指行政复议机关在审查具体行政行为的合法性和适当性过程中，禁止自己作出或者要求其他行政机关作出对申请人较原具体行政行为更为不利的复议决定。不利变更禁止原则是当今许多国家和地区的行政救济制度中所确定的一项原则，既不能加重对行政复议申请人的处罚或者课以更多的义务，也不能减损申请人的既得利益或者权利。

在行政复议机关作出的维持、撤销、变更、确认违法、责令履行的行政复议决定中，只有变更的行政复议决定有可能将复议申请人置于较复议之前更为不利的境地。在行政复议中，确立不利变更禁止原则，就是对复议裁决变更内容的限定。

（二）行政复议决定类型

行政复议机关负责法制工作的机构应当对被申请人作出的具体行政行为进行审查，提出意见，经行政复议机关的负责人同意或者集体讨论通过后，根据不同情况，分别可以作出以下几种决定。

1. 维持决定

根据《行政复议法》的规定，决定维持的具体行政行为必须符合四个条件：一是事实清楚、证据确凿；二是适用依据正确；三是程序合法；四是内容适当。

2. 履行决定

这是指行政复议机关经过对行政复议案件的审理，认定被申请人有不履行或拖延履行法定职责的情形，从而责成被申请人履行法定职责。

3. 撤销、变更决定

行政复议机关决定撤销被申请人的具体行政行为，基于以下几种情况：主要事实不清、证据不足的；适用依据错误的；违反法定程序的；超越或者滥用职权的；具体行政行为明显不当的。行政复议机关决定变更被申请人的具体行政行为的，应当基于以下两种情形：认定事实清楚，证据确凿，程序合法，但是明显不当或者适用依据错误的；认定事实不清，证据不足，但是经行政复议机关审理查明事实清楚，证据确凿的。

4. 确认违法决定

这主要适用于行政主体作出的事实行为违法、不作为违法以及行政主体在行政复议决定作出前已自行撤销违法行为的情况。

5. 责令被申请人重新作出具体行政行为

按照《行政复议法》的规定，决定撤销或者确认该具体行政行为违法的，可以责令被申请人在一定期限内重新作出具体行政行为。责令被申请人重新作出具体行政行为的，被申请人应当在法律、法规、规章规定的期限内重新作出具体行政行为；法律、法规、规章未规定期限的，重新作出具体行政行为的期限为60日。公民、法人或者其他组织对被申请人重新作出的具体行政行为不服，可以依法申请行政复议或者提起行政诉讼。

6. 驳回行政复议申请

行政复议机关决定驳回行政复议申请的情形有：申请人认为行政机关不履行法定职责申请行政复议，行政复议机关受理后发现该行政机关没有相应法定职责或者在受理前已经履行法定职责的；受理行政复议申请后，发现该行政复议申请不符合《行政复议法》及其实施条例规定的受理条件的。

7. 赔偿决定

申请人在申请行政复议时一并提出行政赔偿请求的，行政复议机关经审查，如认为符合《国家赔偿法》的有关规定应予赔偿的，应在作出撤销、变更具体行政行为或者确认具体行政行为违法的决定时，同时作出责成被申请人依法给予申请人赔偿的决定。申请人在申请行政复议时没有提出行政赔偿请求的，行政复议机关在依法决定撤销或者变更罚款，撤销违法集资、没收财物、征收财物、摊派费用以及对财产的查封、扣押、冻结等具体行政行为时，应当同时责令被申请人返还财产，解除对财产的查封、扣押、冻结措施，或者赔偿相应的价款。

8. 对抽象行政行为的处理决定

申请人在申请行政复议时，一并提出对有关抽象行政行为的审查申请的，行政复议机关对该抽象行政行为有权处理的，应当在 30 日内依法处理；无权处理的，应当在 7 日内按照法定程序转送有权处理的行政机关依法处理，有权处理的行政机关应当在 60 日内依法处理。行政复议机关在对被申请人作出的具体行政行为进行审查时，认为其依据不合法，本机关有权处理的，应当在 30 日内依法处理；无权处理的，应当在 7 日内按照法定程序转送有权处理的国家机关依法处理。处理期间，中止对具体行政行为的审查。

（三）行政复议决定的履行

行政复议决定的履行，是指行政复议机关作出行政复议决定后，行政复议各方当事人必须按照行政复议决定书的内容履行。被申请人不履行或者无正当理由拖延履行行政复议决定的，行政复议机关或者有关上级行政机关应当责令其限期履行。申请人逾期不起诉又不履行行政复议决定的，或者不履行最终裁决的行政复议决定的，按照下列规定分别处理：一是维持具体行政行为的行政复议决定，由作出具体行政行为的行政机关依法强制执行，或者申请人民法院强制执行；二是变更具体行政行为的行政复议决定，由作出行政复议决定的行政机关依法强制执行，或者申请人民法院强制执行。

第六节　违反行政复议法的责任

一、行政复议机关及其工作人员的法律责任

行政复议机关的法律责任是指行政复议机关违反行政复议法规定，应承担的法律责任。追究行政复议机关的法律责任包括以下几种情况：第一，行政复议机关无正当理由不予受理依法提出的行政复议申请的；第二，行政复议机关不按规定转送行政复议申请的；第三，行政复议机关在法定期限内不作出行政复议决定的。行政复议机关如有上述情况之一的，经有权监督的行政机关督促仍不改正的，对直接负责的主管人员和其他直接责任人员依法给予警告、记过、记大过的行政处分；造成严重后果的，依法给予降级、撤职、开除的行政处分。

行政复议机关工作人员在行政复议活动中，徇私舞弊或者有其他渎职、失职行为的，依法给予警告、记过、记大过的行政处分；情节严重的，依法给予降级、撤职、开除的行政处分；构成犯罪的，依法追究刑事责任。

二、被申请人的法律责任

被申请人的法律责任是指在行政复议活动中，被申请人因不履行法定义务配合复议机关、阻碍申请人申请行政复议、对复议申请人打击报复陷害等行为应承担的法律责任。被申请人在复议活动中，不提出书面答复或者不提交作出具体行政行为的证据、依据和其他

有关材料，或者阻挠、变相阻挠公民、法人或者其他组织依法申请行政复议的，对直接负责的主管人员和其他直接责任人员依法给予警告、记过、记大过的行政处分；进行报复陷害的，依法给予降级、撤职、开除的行政处分；构成犯罪的，依法追究刑事责任。

被申请人不履行或者无正当理由拖延履行行政复议决定，或者在规定期限内未按照行政复议决定的要求重新作出具体行政行为，或者违反规定重新作出具体行政行为的，对直接负责的主管人员和其他直接责任人员依法给予警告、记过、记大过的行政处分；经责令履行仍拒不履行的，依法给予降级、撤职、开除的行政处分。

第七章 行政诉讼

第一节 行政诉讼概述

一、行政诉讼的概念和特征

行政诉讼是指公民、法人或者其他组织认为行政机关和行政机关工作人员的行政行为侵犯其合法权益，依照行政诉讼法和其他法律、法规向人民法院提起诉讼，人民法院依法定程序审查行政主体的行政行为的合法性，并判断相对人的主张是否妥当，以作出裁判的一种活动。

我国行政诉讼法是调整人民法院和行政诉讼参加人在诉讼过程中形成的诉讼关系的法律规范的总和。行政诉讼与其他诉讼相比，主要有以下特征。

一是行政诉讼是人民法院按照司法程序审理和解决行政争议的司法活动。目的是通过审查行政机关的行政行为是否合法，维护公民、法人和其他组织的合法权益。

二是行政诉讼的原告只能是公民、法人或者其他组织，即认为行政机关的行政行为侵犯了自己合法权益的公民、法人或者其他组织。

三是行政诉讼的被告只能是作出行政行为的行政机关或法律、法规、规章授权的组织。行政机关或法律、法规、规章授权的组织实施行政行为时处于行政主体地位，拥有实现其代表的国家意志的手段。

二、行政诉讼的基本原则

行政诉讼的基本原则是宪法和法律规定的，体现行政诉讼的特点，对行政诉讼具有指导意义，是行政诉讼活动中必须遵守的原则。根据我国行政诉讼法的规定，行政诉讼的基本原则既包括诉讼所普遍适用的原则，又包括行政诉讼所特有的原则。

我国法律规定的诉讼（包括刑事诉讼、民事诉讼和行政诉讼）所普遍适用的原则包括：人民法院依法独立行使审判权的原则；以事实为根据，以法律为准绳的原则；对诉讼当事人在适用法律上一律平等的原则；保障诉讼参与人依法享有诉讼权利的原则；实行两审终审、公开审判、合议、回避、辩论等制度原则；公民有权用本民族语言文字进行诉讼的原则；人民检察院对人民法院的审判活动实行法律监督的原则等。

我国行政诉讼制度的一个明显特征是，人民法院对行政机关的行政行为进行合法性审查，这是行政诉讼区别于其他诉讼的特有原则。

首先，行政诉讼的客体限于行政行为。2014 年 11 月 1 日通过的《全国人民代表大会常务委员会关于修改〈中华人民共和国行政诉讼法〉的决定》将原法规定的“具体行政行为”修改为“行政行为”，使行政诉讼法的受案范围具有更大包容性。需要明确以下四点。一是行政行为不包括行政机关制定的规范性文件。修改后的《行政诉讼法》将规章以下的规范性文件纳入行政诉讼的审查范围，但法院只能进行附带性审查，即只有在公民、法人或者其他组织对行政行为提起诉讼时，才可以一并请求对规范性文件进行审查。二是行政行为既包括作为，也包括不作为。例如，《行政诉讼法》第十二条第（十）项规定认为行政机关没有依法支付抚恤金、最低生活保障待遇或者社会保险待遇即属不作为情形。三是行政行为还包括学理上的事实行为。四是行政行为包括行政机关签订、履行行政合同的行为。例如，《行政诉讼法》第十二条第（十一）项规定认为行政机关不依法履行、未按照约定履行或者违法变更、解除政府特许经营协议、土地房屋征收补偿等协议的，就属于此种情况。

其次，法院审查行政行为一般只监督审查合法性，不审查适当性。行政诉讼法之所以这样规定，是遵循司法权和行政权分工的原则要求，是对法治底线的坚持。行政机关长期处理行政事务具有更为专业的经验，在其行政裁量范围内司法权应保持适当的谦抑。但也存在一些例外，根据行政诉讼法的规定，其例外情形包括：一是当行政机关滥用自由裁量权时，法院可以干预；二是当行政处罚明显不当或者其他行政行为涉及对款额的确定、认定确有错误的，行政裁量已无空间时法院可以进行变更。

第二节　行政诉讼受案范围

按照法治的原则，行政行为只要侵犯了公民的合法权益，就应受到监督，公民都应有获得司法救济的权利。但实际上，行政诉讼受案范围的确定受司法机关解决行政争议的能力、公民权利意识和自主意识发展的程度以及法治发展的阶段等诸多因素的影响。目前，我国还在建设法治国家的过程中，扩大受案范围不可能一蹴而就，而是要循序渐进，逐步扩大。修改后的《行政诉讼法》从总体划定、肯定式列举以及否定式排除三个维度对行政诉讼的受案范围加以明确。

一、可诉行政行为

（一）对行政处罚决定不服的

行政处罚是行政机关或者法律、法规授权的组织对违反行政管理秩序的公民、法人或者其他组织所实施的惩罚。《行政诉讼法》列举了六大类的行政处罚，但行政诉讼受案的范围并不限于列举的类型。只要相对人认为其他法律、行政法规规定的新的处罚种类侵犯了其合法权益，也可以向法院提起行政诉讼。

（二）对行政强制措施和行政强制执行不服的

行政强制措施是行政机关在行政管理过程中，为制止违法行为、防止证据损毁、避免危害发生、控制危险扩大等，依法对公民的人身自由实施暂时性限制，或者对公民、法人或者其他组织的财物实施暂时性控制的行为。行政强制执行是指行政机关或者行政机关申请人民法院对不履行行政决定的公民、法人或者其他组织，依法强制履行义务的行为。需要注意的是，这里所称的行政强制执行，仅指行政机关的强制执行，不包括法院的非诉强制执行。例如，《社会保险法》第六十三条规定，用人单位逾期仍未缴纳或者补足社会保险费的，申请县级以上有关行政部门作出划拨社会保险决定，即属于行政强制执行的情形。

（三）对行政许可不服的

行政许可是指行政机关根据公民、法人或者其他组织的申请，经依法审查，准予其从事特定活动的行为。如设立职业中介机构，应当依法办理行政许可。公民、法人或者其他组织申请行政许可，行政机关拒绝或者法定期限内不予答复，或者对行政机关作出的有关行政许可的变更、延续、撤销、注销等决定不服的，可以提起行政诉讼。

（四）对行政机关确认自然资源的所有权或者使用权的决定不服的

根据相关法律规定，县级以上各级政府对土地、矿藏、水流、森林、山岭、草原、荒地、滩涂、海域等自然资源的所有权或者使用权予以确认和核发相关证书。需要注意的是，根据《行政复议法》的规定，公民、法人或者其他组织认为行政机关侵犯其已经依法取得的土地、矿藏、水流、森林、山岭、草原、荒地、滩涂、海域等自然资源的所有权或者使用权的，应当先申请复议；对行政复议决定不服的，可以向人民法院提起诉讼。根据国务院或者省、自治区、直辖市人民政府对行政区划的勘定、调整或者征用土地的决定，省、自治区、直辖市人民政府确认土地、矿藏、水流、森林、山岭、草原、荒地、滩涂、海域等自然资源的所有权或者使用权的行政复议决定为最终裁决，不得向人民法院起诉。

（五）对征收、征用决定及其补偿决定不服的

行政征收是指行政主体为了国家或公共利益的需要，依法将公民、法人或者其他组织的财物收归国有的行政行为。行政征用是指行政机关为了公共利益的需要，依法强制使用公民、法人或者其他组织财物或者劳务的行政行为。根据法律规定，无论是征收还是征用，都应当依法给予权利人相应的补偿。公民、法人或者其他组织对上述行政行为不服，除法律规定复议终局外，均可以提起行政诉讼。

（六）对不履行法定职责不服的

保护公民、法人和其他组织人身权、财产权不受非法侵犯是行政机关的法定职责。当公民、法人或者其他组织的人身权、财产权受到非法侵害时，行政机关应当依职权主动保护或根据申请而予以保护，否则就是不履行法定职责。行政诉讼法把这类行政案件确定在受案范围之内，有利于促使行政机关及其工作人员增强责任感，认真履行法定职责，有利于进一步保障公民、法人和其他组织的人身权、财产权。人力资源和社会保障领域中，常见的对不履行法定职责不服的情形如个人认为社会保险经办机构不支付社会保险待遇侵犯其合法权益等。

（七）侵犯经营自主权或者农村土地承包经营权、农村土地经营权的

经营自主权是企业、个体经营者等依法享有的调配使用自己的人力、物力、财力，自主组织生产经营活动的权利。农村土地承包经营权是农村集体经济组织的成员或者其他承包经营人对其承包的土地享有的自主经营、流转、收益的权利。农村土地经营权是从农村土地承包经营权中分离出的一项权能，就是承包农户将其承包的土地流转出去，由其他组织或者个人取得土地经营权。如果行政主体对上述权利进行干涉、限制甚至剥夺，相关权利人可以提起行政诉讼。

（八）认为行政机关滥用行政权力排除或者限制竞争的

公平竞争权是市场主体依法享有的在公平环境中竞争，以实现

其经济利益的权利。行政机关违反相关规定，经营者可以向人民法院提起行政诉讼。

（九）认为行政机关违法要求履行义务的

行政机关不按法律、法规规定的程序要求履行义务或者要求履行法律、法规规定之外的义务，行政相对人不服可以提起行政诉讼。将这类案件确定在受案范围之内，有利于有效地制止社会上存在的乱摊派、乱收费、非法征税等违法要求履行义务的行为，有利于保护行政相对人的合法权益。

（十）认为行政机关没有支付抚恤金、最低生活保障待遇或者社会保险待遇的

抚恤金是指军人、国家机关工作人员、参战民兵、民工等因工牺牲或者伤残和军人病故，法律、法规规定由民政部门或者其他行政部门对死者家属或伤残者发给的费用。最低生活保障是国家对家庭成员人均收入低于当地政府公告的最低生活标准的家庭给予一定现金资助，以保证该家庭成员基本生活所需的社会保障制度。社会保险是国家为了预防和分担年老、疾病、工伤、失业、生育等社会风险，由国家和社会为公民提供的物质帮助。依法得到抚恤金、最低生活保障待遇或者社会保险待遇是相关公民的权利，负责发放的行政机关不依法支付是对有关公民权利的侵害，受侵害的相对人可以依法提起行政诉讼。

（十一）认为行政机关不依法履行、未按照约定履行或者违法变更、解除政府特许经营协议、土地房屋征收补偿协议等协议的

政府特许经营是政府通过招标等公平竞争方式，许可特定经营者经营某项公共产品或者提供某项公共服务。政府特许经营广泛存在于城市供水、供气、供热、污水处理、垃圾处理、城市公共交通等公共事业领域。土地征收补偿是指政府依法征收农村集体所有的土地所给予的补偿。房屋征收补偿是行政机关征收国有或者集体土地上的房屋所给予的补偿。实践中，无论是政府特许经营还是土地、房屋征收补偿一般都是采用协议的方式约定双方的权利义务。涉及此类协议的争议目前已被统一纳入了行政诉讼的受案范围。需要注

意的是，这里只有行政机关一方不履行协议的情况被纳入行政诉讼的受案范围，行政相对人一方不履行协议的情况并未被纳入。

（十二）认为行政机关侵犯其他人身权、财产权的

为了避免遗漏，弥补列举不足，《行政诉讼法》设定了兜底规定。

（十三）人民法院受理法律、法规规定可以提起诉讼的其他行政案件

根据《宪法》的规定，公民的基本权利除了人身权、财产权以外，还有游行、示威、集会、结社、言论、出版的自由，有选举权和被选举权，有劳动和受教育的权利等，此款规定主要针对的是侵犯人身权、财产权以外权利的行政案件。这些案件是否属于行政诉讼受案范围，关键要看法律、法规规定，法律、法规规定可以提起行政诉讼的就属于受案范围，法律、法规没有规定的，暂时不属于受案范围。随着行政诉讼制度的发展，可以在单行法律、法规中规定人民法院可以受理《行政诉讼法》没有涉及的行政案件，以进一步扩大行政诉讼的受案范围。

二、不可诉行政行为

不可诉行政行为是指公民、法人或者其他组织认为行政机关的行政行为侵犯其合法权益，而向人民法院提起诉讼，人民法院经审查后不予受理，这些行政机关的行政行为称为不可诉的行政行为。根据《行政诉讼法》的规定，人民法院不予受理的行政行为主要有以下几种。

（一）国家行为

国家行为是特定国家机关对涉及国与国之间的关系、国家的安全及其他国家重大问题，根据宪法和法律的授权，以国家的名义作出的，并由国家承担法律后果的行为。它分为两类：一类是国防行为，另一类是外交行为。此外，一些涉及国家公共利益的重大行为，如戒严等，也属于国家行为。国家行为是国家主权或国家统治力量的体现，有关公民、法人或者其他组织不能对国家行为提起诉讼，

法院也没有审判权。在我国，国家行为由全国人民代表大会及其常务委员会监督，如果国家行为确有不当，可以通过全国人民代表大会及其常务委员会予以纠正。

（二）行政法规、规章或者行政机关制定、发布的具有普遍约束力的决定、命令

制定行政法规、规章是立法行为，按照《宪法》《立法法》的规定，由全国人民代表大会及其常务委员会和地方同级人民代表大会及其常务委员会或者国务院监督，不由法院监督。因此，不能对行政法规、规章提起行政诉讼。

具有普遍约束力的决定、命令，即抽象行政行为。它是指国家行政机关并非针对特定人或具体事进行处理，而是制定具有普遍约束力的规范性文件的行为。根据我国法律规定，对此类抽象行政行为的监督，主要是通过权力机关的上下级之间、行政机关的上下级之间、权力机关对行政机关的监督来实现，未授权人民法院对抽象行政行为进行审查，因此，抽象行政行为不可诉。

（三）行政机关对行政机关工作人员的奖惩、任免等决定

内部行政行为是行政机关对本系统、本机关的人事、财务、工作、生活等方面的管理行为，作用于与行政机关有隶属关系的行政机关工作人员。我国《行政诉讼法》规定，对行政机关奖惩、任免工作人员等内部行政行为不服而起诉的，人民法院不予受理。将内部行政行为排除在受案范围之外，主要考虑内部行政行为不影响行政机关外部的公民、法人和其他组织的合法权益，同时也限于我国行政审判的承受力。目前，对内部行政行为主要由上级行政机关、人事部门或者监察部门进行监督。行政机关工作人员对行政机关的奖惩、任免决定不服，可以向上述有管辖权的机关提出申诉。

（四）法律规定由行政机关最终裁决的行政行为

由行政机关最终裁决的行政行为，是行政机关依据法律特别授权而作出的。这样的行为具有法律效力，公民、法人或者其他组织必须服从，人民法院无权进行审查。这里的法律仅指全国人民代表大会及其常务委员会通过立法程序通过、颁布的法律，不包括行政

法规和地方性法规。由行政机关作最终裁决的案件主要是一些涉及出入境管理和知识产权的裁定，此类案件通过行政复议来解决，不具有可诉性。

第三节　行政诉讼管辖

行政诉讼管辖，是指各级人民法院或者不同地区的同级人民法院，在受案范围内，受理第一审行政案件的权限分工。根据《行政诉讼法》的规定，行政案件的管辖包括：级别管辖、地域管辖、移送管辖、指定管辖和管辖权的转移。

一、级别管辖

级别管辖，是指按照行政案件的性质、影响范围、复杂程度来划分不同级别人民法院之间审理第一审行政案件的分工和权限。我国人民法院分为四级，即基层人民法院、中级人民法院、高级人民法院和最高人民法院。这四级法院都可以审理第一审行政案件。级别管辖就是要确定哪些第一审行政案件由基层人民法院审理，哪些第一审行政案件由中级人民法院审理，哪些第一审行政案件由中级人民法院审理。

划分级别管辖的标准，主要是看行政案件的性质、影响范围及复杂程度。

第一，行政案件的性质。不同性质的行政案件由不同级别的人民法院管辖。如普通行政案件由基层人民法院管辖，确认发明专利权的案件和海关处理的案件由中级人民法院管辖。

第二，行政案件的影响范围和复杂程度。这一标准也可以概括为行政案件的重大、复杂程度。最高人民法院、高级人民法院管辖的第一审行政案件及中级人民法院管辖的部分第一审行政案件都是以这个标准来确定的。

（一）基层人民法院管辖的第一审行政案件

我国基层人民法院是法院体系的基层单位，它们分布广泛、数量众多，行政案件一般应由基层人民法院作为第一审法院受理。这样既便于当事人诉讼，也便于人民法院办案。因此，除法律另有规定的以外，第一审行政案件均由基层人民法院管辖。具体讲，即除法律规定应由中级人民法院、高级人民法院、最高人民法院管辖的第一审行政案件外，其余第一审行政案件都由基层人民法院管辖。《行政诉讼法》第十四条规定“基层人民法院管辖第一审行政案件”，正是用排除的方法概括地确定了基层人民法院管辖的第一审行政案件。

（二）中级人民法院管辖的第一审行政案件

中级人民法院主要是审理基层人民法院审结后的上诉行政案件，并对下属的基层人民法院的审判工作进行监督和指导。同时根据《行政诉讼法》第十五条规定，中级人民法院管辖以下三种第一审行政案件。

1. 对国务院部门或者县级以上人民政府所作的行政行为提起诉讼的案件

这类行政案件，是以国务院各部门、县级以上人民政府为被告的案件。以国务院部门为被告的案件，由于涉及的行政机关级别较高，案件处理往往涉及较强的政策性和较高的专业技术。以县级以上人民政府为被告的案件统一被提级到由中级人民法院审理，主要是考虑到这类案件在当地一般影响较大，且易受到当地政府的干预。因此，法律规定由中级人民法院作为第一审人民法院管辖。

2. 海关处理的案件

由于海关处理的案件涉及海关业务，范围广泛，内容复杂，对一些物品进行检查往往需要专门技术和设备，进出口货物、物品涉及我国对外经济贸易和国际技术交往等，因此，法律规定由中级人民法院作为第一审人民法院管辖。

3. 本辖区内重大、复杂的案件

这主要是指在中级人民法院所管辖的地域范围内发生的涉及多人、多事、多单位或涉及较强专业性，或涉及法律适用方面，法律规定不明确、存在较大争论等的行政案件。是否属于重大、复杂案件由中级人民法院来认定，在司法实践中应当具体案件具体分析。

4. 其他法律规定由中级人民法院管辖的案件

此项规定主要是衔接性规定。根据《全国人民代表大会常务委员会关于在北京、上海、广州设立知识产权法院的决定》，知识产权法院管辖有关专利、植物新品种、集成电路布图设计、技术秘密等专业技术性较强的第一审知识产权行政案件。北京知识产权法院管辖不服国务院行政部门裁定或者决定而提起的第一审知识产权授权确权行政案件。

（三）高级人民法院管辖的第一审行政案件

高级人民法院，主要审理不服中级人民法院第一审裁判的上诉案件，对下属基层人民法院和中级人民法院的审判工作进行监督和指导。同时，根据《行政诉讼法》规定管辖本辖区内重大、复杂的第一审行政案件。重大、复杂的行政案件，主要指案情重大、复杂，涉及面广。这样的行政案件，不论发生在哪个基层人民法院或者中级人民法院辖区内，只要高级人民法院认为该案在本省、自治区、直辖市内重大、复杂，就可以作为一审法院管辖。

（四）最高人民法院管辖的第一审行政案件

最高人民法院是国家的最高审判机关，它负责指导和监督全国地方各级人民法院和专门法院的审判工作，并对审判过程中如何具体适用法律进行解释。同时审理不服高级人民法院第一审的上诉行政案件。因此，最高人民法院一般不受理第一审行政案件。《行政诉讼法》规定："最高人民法院管辖全国范围内重大、复杂的第一审行政案件。"

二、地域管辖

地域管辖，又称土地管辖或区域管辖，是指按照人民法院的管辖区域和最初作出具体行政行为的行政机关所在地、当事人所在地及诉讼标的所在地的关系来确定行政案件的管辖。根据《行政诉讼法》的规定，地域管辖可以概括为一般地域管辖、专属管辖、共同管辖三种。

（一）一般地域管辖

又称普通地域管辖，是指按照最初作出行政行为的行政机关所在地确定行政案件的管辖。行政诉讼一般地域管辖有以下两种情况：一是依法不经过复议而直接起诉的行政案件，由作出行政行为的行政机关所在地法院管辖；二是经过复议的案件，也可以由复议机关所在地法院管辖。

一般情况下，最初作出具体行政行为的行政机关所在地，既是具体行政行为的所在地，也是原告违反行政管理法规或不履行法定义务的违法行为的发生地，也是行政争议的发生地，同时，也是原告所在地。因此，《行政诉讼法》把一般地域管辖规定为由最初作出具体行政行为的行政机关所在地法院管辖，既便于当事人诉讼，又便于人民法院调查、收集和核实证据，迅速查明案情，及时正确审理行政案件，便于人民法院对行政案件判决和裁定的执行。

（二）专属管辖

专属管辖是指法律规定某些案件必须由特定的人民法院管辖。对于专属管辖的案件，其他任何法院都没有管辖权。专属管辖具有专属性和排他性。根据《行政诉讼法》的规定，行政诉讼专属管辖，就是指因不动产提起的行政诉讼，由不动产所在地人民法院管辖。《行政诉讼法》将因不动产而提起的行政诉讼规定由不动产所在地人民法院专属管辖，便于人民法院调查、勘验，正确及时审理案件，便于人民法院的判决、裁定的执行。

（三）共同管辖

共同管辖，是指两个以上人民法院，依照法律规定对同一个行政案件都有管辖权，根据行政诉讼法的有关规定，行政诉讼共同管辖有以下几种情况。

经过复议的案件，既可以由原行政行为所在地的法院管辖，也可以由复议机关所在地的法院管辖。

对限制人身自由的行政强制措施不服而起诉的行政案件，原告所在地的人民法院和被告所在地的人民法院都有管辖权。

对于两个以上人民法院都有管辖权的案件，原告可以选择其中一个人民法院提起诉讼，原告向两个以上有管辖权的人民法院提起诉讼的，由最先立案的人民法院管辖。这一规定明确了共同管辖的行政案件的最终管辖法院。

三、移送管辖、指定管辖和移转管辖

根据《行政诉讼法》的规定，行政诉讼管辖还包括移送管辖、指定管辖和移转管辖。

（一）移送管辖

移送管辖，是指人民法院受理行政案件后，经审查发现不属于自己管辖而移送有管辖权的人民法院。《行政诉讼法》第二十二条规定："人民法院发现受理的案件不属于本院管辖的，应当移送有管辖权的人民法院，受移送的人民法院应当受理。受移送的人民法院认为受移送的案件按照规定不属于本院管辖的，应当报请上级人民法院指定管辖，不得再自行移送。"移送管辖必须具备以下几个条件。

第一，移送案件的人民法院已对移送案件立案审理。只有当人民法院受理案件后，才涉及将案件进行移送，如果案件尚未立案受理，便发现无管辖权，则不涉及移送案件，直接告知原告向有管辖权的人民法院起诉即可。

第二，移送的人民法院对案件没有管辖权。人民法院对自己有管辖权的案件才能行使审判权，对没有管辖权而受理的案件应当移送有管辖权的人民法院。如果人民法院有管辖权并受理了行政案件，就不能将案件移送至其他人民法院。

第三，受移送的人民法院需对移送案件有管辖权。受理行政案件而无管辖权的人民法院在进行移送管辖时，应当以受移送的人民法院有管辖权为前提。但是，如果移送法院和受移送的法院发生分歧，亦即受移送的法院认为自己对移送案件没有管辖权时，根据法律规定，它不能将移送案件退回移送的法院，也不能自行移送，只能报请与移送法院共同的上级人民法院，由双方共同的上级人民法院指定管辖。

（二）指定管辖

指定管辖是指上级人民法院依法指定自己所属的某一下级人民法院，对具体行政案件进行管辖。根据《行政诉讼法》第二十三条，指定管辖适用于下面两种情况。

第一，由于特殊原因，有管辖权的人民法院不能行使管辖权。所谓特殊原因，主要包括事实原因和法律原因。事实原因，又称为客观原因，或称为不可抗力，指严重的水灾、地震、意外事故等。法律原因是指有管辖权的人民法院因审判人员依法回避，不能组成合议庭。如果有管辖权的人民法院遇到上述的特殊情况，就无法行使管辖权来审理行政案件，这需要上级人民法院指定其他人民法院管辖。

第二，两个以上的人民法院对某一行政案件的管辖权发生争议，而又协商不成。出现此类情况由争议双方人民法院的共同上级人民法院指定下属人民法院管辖。

（三）移转管辖

由于管辖问题较为复杂，仅有法定管辖和指定管辖，尚不足以适应复杂多变的情况，管辖权转移的规定赋予上下级法院灵活处理的权力，目的是由法院更好地行使审判权。移转管辖是指由上级人民法院决定或者同意将行政案件的管辖权由上级法院移交给下级法院，或由下级人民法院移交给上级人民法院。需要说明的是，2017年《行政诉讼法》修改取消了管辖权的下放。根据《行政诉讼法》的规定，移转管辖有以下三种情况。

第一，上级人民法院决定的移转管辖。根据《行政诉讼法》的规定，上级人民法院有权审判下级人民法院管辖的第一审行政案件。

第二，下级人民法院报请上级人民法院同意的移转管辖。这样的移转管辖是，下级人民法院对于一些疑难的或特殊的行政案件受理后，认为需要由上级人民法院审判而报请上级人民法院同意，将案件的管辖权移转到上级人民法院。这样的移转必须征得上级人民法院的同意，如果上级人民法院不同意，则仍由该下级人民法院管辖。

第三，指定管辖中的移转管辖。这种情况是指有管辖权的人民法院由于特殊原因不能行使管辖权，由上级法院指定另一人民法院管辖。

第四节 行政诉讼参加人

行政诉讼参加人是指依法参加行政诉讼活动，享有诉讼权利，承担诉讼义务，并且与诉讼争议或诉讼结果有利害关系的人。它包括诉讼当事人（原告、被告、第三人）和诉讼代理人。此外，行政诉讼法还涉及诉讼参与人这一概念，诉讼参与人就是指参与诉讼的人，其范围更为广泛，不仅包括诉讼参加人，还包括证人、鉴定人、勘验人、翻译人员等。

一、原告

行政诉讼原告是指认为行政机关的行政行为侵犯其合法权益，以自己的名义向法院起诉，请求人民法院保护其合法权益，从而使行政诉讼成立的公民、法人或者其他组织。根据这一概念，能够成为行政诉讼原告应具备以下几种条件：第一，原告必须是公民、法人或者其他组织，且以自己的名义向法院提起诉讼；第二，原告必须是认为行政行为侵犯其合法权益的公民、法人或者其他组织，其与行政案件有直接或间接的利害关系，承担行政行为的法律后果。

根据《行政诉讼法》规定，行政诉讼的原告包括公民、法人和其他组织三类。

公民。公民主要指具有中华人民共和国国籍的自然人。在我国进行行政诉讼的外国人、无国籍人，同中华人民共和国公民享有同等的诉讼权利和诉讼义务。

法人。法人作为行政相对人时，亦具有原告资格，当受到具体行政行为侵害时可以提起诉讼。法人包括企业法人及机关、团体和事业单位法人，这其中也包括国家行政机关。当行政机关以行政相对人的身份作为行政法律关系一方主体时，即具有原告资格，权益受到侵犯即可依法提起行政诉讼。

其他组织，主要指非法人团体。此外，根据《行政诉讼法》的规定，原告主体资格上还存在原告资格转移的问题，即如果有权提起诉讼的公民死亡，其近亲属可以提起诉讼。所谓近亲属是指死者的配偶、父母、子女、兄弟姐妹、祖父母、外祖父母、孙子女、外孙子女。有权提起诉讼的法人或者其他组织终止，承受其权利的法人或者其他组织可以提起诉讼，即当法人或者其他组织依法撤销、解散、宣告破产以后，它所享有的提起诉讼的权利由承受其权利的新法人、新组织或其他承受其权利的法人、组织继续行使。

二、被告

行政诉讼被告是指在行政法律关系中与原告处于相对地位，被原告起诉其行政行为侵犯合法权益，而由人民法院通知应诉的行政主体。根据这一概念，作为被告应当具备以下两个条件：第一，被告必须是行政主体；第二，行政机关必须作出了原告认为侵犯其合法权益的行政行为。

根据《行政诉讼法》的规定，行政机关作为被告，有以下六种情况：

公民、法人或者其他组织直接向人民法院起诉的，作出行政行为的行政机关是被告。这里的“直接”指未经行政复议，依法进行起诉的情况。

经复议的案件，复议机关决定维持原行政行为的，作出原行政行为的行政机关和复议机关是共同被告；复议机关改变原行政行为的，复议机关是被告。

复议机关在法定期限内未作出复议决定，公民、法人或者其他组织起诉原行政行为的，作出原行政行为的行政机关是被告；起诉复议机关不作为的，复议机关是被告。

两个以上行政机关作出同一行政行为的，共同作出行政行为的行政机关是共同被告。

由行政机关委托的组织所作的行政行为，委托的行政机关是被告。这里所说的委托必须是书面的、正式的委托，口头委托不能成立。

行政机关被撤销或职权变更的，继续行使其职权的行政机关是被告。

需要说明的是，对经过复议案件的被告的认定，《行政诉讼法》明确复议机关维持原行政行为，作出原行政行为的行政机关和复议机关是共同被告。其主要目的在于倒逼行政复议机关通过复议程序积极纠错，发挥复议制度的优势，实现行政复议作为解决行政争议主渠道的作用。

此外，改革开放以来，我国政府的机构调整和职能转变一直在进行中，修改后的行政诉讼法增加了“职权变更”的情形，明确了此种情形下的被告，具有较强的实践意义。而对于个别行政机关被撤销，其职权同时也取消，没有继续行使其职权的行政机关的情况，我们认为可以参照《中华人民共和国国家赔偿法》（以下简称《国家赔偿法》）第七条的立法精神，即由作出撤销决定的行政机关或者其指定的行政机关作为被告。

三、行政诉讼第三人

行政诉讼第三人是指同原、被告争议的行政行为或者同案件的处理结果有利害关系，根据申请或者人民法院通知而参加诉讼的公民、法人或者其他组织。

根据有关司法解释，行政诉讼第三人表现形式有以下几种。

第一，行政机关就同一违法事实处罚了两个以上共同违法的人，其中一部分人对处罚决定不服，向人民法院起诉的，人民法院发现没有起诉的其他被处罚人与被诉行政行为有法律上的利害关系，应当通知其作为第三人参加诉讼。

第二，一方当事人对行政机关有关民事争议所作的处理或者裁决不服提起诉讼，争议另一方当事人未起诉。在这种情况下，人民法院应通知另一方当事人作为第三人参加诉讼。

第三，行政机关与非行政机关共同署名作出行政行为，行政相对人不服而向人民法院起诉，虽然非行政机关不能作为被告，但人民法院应通知其作为第三人参加诉讼。

第四，对应当追加被告而原告不同意追加的，人民法院可通知相应行政主体以第三人身份参加诉讼。

第三人参加诉讼的方式，一是自己申请，要作为第三人参加诉讼，经人民法院同意后可参加到诉讼中来。二是人民法院通知参加诉讼。人民法院在审理行政案件过程中，认为某公民、法人或者其他组织与该诉讼争议的行政行为或者与案件处理的结果有利害关系，应通知其作为第三人参加诉讼，以保护其合法权益。

行政诉讼中设立第三人参加诉讼的制度，有很重要的意义——可以减少行政案件的发生。第三人都是与诉讼争议的行政行为有利害关系的人，设立第三人参加诉讼的制度，可以防止某些与正在诉讼中的行政行为有牵连的行政案件的发生。有利于帮助人民法院查明事实，保证办案质量，也有利于保护第三人的合法权益。

四、诉讼代理人

诉讼代理人是指在行政诉讼中根据法律的规定，经法院指定或受当事人委托，以当事人的名义，在一定权限范围内代理当事人进行诉讼的人。被代理的一方当事人，称为被代理人。代理人进行诉讼活动的权限，称为诉讼代理权。

诉讼代理人具有如下法律特征。

一是诉讼代理人必须以被代理人的名义进行诉讼。诉讼代理人只是代理被代理人进行诉讼活动，代理人并不承担诉讼产生的法律后果。因此，诉讼代理人所实施的一切诉讼行为，都必须以被代理人名义进行，并对被代理人发生法律效力。

二是诉讼代理人只能代理行政诉讼一方当事人，不能同时代表双方当事人。诉讼代理人代理当事人诉讼的目的是维护被代理人的合法权益，而行政诉讼当事人双方的利益是相对的。因此，诉讼代理人在同一诉讼中只能代理一方当事人进行诉讼。

三是诉讼代理人是维护被代理人利益的诉讼参加人。诉讼代理人与诉讼没有直接的利害关系，其代理诉讼行为所产生的法律后果，直接由被代理人承担。如果是为维护自己的利益参加诉讼，就是原告、被告、共同诉讼人或诉讼第三人，而不是诉讼代理人。

根据《行政诉讼法》的规定和代理权发生的原因，行政诉讼代理人可分为法定代理人、指定代理人和委托代理人三种。

法定代理人。法定代理人是根据法律的直接规定，基于亲权或者监护权的存在代理无诉讼行为能力的当事人进行诉讼的人。包括：被代理人的父母、养父母、配偶、成年子女、享有监护权的监护人和负有保护责任的机关和团体的代表。无诉讼行为能力人包括：未成年人、精神病人和限制行为能力人。

有的无诉讼行为能力的公民有两个以上的法定代理人，在需要他们为无诉讼行为能力的公民代理诉讼时，如互相推诿，不主动承担法定代理的义务，《行政诉讼法》规定，由人民法院指定其中一人代为诉讼。

指定代理人。指定代理人是指被人民法院指定，代理无诉讼行为能力而又没有法定代理人或者法定代理人不能行使代理权的当事人进行诉讼的人。在实践中适用指定代理人的主要情况有：诉讼中法定代理人死亡，又没有其他法定代理人代理诉讼，而且该诉讼又不能中止；诉讼进行中，当事人丧失了诉讼行为能力，该当事人没有法定代理人或者虽然有法定代理人，但不能行使代理权，而且诉讼又不能中止的。

委托代理人。委托代理人是指受当事人、法定代表人、法定代理人的委托，代为进行诉讼活动的人。根据《行政诉讼法》第三十一条的规定，委托代理的人数限两人。委托他人代为诉讼，必须向人民法院提交由委托人签名或盖章的授权委托书。

委托代理人和其他代理人相比有如下特征：委托代理人的代理权基于当事人、法定代理人的委托而产生；委托代理人代理的事项和权限一般由委托人决定；当事人、法定代理人委托他人代为诉讼必须向人民法院提交授权委托书。

为了保证当事人、法定代理人行使委托他人代为诉讼的权利，我国《行政诉讼法》对委托代理人的范围规定得相当广泛。可以被委托为诉讼代理人的主要包括：律师、基层法律服务工作者，当事人的近亲属或者工作人员，以及当事人所在社区、单位以及有关社会团体推荐的公民。

关于律师担任委托代理人的诉讼权利，《行政诉讼法》第三十二条规定，代理诉讼的律师，有权按照规定查阅、复制本案有关材料，有权向有关组织和公民调查，收集与本案有关的证据。对涉及国家机密、商业秘密和个人隐私的材料，应当依照法律规定保密。与之不同的是，当事人和其他诉讼代理人只能按照规定查阅、复制案件庭审材料，但涉及国家秘密、商业秘密和个人隐私的内容除外。

第五节 行政诉讼证据

行政诉讼中的证据，是当事人用来证明其诉讼请求的依据，也是人民法院用来查明案件的真实情况并作出判断的主要手段和依据。因此，行政诉讼证据同民事诉讼和刑事诉讼中的证据一样，是正确处理每一个行政案件的基础和前提。

一、证据的种类

为了便于审判人员在司法实践中收集和运用证据，根据行政诉讼证据的来源性质、形成方式、表现形式、作用及其特点，从不同的方面和角度对证据加以分类是十分必要的，根据《行政诉讼法》第三十三条的规定，行政诉讼中的证据共分为以下八种。

书证。指用文字、符号、图画等书面材料的内容、含义来证明行政案件真实情况的证据。

物证。指能够证明行政案件事实的物品及其痕迹。它是以自己存在的形态、质量、规格、特征等来证明行政法律关系及其正确与否。

视听资料。指用录像或录音磁带反映出来的图像和音响，或者用电子计算机存储的资料来证明行政案件真实情况的证据。

电子数据。电子数据是新增加的证据种类，是指以数字化形式存储、处理、传输的数据。考虑到随着电子技术特别是计算机和互联网技术的发展，电子数据数量上越来越多，在审判活动中的作用也越来越大，将其简单地划入某一现有的证据种类，难以解决电子数据所带来的诸多法律难题，也无法充分发挥电子数据的证明价值。民事诉讼中也已将电子数据作为证据种类之一。

证人证言。由于了解案件的情况，应人民法院的询问或者传唤到庭作证的人，称为证人。证人就其所了解的案件事实向人民法院所作的陈述，称为证人证言。

当事人的陈述。是指在行政诉讼中，当事人就争议的事项向人民法院所作的关于案件事实和理由的叙述或者承认。

鉴定意见。指鉴定人运用专业知识对行政案件中的专门性问题进行分析鉴定后所做出的书面意见。2017 年《行政诉讼法》修改前使用“鉴定结论”，修改后为“鉴定意见”，系考虑到结论具有终局型，带有不可置疑的含义，用鉴定意见表述更为科学准确，更符合鉴定活动的本质特征。

勘验笔录、现场笔录。勘验笔录是指人民法院对能够证明案件事实的现场或者不能、不便拿到人民法院的物证，就地进行分析、检验、勘查后作出的记录。现场笔录是指行政机关对行政违法行为当场处理而制作的文字记载材料。与勘验笔录相比，现场笔录着重于对执法过程和处理结果的记录，而勘验笔录是对案件现场或物品静态的、全面综合的勘查、检验记录，往往具有滞后性。

上述八种证据，只有经庭审查证属实，才能作为定案的根据。查证以前只能作为证据材料。在证据可能灭失或以后难以取得的情况下，根据《行政诉讼法》第四十二条的规定，诉讼参加人可以向人民法院申请证据保全，人民法院也可以主动采取保全措施。

二、举证责任

举证责任是指法律上规定的诉讼当事人，对应当确认的案件事实有责任提出证据加以证明。如果不能提供证据，则可能要承担败诉的结果。举证责任实质上是法院即使难以查明全部案件事实，也能判断胜诉和败诉的审判规则。

根据《行政诉讼法》第三十四条，行政诉讼中作为被告的行政主体承担举证责任。这是行政诉讼不同于民事诉讼中的“谁主张，谁举证”的证据制度的特点。其原因在于，行政主体作出行政行为时应当有事实和法律依据，这才符合依法行政的原则。因此，当行政主体作为被告接受司法监督时，应有充足的证据证明自己作出的行政行为合法，否则，就是非法行政，应承担败诉的后果。

此外，《行政诉讼法》第六十七条规定，被告应当在收到起诉状副本之日起15日内向人民法院提交作出行政行为的证据和所依据的规范性文件，并提出答辩状。一般情况下，被告都能在15日的举证期限内提交证据。如果被告逾期提供证据，视为被诉行政行为没有相应的证据。但是在特殊情况下，被告可以延期提供证据。具体如下：第一，应当经人民法院准许；第二，应当是被告在作出行政行为时已经收集的证据；第三，因不可抗力等正当事由不能提供的证据。

被告补充证据是指被告在法定举证期限提交证据以后进一步提供证据的行为。《行政诉讼法》第三十五条规定，在诉讼过程中，被告及其诉讼代理人不得自行向原告、第三人和证人收集证据。因此，一般不允许被告补充提供证据。但是特殊情况下，被告可以补充证据。具体情况如下：第一，必须经人民法院准许；第二，原告或者第三人提出了其在行政处理程序中没有提出的理由或者证据的。补充证据并非行政主体的过错，而是因为原告或者第三人提出了新的理由或者证据。此外，被告补充证据需要一定的时限限制，司法实践中做法如下：一是人民法院指定时限内提供补充证据；二是人民法院没有指定时限的情况下，在一审庭审法庭辩论结束前提出补充证据。

行政诉讼法规定由被告一方负举证责任，并非否认原告一方向人民法院提供证据的权利和人民法院收集证据的权力。原告一方有权向人民法院提交有关证据，要求传唤证人或要求调取证据材料，以证实行政机关有违法或不当的行为。人民法院作为国家审判机关，有权要求当事人提供或补充证据，也有权向有关的行政机关及其他组织、公民调取证据。此外，原告在特定情况下也需要承担相应的举证责任。具体情况如下：一是在起诉被告不履行法定职责的案件中，原告应当提供其向被告提出申请的证据；二是在行政赔偿、补偿的案件中，原告应当对行政行为造成的损害提供证据。

第六节　行政诉讼程序

一、起诉

行政诉讼中的起诉是指公民、法人或者其他组织认为行政机关及其工作人员的行政行为侵犯其合法权益，以自己的名义，依照法定的条件和程序，请求人民法院通过审判给予保护的诉讼行为。

（一）起诉的条件

根据行政诉讼法的规定，行政诉讼的提起应具备以下几个条件：起诉人合法，即原告是认为行政行为侵犯其合法权益的公民、法人或者其他组织；有明确的被告，即被告必须是特定的行政机关，或者由法律、法规、规章授权的组织；有具体的诉讼请求和事实根据；属于人民法院受案范围和受诉人民法院管辖。

（二）起诉的法定程序

根据行政诉讼法的规定，符合起诉的法定程序以是否需要经过复议为标准。行政诉讼的提起是否需要复议，主要有以下三种情况。

直接起诉。公民、法人或者其他组织，对行政机关的行政处理决定不服的，不必经上一级行政机关复议，可以直接向人民法院起诉。

复议前置。有些法律、法规规定，公民、法人或者其他组织对行政机关的行政处理决定不服的，要先向上一级行政机关申请复议，对复议决定不服的再向人民法院起诉，即必须经过复议，否则，不符合起诉的程序，人民法院不予受理。

选择起诉。这种情况又可以分为两种情况：一是公民、法人或者其他组织不服行政机关处理决定的，既可以向上一级行政机关申请复议，也可以直接向人民法院起诉。就是说，适用哪一种程序，由原告选择，如果向上一级行政机关申请复议，其复议后的裁决为终局裁决，当事人不服则不能再向人民法院起诉；如不申请复议，则可直接向人民法院起诉。二是有些法律、法规规定，公民、法人或者其他组织对行政机关处理决定不服的，可以向作出处理决定的行政机关或上级行政机关申请复议，对复议决定仍不服的，再向人民法院起诉，也可以不经过复议程序直接向人民法院起诉。

（三）起诉期限

行政诉讼的起诉期限包括经过复议的起诉期限和不经过复议的起诉期限两种。《行政诉讼法》规定，行政复议申请人不服复议决定的，可以在收到复议决定书之日起 15 日内向人民法院提起诉讼。复议机关逾期不作决定的，申请人可以在复议期满之日起 15 日内向人民法院提起诉讼。不经复议的行政案件起诉期限是从申请人知道或者应当知道行政机关作出行政行为之日起 6 个月内。因不动产提起诉讼的案件自行政行为作出之日起超过 20 年，其他案件自行政行为作出之日起超过 5 年提起诉讼的，人民法院不予受理。

上述是关于行政作为类案件起诉期限的规定，对于行政机关不履行法定职责起诉期限的问题，《行政诉讼法》第四十七条也作了明确规定，即公民、法人或者其他组织申请行政机关履行保护其人身权、财产权等合法权益的法定职责，行政机关在接到申请之日起两个月内不履行的，公民、法人或者其他组织可以向人民法院提起诉讼。法律、法规对行政机关履行职责的期限另有规定的，从其规定。公民、法人或者其他组织在紧急情况下请求行政机关履行保护其人身权、财产权等合法权益的法定职责，行政机关不履行的，提起诉讼不受前款规定的限制。

此外，为了更好地保障当事人的诉权，《行政诉讼法》专门对起诉期限的扣除和延长作了规定，即公民、法人或者其他组织因不可抗力或者其他不属于其自身的原因耽误法定起诉期限的，被耽误的时间不计算在起诉期限内。公民、法人或者其他组织因上述规定以外的其他特殊情况耽误起诉期限的，在障碍消除后 10 日内，可以申请延长期限，是否准许由人民法院决定。

二、起诉的审查和受理

受理是指人民法院收到原告的起诉后，经过对起诉的审查，认为符合法律规定的起诉条件，决定立案进行审理的诉讼行为。《行政诉讼法》第五十一条规定，人民法院接到起诉状经审查，应当在七日内决定是否立案。对不符合起诉条件的，作出不予立案的裁定。根据《行政诉讼法》的规定和司法实践，审查起诉主要从以下几个方面进行：应当依照行政诉讼法的规定审查原告的资格；审查有无明确的被告和被告是否是特定的行政机关或法律、法规、规章授权的组织；审查有无具体的诉讼请求和事实根据；审查是否属于人民法院的受案和管辖范围；审查是否依照法定的程序提起的诉讼；审查原告提起诉讼是否超过了法定的起诉期限；审查起诉状的形式和内容是否符合要求。对于不符合要求的，人民法院应当告知当事人如何书写起诉状，让其补充修改后再行起诉。

三、审理和判决

审理和判决合称审判，《行政诉讼法》规定审判程序分为第一审程序、第二审程序和审判监督程序。

(一) 第一审程序

第一审程序就是《行政诉讼法》所规定的审理第一审行政案件所适用的程序，主要包括：组成合议庭，合议庭的成员应当是 3 人以上的单数。向被告送达起诉状副本，并依法定期限让被告提出答辩状。《行政诉讼法》规定，人民法院应当在立案之日起 5 日内，将起诉状副本发送被告。被告应当在收到起诉状副本之日起 15 日内向人民法院提交作为行政行为的证据和所依据的规范性文件，并提出答辩状。人民法院应当在收到答辩状 5 日内，将答辩状副本发送原告。被告不提出答辩状的，不影响人民法院的审理。人民法院在完成开庭审理前的准备工作之后，便进入案件的开庭审理阶段。庭审程序如下：开庭审理前的准备；庭审开始；法庭调查；法庭辩论；合议庭评议和宣告判决。

人民法院对经审理的案件，根据不同情况，依据《行政诉讼法》的规定，应分别作出以下判决。

驳回原告诉讼请求判决。这是2017年《行政诉讼法》修改后增加的内容，以驳回原告诉讼请求取代了维持判决。该项判决内容主要适用于以下情形：一是行政行为合法的，即证据确凿，适用法律、法规正确，符合法定程序，这还包括行政行为完全合法、合法但不合理、合法但应改变或废止等；二是原告要求被告履行法定职责但理由不成立的；三是原告要求被告履行给付义务但理由不成立的。

撤销判决。它是指人民法院对于违法或部分违法的具体行政行为，依法作出的撤销或部分撤销该行政行为，从而使其一部分或者全部失去法律效力的一种司法判定。其主要适用于：一是主要证据不足的；二是适用法律、法规错误的；三是违反法定程序的；四是超越职权的；五是滥用职权的；六是明显不当的。

重新作出行政行为判决。它是撤销判决的一种补充，也是司法权与行政权分工，人民法院不能代替行政机关作出行政行为原则的充分体现。人民法院判决被告重新作出行政行为的，被告不得以同一的事实和理由作出与原行政行为基本相同的行政行为。

被告履行法定职责判决。它是指被告不履行法定职责时，判决被告必须在一定期限内履行法定职责。需要注意的是，基于司法权与行政权之间的界限，只有在行政机关不存在自由裁量权的情况下，人民法院才可以明确履行判决的具体内容。

给付判决。此项是《行政诉讼法》2017年修改后新增加的判决方式，与行政诉讼受案范围中规定的支付抚恤金、最低生活保障费、社会保险待遇等行政给付案件对应。

确认违法判决。《行政诉讼法》对确认判决的适用区分了两种情形：一种情形是行政行为违法，但基于其他的合法权益，不宜撤销，包括行政行为依法应当撤销，但撤销会给国家利益、社会公共利益造成重大损害和行政行为程序轻微违法，但对原告权利不产生实际影响的。另一种情形是行政行为违法，但判决撤销已经没有意义。包括：行政行为违法，但不具有可撤销内容的；被告改变原违法行政行为，原告仍要求确认原行政行为违法的；被告不履行或者拖延履行法定职责，判决履行没有意义的。

确认无效判决。此项也是《行政诉讼法》修改后新增加的判决方式。它主要适用于行政行为存在重大且明显违法的情形，比如行政行为的实施主体不具有行政主体资格或者行政行为的实施缺乏依据等。对于判决确认违法或无效的，人民法院可以同时判决责令被告采取补救措施。给原告造成损失的，依法判决被告承担赔偿责任。

变更判决。2017 年《行政诉讼法》修改后，扩大了变更判决的适用范围，将原来仅限于“行政处罚显失公正”的情形扩大为“行政处罚明显不当，或者其他行政行为涉及对款额的确定、认定确有错误的”。需要说明的是，根据禁止不利变更原则，一般情形下，人民法院判决变更不得加重原告的义务或者减损原告的权益。只有在利害关系人同为原告，且诉讼请求相反的情况下，变更判决不受此原则限制。

行政协议履行及补偿判决。此项判决方式对应的是新纳入行政诉讼受案范围的“政府特许经营协议、房屋土地征收补偿协议等协议”，解决了撤销判决、履行法定职责判决等判决方式难以适用的问题。《行政诉讼法》第七十八条规定：“被告不依法履行、未按照约定履行或者违法变更、解除本法第十二条第一款第十一项规定的协议的，人民法院判决被告承担继续履行、采取补救措施或者赔偿损失等责任。被告变更、解除本法第十二条第一款第十一项规定的协议合法，但未依法给予补偿的，人民法院判决给予补偿。”

关于第一审行政案件的审理期限问题，《行政诉讼法》第八十一条规定：“人民法院应当在立案之日起 6 个月内作出第一审判决。有特殊情况需要延长的，由高级人民法院批准，高级人民法院审理第一审案件需要延长的，由最高人民法院批准。”关于审理期限，需要注意两个问题：一是此次《行政诉讼法》修改后将第一审行政案件的审理期限由 3 个月修改为 6 个月，从而与民事诉讼的审理期限保持一致；二是对于认定事实清楚、权利义务关系明确、争议不大的第一审行政案件以及当事人各方同意适用简易程序的案件，《行政诉讼法》规定可以适用简易程序，简易程序由审判员一人独任审判，其审理期限只有45天。适用简易程序的案件具体包括：被诉行政行为是依法当场作出的；案件涉及款额2 000元以下的；属于政府信息公开案件的；当事人各方同意适用简易程序的行政案件。人民法院在审理过程中，发现案件不宜适用简易程序的，裁定转为普通程序。

（二）第二审程序

第二审程序，又称上诉审程序，是指行政诉讼当事人不服地方各级人民法院的第一审未生效的判决或者裁定，向上一级人民法院提起上诉，上一级人民法院根据事实和法律，对案件重新进行审理和判决的程序。人民法院审理上诉案件的形式有开庭审理和书面审理两种方式。经过阅卷、调查和询问当事人，对没有提出新的事实、证据或者理由，合议庭认为不需要开庭审理的，也可以不开庭审理，即以书面审理。

人民法院审理上诉案件，《行政诉讼法》修改时参照民事诉讼的规定，将原来两个月的审理期限延长到在收到上诉状之日起3个月内作出终审判决。有特殊情况需要延长的，由高级人民法院批准；高级人民法院审理上诉案件需要延长的，由最高人民法院批准。

第二审人民法院对第一审的判决和裁定以及被诉行政行为进行全面审理之后，可以根据《行政诉讼法》第八十九条的规定，分情况作出判决。

驳回上诉，维持原判决、裁定。第二审人民法院认为第一审人民法院的判决、裁定认定事实清楚，适用法律、法规正确，对原判决、裁定的正确性和合法性予以肯定，否定并驳回上诉人提出的上诉理由和请求，即可作出维持原判决、裁定。

依法改判。改判是指第二审人民法院通过对上诉案件的审理，改变原审判决对被诉具体行政行为合法性的判定。根据《行政诉讼法》第八十九条，有两种情况可以改判：一种是原审判决认定事实或适用法律、法规错误；另一种是原审判决认定基本事实不清，证据不足，第二审人民法院直接查清事实后，也可以改判。

发回重审。原审判决认定事实不清，证据不足，或者由于严重违反法定程序可能影响案件正确判决的，第二审人民法院裁定撤销原判决，发回原审人民法院重新审理。同时《行政诉讼法》对发回重审次数进行了限制，即原审人民法院对发回重审的案件作出判决后，当事人提起上诉的，第二审人民法院不得再次发回重审。

第二审人民法院的裁判一经作出，即产生以下法律效力。一是不得重新起诉。由于我国实行两审终审制，对于终审的裁判，当事人不得再行起诉。二是不得再行上诉。第二审人民法院的判决或者裁定送达当事人后，便立即发生法律效力，当事人不能再提起上诉。如果认为第二审判决确有错误，只能提起申诉，但不能停止判决的执行。三是具有执行力。对于具有给付内容的终审判决，发生法律效力后，当事人应自觉地履行判决所确定的义务，如果义务人无正当理由拒不履行，享有权利一方当事人有权请求人民法院强制执行。

（三）审判监督程序

审判监督程序是指人民法院对已经发生法律效力的判决、裁定，发现有违反法律、法规的规定，进行再次审理的程序。审判监督程序又称为再审程序。再审过程中，判决和裁定不停止执行。

第八章 国家赔偿制度

第一节 国家赔偿的概念

所谓国家赔偿，是指国家机关及其工作人员因行使职权给公民、法人及其他组织的人身权或财产权造成损害，由国家承担赔偿责任的制度。为了更加准确地把握国家赔偿的含义，我们从以下几个层面去分析、把握这一概念。

首先，国家赔偿的主体是国家。国家虽是一个抽象概念，但同时也可以作为一个责任主体，这表现在：第一，国家赔偿是对受国家侵害的相对人所给予的赔偿，具体的赔偿义务由法定的赔偿义务机关负责，但赔偿义务机关是代表国家履行赔偿责任；第二，赔偿费用来源于国库，赔偿费用列入各级财政预算，由国家支出。

其次，国家赔偿是由国家机关和国家机关工作人员行使职权的行为所引起的。国家机关及其工作人员作为一类特殊的法律主体，其行为具有多样性，在履行管理社会公共事务的职能时，其行为是代表国家作出的，属于行使职权的行为，这种性质的行为如果造成了公民、法人或者其他组织合法权益的损害，国家就应当承担损害的赔偿责任。如果国家机关及其工作人员以普通的民事主体的身份出现，进行民事交往，其行为便不具有行使职权的因素，属于民事行为，由这类行为造成的损害，则不能由国家来承担赔偿责任。

再次，国家赔偿以公民、法人或者其他组织的合法权益受到实际损害为前提。有损害必有赔偿，无损害则无赔偿，这是法律的一般原则，国家赔偿制度也不例外。国家机关及其工作人员违法行使职权，造成损害，必须进行国家赔偿；没有造成损害，则国家不必承担侵权的赔偿责任。

最后，国家赔偿是一项为当事人提供法律救济的具体的法律制度。国家赔偿制度具有现实性和可操作性，无论是赔偿的主体、赔偿的范围，还是赔偿的程序和标准，都由法律明确设定，受害人可依法请求国家赔偿。

第二节　国家赔偿的归责原则

《全国人民代表大会常务委员会关于修改〈中华人民共和国国家赔偿法〉的决定》于 2010 年 4 月 29 日由第十一届全国人民代表大会常务委员会第十四次会议审议通过，自 2010 年 12 月 1 日起施行。根据修改内容，国家赔偿在归责原则方面的重大变化体现在以下两个方面。

首先，取消了违法归责原则在《国家赔偿法》中的指导地位。具体为，《国家赔偿法》第二条内容由“国家机关和国家机关工作人员违法行使职权侵犯公民、法人和其他组织的合法权益造成损害的，受害人有依照本法取得国家赔偿的权利”修改为“国家机关和国家机关工作人员行使职权，有本法规定的侵犯公民、法人和其他组织合法权益的情形，造成损害的，受害人有依照本法取得国家赔偿的权利”。

其次，刑事赔偿部分“错误逮捕”修改为无罪羁押赔偿，即只要案件最终处理结果为无罪，即给予赔偿，并不严格要求原来的逮捕违法，这进一步表明刑事赔偿中结果归责原则的确立。

根据上述变化，修改后的《国家赔偿法》同时采用了结果归责原则和违法归责原则两种体系，既加强对公民、法人和其他组织合法权益的保护，又有利于进一步促进国家机关及其工作人员规范执法。就各归责原则的具体适用看，《国家赔偿法》行政赔偿和刑事赔偿第十七条第（一）项、第（四）项、第（五）项和第十八条第（一）项适用的是违法归责原则；《国家赔偿法》刑事赔偿第十七条第（二）项、第（三）项、第十八条第（二）项适用的是结果归责原则。

第三节　行政赔偿的范围

一、侵犯公民人身权，受害人可以请求国家赔偿的情形

《国家赔偿法》第三条具体规定了行政机关及其工作人员违法行使职权，侵犯公民人身权，受害人可以请求国家赔偿的五种情形。

（一）违法拘留或者违法采取限制公民人身自由的行政强制措施的

拘留是公安机关对违法者采取的限制或剥夺其人身自由的行政处罚。《治安管理处罚法》对拘留作了明确的规定，公安机关必须依法执行。对因违法拘留给受害人造成的损害，受害人有权求得国家赔偿。依据法律、法规规定限制公民人身自由的行政强制措施，主要有劳动教养、海关的扣押、强制戒毒等。法律对这类行政强制措施实施的机关、条件、程序等都作了详细的规定。

（二）非法拘禁或者以其他方法非法剥夺公民人身自由的

非法拘禁是指除拘留和法定的其他行政强制措施以外，非法采取的其他限制公民人身自由的行为。为了使行政机关有效地维护社会公共秩序，我国法律规定了一些行政强制措施，主要有拘留、劳动教养等。除此之外，任何机关不得以任何理由对公民的人身自由加以剥夺、限制，否则，就构成非法拘禁或非法剥夺公民人身自由。

（三）以殴打、虐待等行为或者唆使、放纵他人以殴打、虐待等行为造成公民身体伤害或者死亡的

殴打、虐待行为往往表现为行为人交替使用肉体折磨方式和精神折磨方式，而非单纯一种折磨方法，该行为是行政活动中严重侵犯公民人身权利的违法行为，它往往造成受害人人格尊严的极大侮辱和身心健康的极大伤害。从本质上讲，殴打、虐待行为并不是职权行为，但是，当加害人是国家机关工作人员时，相对人难以及时

判断加害人是以什么身份在实施上述行为，不敢进行自我防卫。因此，法律将这些行为纳入行政赔偿的范围。

（四）违法使用武器、警械造成公民身体伤害或者死亡的

我国规范武器、警械使用的法律、法规主要有《中华人民共和国人民警察使用警械和武器条例》《治安管理处罚法》等。公安机关和其他行政机关及其工作人员必须严格依照这些法律、法规的规定使用武器或警械，否则即构成违法使用武器和警械，对因此致使公民身体伤害或者公民死亡的，国家必须承担赔偿责任。

（五）造成公民身体伤害或者死亡的其他违法行为

这是一项概括性的规定。意思是除以上列举的侵权行为之外，行政机关及其工作人员其他违法行使职权的行为造成了公民身体伤害或死亡的，受害者有权得到国家赔偿。由于《国家赔偿法》对赔偿范围的规定采取逐一列举的形式，这就难免产生疏漏。事实上，以上四种情况也不足以概括行政机关侵犯公民人身权的全部行为。因此，有必要采取概括的形式对以上四种情况加以必要补充。

二、侵犯财产权，受害人可以请求国家赔偿的情形

《国家赔偿法》第四条规定了行政机关及其工作人员侵犯财产权，受害人可以取得国家赔偿的情形有四种。

（一）违法实施罚款、吊销许可证和执照、责令停产停业、没收财物等行政处罚的

实践中行政机关违法实施行政处罚的情况主要有三类。一是无行政处罚权的行政机关违法实施了行政处罚。特定的行政处罚权只有法定的行政机关或法律、法规授权的组织，或享有该项处罚权的行政机关委托的组织或个人才能享有。例如，《劳动法》第九十四条规定："用人单位非法招用未满十六周岁的未成年人的，由劳动行政部门责令改正，处以罚款；情节严重的，由工商行政管理部门吊销营业执照。"根据这一规定，劳动行政部门对非法招用未满16周岁的未成年人的用人单位具有实施罚款的处罚权，工商行政管理部门享有"吊销营业执照"的处罚权。如果劳动行政部门实施了吊销营

业执照的处罚或工商行政管理部门对用人单位处以了罚款都属于违法实施行政处罚，应承担因此给用人单位造成的损害。二是处罚对象错误。行政处罚是行政机关针对违法的公民、法人或者其他组织而采取的惩戒措施，如果错误地处罚了不该处罚的公民、法人或者其他组织，行政机关应承担因此给受害人造成损害的赔偿责任。三是处罚内容错误。包括认定事实错误和适用法律错误，受害者因此而遭受到损害时，有权取得国家赔偿。

（二）违法对财产采取查封、扣押、冻结等行政强制措施的

行政强制措施可以施于人身，也可以施于财产。财产强制措施主要有查封、扣押、冻结等。这些强制措施会严重影响到公民、法人或者其他组织对财产的占有、使用、收益。因此行政机关实施这类强制措施时，应严格依法进行，对于查封、扣押的财产应妥善保管，否则，受害人便有权就行政机关违法实施强制措施而遭受的损害，申请国家赔偿。

（三）违反国家规定征收、征用财产的

公民、法人或者其他组织的合法财产受国家法律保护，任何组织或个人包括行政机关，不得随意占有、征用。行政机关向公民、法人或者其他组织征收的财物主要是税款和少量必要的管理费，而且这种征收行为必须由法定的机关，依据法定的标准和程序向法定的征收对象依法征收。否则，就是违法征收。行政机关违法摊派，给法人、公民或者其他组织造成损害的，受害者有权得到国家赔偿。

（四）造成财产损害的其他违法行为

除《国家赔偿法》列举的以上三种情况外，国家还要对行政机关及其工作人员违法行使职权给公民、法人或者其他组织造成损害的其他行为，负赔偿责任。

三、国家不承担赔偿责任的情形

《国家赔偿法》在列举了受害人有权取得国家赔偿的几种情形的同时，也明确规定了国家不承担赔偿责任的几种情形。

（一）行政机关工作人员与行使职权无关的个人行为

行政机关工作人员与行使职权无关的个人行为，由于不能满足国家赔偿责任对行为要件的要求，不构成国家赔偿，因此，对此类行为引起的损害，国家不负赔偿责任。

（二）因公民、法人和其他组织自己的行为致使损害发生的

国家赔偿责任构成的一个重要要件是因果要件，就是说公民、法人和其他组织遭受的损害必须是行政机关及其工作人员违法行使职权的行为引起的，两者之间客观上存在因果关系，没有这一因果关系的存在，不能构成国家赔偿。

（三）法律规定的其他情形

这种情形是指只要法律规定在某种情形下国家不承担赔偿责任，即可免除国家在此情形下的赔偿责任。值得注意的是这里的法律应作狭义的理解，仅指全国人民代表大会及其常务委员会制定的法律，不应包括法规和规章。

第四节　行政赔偿请求和赔偿义务机关

一、行政赔偿请求人

行政赔偿请求人是依法有权向国家请求国家赔偿的公民、法人或者其他组织，也就是合法权益受到职权行为的侵犯，因此遭受损害，向有关国家机关请求赔偿的公民、法人或者其他组织。《国家赔偿法》第六条规定："受害的公民、法人和其他组织有权要求赔偿。受害的公民死亡，其继承人和其他有扶养关系的亲属有权要求赔偿。受害的法人或者其他组织终止的，其权利承受人有权要求赔偿。"因此，行政赔偿的请求人有以下两个特点。一是赔偿请求人必须是自己的合法权益受到违法行政行为的侵犯，以自己的名义请求国家赔偿的公民、法人或者其他组织。二是赔偿请求人只能是公民、法人或者其他组织，这是由国家赔偿的性质决定的。不可能有其他类型的赔偿请求人，但是在法定的情形下，行政赔偿的请求人可以转移，

转移的条件与情形由法律规定，转移的对象一般是与受害人有特定的身份关系、经济关系的公民、法人或者其他组织。

二、行政赔偿义务机关

行政赔偿义务机关是指代表国家处理赔偿请求，支付赔偿费用，参加赔偿诉讼的行政机关。

我国《国家赔偿法》在赔偿义务方面确立的是侵权机关与赔偿义务机关一致的原则，即谁违法行使职权造成公民、法人或者其他组织合法权益的损害，谁就是赔偿义务机关，谁就要代表国家具体履行对受害人的赔偿义务。这也生动地体现了这部法律的一个基本精神：谁侵权，谁赔偿。因此，《国家赔偿法》第七条规定："行政机关及其工作人员行使行政职权侵犯公民、法人和其他组织的合法权益造成损害的，该行政机关为赔偿义务机关。"同时，《国家赔偿法》也规定了其他的一些情形。

两个以上行政机关共同行使行政职权时侵犯公民、法人和其他组织的合法权益造成损害的，共同行使行政职权的行政机关为共同赔偿义务机关。

法律、法规授权的组织在行使授予的行政权力时侵犯公民、法人和其他组织的合法权益造成损害的，被授权的组织为赔偿义务机关。

受行政机关委托的组织或者个人在行使受委托的行政权力时侵犯公民、法人和其他组织的合法权益造成损害的，委托的行政机关为赔偿义务机关。

赔偿义务机关被撤销的，继续行使其职权的行政机关为赔偿义务机关；没有继续行使其职权的行政机关的，撤销该赔偿义务机关的行政机关为赔偿义务机关。

经复议机关复议的，最初造成侵权行为的行政机关为赔偿义务机关，但复议机关的复议决定加重损害的，复议机关对加重的部分履行赔偿义务。

第五节　行政赔偿程序

法律赋予了受害的公民、法人或者其他组织取得国家赔偿的权利，但是这一权利通过什么方法、以什么步骤来实现，就是赔偿程序所应规范的内容。

一、行政赔偿申请

赔偿请求的提出是整个赔偿程序的开始。赔偿请求人请求行政赔偿时，首先应递交申请书，根据《国家赔偿法》的规定，申请书应载明的事项有：受害人的姓名、性别、年龄、工作单位和住所，法人或者其他组织的名称、住所和法定代表人或者主要负责人的姓名、职务；具体的要求、事实根据和理由；申请的年、月、日。

申请书可以委托他人代写，也可以口头申请，由赔偿义务机关记入笔录。

根据《国家赔偿法》第九条的规定，赔偿请求人提起赔偿申请有两种方式：一种是单独提起赔偿请求，另一种是附带提起赔偿请求。遇到两个或两个以上行政机关作为共同赔偿义务机关时，赔偿请求可以向其中的任何一个提出。

二、行政先行程序

行政先行程序是指赔偿请求人先向有关的赔偿义务机关提出赔偿请求，赔偿义务机关与受害人就有关赔偿的范围、方式、数额等事项进行平等、自愿的协商，从而解决赔偿争议的一种程序制度。根据我国《国家赔偿法》第九条的规定，赔偿请求权人单独提出赔偿请求，首先必须经过先行处理程序，即先行处理程序是行政赔偿诉讼程序的前置条件。这一规定的例外是，受害人就行政机关的侵权行为不仅要求国家赔偿而且提出了行政复议或者行政诉讼时，受害人的赔偿请求可以随行政复议或行政诉讼的请求一起提交复议机关或人民法院，由他们对赔偿请求和复议请求或行政诉讼一并处理。

行政机关在接到请求人的申请后，应对请求人据以提出赔偿请求的行使职权的行为，进行认真的审查。行为确实属于《国家赔偿法》所规定的赔偿范围之内时，赔偿义务机关就应当与赔偿请求人一起，在平等自愿的基础上进行协商，就赔偿的具体方式、赔偿的数额达成协议，妥善处理赔偿问题。

请求人请求行政赔偿，赔偿义务机关应及时处理。我国《国家赔偿法》规定的行政机关处理行政赔偿的期限为 2 个月，自收到赔偿申请之日起算。如果赔偿义务机关超过法定期限不予赔偿或请求人对赔偿数额有异议时，请求人可以自上述 2 个月期间届满之日起，或自赔偿义务机关作出赔偿或不予赔偿决定之日起 3 个月内向人民法院起诉。

三、行政赔偿诉讼程序

行政赔偿诉讼程序，是指赔偿请求人向人民法院提出行政赔偿诉讼，由人民法院对赔偿范围、方式、数额等事项进行审理并裁判，从而解决行政赔偿争议的一种程序制度。

行政赔偿诉讼可分为两种，一种是行政诉讼附带行政赔偿诉讼，一种是独立的国家赔偿诉讼。前一种情况发生在请求人受到行政机关违法行使职权行为的侵犯后，向人民法院提起行政诉讼时，一并提出了行政赔偿的要求的情形下，或者是在请求人就行政赔偿请求与行政复议请求一并向复议机关提出，对复议机关的复议决定不服后，又向人民法院起诉的情形下。必须说明的是，行政诉讼附带赔偿诉讼时，一并提出的行政诉讼和行政赔偿诉讼依据的必须是同一个侵权事实。后一种行政赔偿诉讼，即独立的国家赔偿诉讼只有在请求人向赔偿义务机关提出赔偿请求，而赔偿义务机关逾期不予赔偿或请求人对赔偿数额有异议后，才可在法定期限内向人民法院提起。

第六节　行政赔偿的追偿与追惩制度

追偿在这里是指赔偿义务机关在向行政侵权的受害人支付赔偿金以后，依法责令有故意或重大过失的工作人员或受委托的组织或个人承担部分或全部赔偿费用的制度。我国《国家赔偿法》对追偿问题作了这样的规定："赔偿义务机关赔偿损失后，应当责令有故意或者重大过失的工作人员或者受委托的组织或者个人承担部分或者全部赔偿费用。"

一、追偿权人和被追偿人

根据《国家赔偿法》的规定，享有追偿权的主体是赔偿义务机关，赔偿义务机关是追偿权人。被追偿人一般来说是具体实施了违法行政行为并给公民、法人或者其他组织造成损害者。具体来说，主要包括：对违法行使职权有故意或重大过失的行政机关工作人员，有故意或重大过失的受委托的组织或个人。

二、追偿的条件

根据我国《国家赔偿法》的规定，追偿必须具备以下条件：

首先，赔偿义务机关在对受害者履行义务赔偿了损失后，才有权追偿。如果赔偿义务机关未曾向受害的公民、法人或其他组织支付赔偿费用，其追偿便没有行使的前提和基础。

其次，只有在违法行使职权的行政机关工作人员或受委托的组织或个人有故意或重大过失时，追偿才能发生。不论是故意或重大过失，都表明造成损害结果发生的人员未尽职务应有的注意，有严重的过错，这种过错是在执行职务时绝对不该有的。因此，我国《国家赔偿法》将国家赔偿的追偿制度建立在故意或重大过失的基础上。

三、追偿的数额限制

根据我国《国家赔偿法》的规定，追偿的数额是赔偿义务机关赔偿数额的一部分或全部。在行政赔偿案件处理过程中，赔偿义务机关支出的办案经费、诉讼费用等不应列入追偿范围。在确定具体的追偿数额时，一般要考虑如下几点。第一，主观过错程度。一般来说故意比过失的主观性大，故意中直接故意又比间接故意的主观性要大，主观性大、过错严重的，追偿的数额应当大一些。过错程度较轻的，则应承担较小的责任。第二，造成损害的大小。一般来说给受害者造成的损害越大，追偿的数额也就越大。第三，工作人员的承受能力。工作人员承担追偿费用的来源是其工资收入，因而在确定追偿时，一定要考虑工作人员的承受能力，保障其在维持正常生活的前提下，负担合理的追偿数额。

四、追惩制度

《国家赔偿法》第十六条第二款规定："对有故意或者重大过失的责任人员，有关机关应当依法给予行政处分；构成犯罪的，应当依法追究刑事责任。"追惩制度的对象，是有故意或者重大过失的责任人员。追惩制度的内容主要有两项：一是行政处分，这是由行政机关对其有故意或者重大过失的工作人员作出的降级、降职、撤职等职务惩戒；二是追究刑事责任，这是由人民法院对有故意或者重大过失，情节严重已构成犯罪的工作人员给予的刑事制裁。

第七节　国家赔偿的方式

赔偿方式是指国家以什么形式或者通过什么方法承担赔偿责任。《国家赔偿法》第三十二条规定："国家赔偿以支付赔偿金为主要方式。能够返还财产或者恢复原状的，予以返还财产或者恢复原状。"根据这一规定，我国国家赔偿的方式主要是支付赔偿金，即金钱赔偿为基本方式，并附之以返还财产或恢复原状。

金钱赔偿是为世界各国国家赔偿所广泛采用的赔偿方式，也是世界各国国家赔偿中最主要的承担责任的方式。在各国的国家赔偿实践中，这一方式至少显示了如下的优点。首先，可以保证国家机关在履行赔偿义务的同时，有足够的时间和精力进行日常的行政管理工作。国家机关在履行赔偿义务时，不应贻误公务，不应影响其日常行政管理工作的进行。这就决定了国家赔偿应采取简便、快捷的方式，以免占用过多的时间，牵扯过多的精力。金钱赔偿方式具有这样的优点。其次，金钱赔偿适用于任何形式的损害，不论是物质的、财产的损害还是人身的、精神的损害都可以通过金钱支付的方式得以补偿，加之其方便、快捷、便于操作的优点，能够保证受害者尽快得到损害赔偿。这对及时赔偿受害者，保障受害者尽快实现其获得国家赔偿的权利也非常有益。

返还财产一般适用于原物虽还存在，但被他人非法占有的情况。作为国家赔偿方式中的一种，它主要适用于侵犯财产权的情况，如违法实施罚款、没收财物，违法追缴，错误判处罚金、没收财产以及违反国家规定征收、征用财产等。另外，适用返还财产的前提是原财产还存在，如果原物已经灭失，就不能适用返还财产，而适用金钱赔偿。

恢复原状一般适用于非法损坏他人的财物的情况。赔偿义务机关在履行赔偿义务时，如果应返还的财产发生损坏，应当恢复原状；不能恢复原状的，应赔偿当事人损失。实施财产强制措施，对查封、扣押、冻结、追缴的财产未妥善保管，在强制措施解除后，发现财产损坏的，也应恢复原状或赔偿损失。

第八节　国家赔偿的计算标准

国家赔偿费用的计算标准，在《国家赔偿法》中是对侵犯人身权和侵犯财产权分别加以规定的，其中侵犯人身权又分为侵犯公民人身自由和侵犯公民生命健康两种情况。

一、侵犯公民人身自由的赔偿计算标准

《国家赔偿法》第三十三条规定："侵犯公民人身自由的，每日赔偿金按照国家上年度职工日平均工资计算。"根据这一规定，对侵

犯公民人身自由的损害赔偿，具体标准是按日支付赔偿金，每日的赔偿金按照国家上年度职工日平均工资计算，即公民应得到的赔偿金等于该公民因错拘、错捕、错判等而被限制了人身自由的天数乘以国家上年度职工日平均工资。

二、侵犯公民生命健康权的赔偿计算标准

对国家机关因违法行使职权侵犯公民生命健康权而引发的国家赔偿，按以下不同情况所规定的计算标准进行计算。

造成身体伤害的，应当支付医疗费、护理费，以及赔偿因误工减少的收入。减少的收入每日的赔偿金按照国家上年度职工日平均工资计算，最高额为国家上年度职工年平均工资的5倍。

造成公民部分或者全部丧失劳动能力的，应当支付医疗费、护理费、残疾生活辅助器具费、康复费等因残疾而增加的必要支出和继续治疗所必需的费用，以及残疾赔偿金。残疾赔偿金根据丧失劳动能力的程度，按照国家规定的伤残等级确定，最高不超过国家上年度职工年平均工资的20倍。造成全部丧失劳动能力的，对其抚养的无劳动能力的人，还应当支付生活费。

造成死亡的，应当支付丧葬费和死亡赔偿金，总额为国家上年度职工年平均工资的20倍。对死者生前抚养的无劳动能力的人，还应当支付生活费。

三、侵犯公民人身权造成精神损害的赔偿标准

致人精神损害的，应当在侵权行为影响的范围内，为受害人消除影响、恢复名誉、赔礼道歉；造成严重后果的，应当支付相应的精神损害抚慰金。

四、侵犯公民、法人和其他组织的财产权造成损害的赔偿标准

处罚款、罚金、追缴、没收财产或者违法征收、征用财产的，返还财产。应当返还的财产损害时，能够恢复原状的应恢复原状，不能恢复原状的，按照损害程度给付相应的赔偿金。应当返还的财

产灭失的，应给付相应的赔偿金。

查封、扣押、冻结财产的，解除对财产的查封、扣押、冻结，造成财产损坏时，能够恢复原状的应恢复原状；不能恢复原状的，按照损害程度给予相应的赔偿。造成被查封、扣押、冻结财产灭失的，应给付相应的赔偿金。

财产已经拍卖或者变卖的，给付拍卖或者变卖所得的价款。变卖的价款明显低于财产价值的，应当支付相应的赔偿金。

吊销许可证和执照、责令停产停业的，赔偿停产停业期间必要的经常性费用开支。必要的经常性费用开支是指公民、法人或者其他组织在停产、停业期间用于维持生存的基本开支，如水费、电费、仓储保管费、职工的基本工资等费用。

返还执行的罚款或者罚金、追缴或者没收的金钱，解除冻结的存款或者汇款的，应当支付银行同期存款利息。

对财产造成其他损害的，按照直接损失给予赔偿。直接损失是指现有财产或利益的损失，与直接损失相对应的间接损失指的是未来可得利益的损失。按照《国家赔偿法》的规定，我国侵犯财产权的国家赔偿范围是直接损失，间接损失一般不予赔偿。

赔偿费用的来源直接反映着国家赔偿的性质。赔偿费用的来源是否有保证直接关系到国家赔偿制度是否能够真正确立，关系到公民、法人及其他组织请求国家赔偿的权利是否能够实现。《国家赔偿法》第三十七条规定："赔偿费用列入各级财政预算。赔偿请求人凭生效的判决书、复议决定书、赔偿决定书或者调解书，向赔偿义务机关申请支付赔偿金。赔偿义务机关应当自收到支付赔偿金申请之日起7日内，依照预算管理权限向有关的财政部门提出支付申请。财政部门应当自收到支付申请之日起15日内支付赔偿金。赔偿费用预算与支付管理的具体办法由国务院规定。"

附录 常用法律法规汇编

中华人民共和国宪法修正案

（2018年3月11日第十三届全国人民代表大会
第一次会议通过）

第三十二条 宪法序言第七自然段中“在马克思列宁主义、毛泽东思想、邓小平理论和‘三个代表’重要思想指引下”修改为“在马克思列宁主义、毛泽东思想、邓小平理论、‘三个代表’重要思想、科学发展观、习近平新时代中国特色社会主义思想指引下”；“健全社会主义法制”修改为“健全社会主义法治”；在“自力更生，艰苦奋斗”前增写“贯彻新发展理念”；“推动物质文明、政治文明和精神文明协调发展，把我国建设成为富强、民主、文明的社会主义国家”修改为“推动物质文明、政治文明、精神文明、社会文明、生态文明协调发展，把我国建设成为富强民主文明和谐美丽的社会主义现代化强国，实现中华民族伟大复兴”。这一自然段相应修改为：“中国新民主主义革命的胜利和社会主义事业的成就，是中国共产党领导中国各族人民，在马克思列宁主义、毛泽东思想的指引下，坚持真理，修正错误，战胜许多艰难险阻而取得的。我国将长期处于社会主义初级阶段。国家的根本任务是，沿着中国特色社会主义道路，集中力量进行社会主义现代化建设。中国各族人民将继续在中国共产党领导下，在马克思列宁主义、毛泽东思想、邓小平理论、‘三个代表’重要思想、科学发展观、习近平新时代中国特色社会主义思想指引下，坚持人民民主专政，坚持社会主义道路，坚持改革开放，不断完善社会主义的各项制度，发展社会主义市场经济，发展社会主义民主，健全社会主义法治，贯彻新发展理念，自力更生，艰苦奋斗，逐步实现工业、农业、国防和科学技术的现代化，推动物质文明、政治文明、精神文明、社会文明、生态文明协调发展，把我国建设成为富强民主文明和谐美丽的社会主义现代化强国，实现中华民族伟大复兴。”

第三十三条 宪法序言第十自然段中“在长期的革命和建设过程中”修改为“在长期的革命、建设、改革过程中”；“包括全体社会主义劳动者、社会主义事业的建设者、拥护社会主义的爱国者和拥护祖国统一的爱国者的广泛的爱国统一战线”修改为“包括全体社会主义劳动者、社会主义事业的建设者、拥护社会主义的爱国者、拥护祖国统一和致力于中华民族伟大复兴的爱国者的广泛的爱国统一战线”。这一自然段相应修改为：“社会主义的建设事业必须依靠工人、农民和知识分子，团结一切可以团结的力量。在长期的革命、建设、改革过程中，已经结成由中国共产党领导的，有各民主党派和各人民团体参加的，包括全体社会主义劳动者、社会主义事业的建设者、拥护社会主义的爱国者、拥护祖国统一和致力于中华民族伟大复兴的爱国者的广泛的爱国统一战线，这个统一战线将继续巩固和发展。中国人民政治协商会议是有广泛代表性的统一战线组织，过去发挥了重要的历史作用，今后在国家政治生活、社会生活和对外友好活动中，在进行社会主义现代化建设、维护国家的统一和团结的斗争中，将进一步发挥它的重要作用。中国共产党领导的多党合作和政治协商制度将长期存在和发展。”

第三十四条 宪法序言第十一自然段中“平等、团结、互助的社会主义民族关系已经确立，并将继续加强。”修改为：“平等团结互助和谐的社会主义民族关系已经确立，并将继续加强。”

第三十五条 宪法序言第十二自然段中“中国革命和建设的成就是同世界人民的支持分不开的”修改为“中国革命、建设、改革的成就是同世界人民的支持分不开的”；“中国坚持独立自主的对外政策，坚持互相尊重主权和领土完整、互不侵犯、互不干涉内政、平等互利、和平共处的五项原则”后增加“坚持和平发展道路，坚持互利共赢开放战略”；“发展同各国的外交关系和经济、文化的交流”修改为“发展同各国的外交关系和经济、文化交流，推动构建人类命运共同体”。这一自然段相应修改为：“中国革命、建设、改革的成就是同世界人民的支持分不开的。中国的前途是同世界的前途紧密地联系在一起的。中国坚持独立自主的对外政策，坚持互相尊重主权和领土完整、互不侵犯、互不干涉内政、平等互利、和平共处的五项原则，坚持和平发展道路，坚持互利共赢开放战略，发展同各国的外交关系和经济、文化交流，推动构建人类命运共同体；坚持反对帝国主义、霸权主义、殖民主义，加强同世界各国人民的团结，支持被压迫民族和发展中国家争取和维护民族独立、发展民族经济的正义斗争，为维护世界和平和促进人类进步事业而努力。”

第三十六条 宪法第一条第二款“社会主义制度是中华人民共和国的根本制度。”后增写一句，内容为：“中国共产党领导是中国特色社会主义最本质的特征。”

第三十七条 宪法第三条第三款“国家行政机关、审判机关、检察机关都由人民代表大会产生，对它负责，受它监督。”修改为：“国家行政机关、监察机关、审判机关、检察机关都由人民代表大会产生，对它负责，受它监督。”

第三十八条 宪法第四条第一款中“国家保障各少数民族的合法的权利和利益，维护和发展各民族的平等、团结、互助关系。”修改为：“国家保障各少数民族的合法的权利和利益，维护和发展各民族的平等团结互助和谐关系。”

第三十九条 宪法第二十四条第二款中“国家提倡爱祖国、爱人民、爱劳动、爱科学、爱社会主义的公德”修改为“国家倡导社会主义核心价值观，提倡爱祖国、爱人民、爱劳动、爱科学、爱社会主义的公德”。这一款相应修改为：“国家倡导社会主义核心价值观，提倡爱祖国、爱人民、爱劳动、爱科学、爱社会主义的公德，在人民中进行爱国主义、集体主义和国际主义、共产主义的教育，进行辩证唯物主义和历史唯物主义的教育，反对资本主义的、封建主义的和其他的腐朽思想。”

第四十条 宪法第二十七条增加一款，作为第三款：“国家工作人员就职时应当依照法律规定公开进行宪法宣誓。”

第四十一条 宪法第六十二条“全国人民代表大会行使下列职权”中增加一项，作为第七项“（七）选举国家监察委员会主任”，第七项至第十五项相应改为第八项至第十六项。

第四十二条 宪法第六十三条“全国人民代表大会有权罢免下列人员”中增加一项，作为第四项“（四）国家监察委员会主任”，第四项、第五项相应改为第五项、第六项。

第四十三条 宪法第六十五条第四款“全国人民代表大会常务委员会的组成人员不得担任国家行政机关、审判机关和检察机关的职务。”修改为：“全国人民代表大会常务委员会的组成人员不得担任国家行政机关、监察机关、审判机关和检察机关的职务。”

第四十四条 宪法第六十七条“全国人民代表大会常务委员会行使下列职权”中第六项“（六）监督国务院、中央军事委员会、最高人民法院和最高人民检察院的工作”修改为“（六）监督国务院、中央军事委员会、国家监察委员会、最高人民法院和最高人民检察院的工作”；增加一项，作为第十一项“（十一）根据国家监察委员会主任的提请，任免国家监察委员会副主任、委员”，第十一项至第二十一项相应改为第十二项至第二十二项。

宪法第七十条第一款中“全国人民代表大会设立民族委员会、法律委员会、财政经济委员会、教育科学文化卫生委员会、外事委员会、华侨委员会和其他需要设立的专门委员会。”修改为：“全国人民代表大会设立民族委员会、宪法和法律委员会、财政经济委员会、教育科学文化卫生委员会、外事委员会、华侨委员会和其他需要设立的专门委员会。”

第四十五条 宪法第七十九条第三款“中华人民共和国主席、副主席每届任期同全国人民代表大会每届任期相同，连续任职不得超过两届。”修改为：“中华人民共和国主席、副主席每届任期同全国人民代表大会每届任期相同。”

第四十六条　宪法第八十九条“国务院行使下列职权”中第六项“（六）领导和管理经济工作和城乡建设”修改为“（六）领导和管理经济工作和城乡建设、生态文明建设”；第八项“（八）领导和管理民政、公安、司法行政和监察等工作”修改为“（八）领导和管理民政、公安、司法行政等工作”。

第四十七条　宪法第一百条增加一款，作为第二款：“设区的市的人民代表大会和它们的常务委员会，在不同宪法、法律、行政法规和本省、自治区的地方性法规相抵触的前提下，可以依照法律规定制定地方性法规，报本省、自治区人民代表大会常务委员会批准后施行。”

第四十八条　宪法第一百零一条第二款中“县级以上的地方各级人民代表大会选举并且有权罢免本级人民法院院长和本级人民检察院检察长。”修改为：“县级以上的地方各级人民代表大会选举并且有权罢免本级监察委员会主任、本级人民法院院长和本级人民检察院检察长。”

第四十九条　宪法第一百零三条第三款“县级以上的地方各级人民代表大会常务委员会的组成人员不得担任国家行政机关、审判机关和检察机关的职务。”修改为：“县级以上的地方各级人民代表大会常务委员会的组成人员不得担任国家行政机关、监察机关、审判机关和检察机关的职务。”

第五十条　宪法第一百零四条中“监督本级人民政府、人民法院和人民检察院的工作”修改为“监督本级人民政府、监察委员会、人民法院和人民检察院的工作”。这一条相应修改为：“县级以上的地方各级人民代表大会常务委员会讨论、决定本行政区域内各方面工作的重大事项；监督本级人民政府、监察委员会、人民法院和人民检察院的工作；撤销本级人民政府的不适当的决定和命令；撤销下一级人民代表大会的不适当的决议；依照法律规定的权限决定国家机关工作人员的任免；在本级人民代表大会闭会期间，罢免和补选上一级人民代表大会的个别代表。”

第五十一条 宪法第一百零七条第一款“县级以上地方各级人民政府依照法律规定的权限，管理本行政区域内的经济、教育、科学、文化、卫生、体育事业、城乡建设事业和财政、民政、公安、民族事务、司法行政、监察、计划生育等行政工作，发布决定和命令，任免、培训、考核和奖惩行政工作人员。”修改为：“县级以上地方各级人民政府依照法律规定的权限，管理本行政区域内的经济、教育、科学、文化、卫生、体育事业、城乡建设事业和财政、民政、公安、民族事务、司法行政、计划生育等行政工作，发布决定和命令，任免、培训、考核和奖惩行政工作人员。”

第五十二条 宪法第三章“国家机构”中增加一节，作为第七节“监察委员会”；增加五条，分别作为第一百二十三条至第一百二十七条。内容如下：

第七节 监察委员会

第一百二十三条 中华人民共和国各级监察委员会是国家的监察机关。

第一百二十四条 中华人民共和国设立国家监察委员会和地方各级监察委员会。

监察委员会由下列人员组成：

主任，

副主任若干人，

委员若干人。

监察委员会主任每届任期同本级人民代表大会每届任期相同。国家监察委员会主任连续任职不得超过两届。

监察委员会的组织和职权由法律规定。

第一百二十五条 中华人民共和国国家监察委员会是最高监察机关。

国家监察委员会领导地方各级监察委员会的工作，上级监察委员会领导下级监察委员会的工作。

第一百二十六条　国家监察委员会对全国人民代表大会和全国人民代表大会常务委员会负责。地方各级监察委员会对产生它的国家权力机关和上一级监察委员会负责。

第一百二十七条　监察委员会依照法律规定独立行使监察权，不受行政机关、社会团体和个人的干涉。

监察机关办理职务违法和职务犯罪案件，应当与审判机关、检察机关、执法部门互相配合，互相制约。

第七节相应改为第八节，第一百二十三条至第一百三十八条相应改为第一百二十八条至第一百四十三条。

中华人民共和国行政诉讼法

（1989 年 4 月 4 日第七届全国人民代表大会第二次会议通过 2017 年 6 月 27 日第十二届全国人民代表大会常务委员会第二十八次会议第二次修正）

目　录

第一章　总则
第二章　受案范围
第三章　管辖
第四章　诉讼参加人
第五章　证据
第六章　起诉和受理
第七章　审理和判决
第一节　一般规定

第二节 第一审普通程序
第三节 简易程序
第四节 第二审程序
第五节 审判监督程序
第八章 执行
第九章 涉外行政诉讼
第十章 附则

第一章 总 则

第一条 为保证人民法院公正、及时审理行政案件，解决行政争议，保护公民、法人和其他组织的合法权益，监督行政机关依法行使职权，根据宪法，制定本法。

第二条 公民、法人或者其他组织认为行政机关和行政机关工作人员的行政行为侵犯其合法权益，有权依照本法向人民法院提起诉讼。

前款所称行政行为，包括法律、法规、规章授权的组织作出的行政行为。

第三条 人民法院应当保障公民、法人和其他组织的起诉权利，对应当受理的行政案件依法受理。

行政机关及其工作人员不得干预、阻碍人民法院受理行政案件。

被诉行政机关负责人应当出庭应诉。不能出庭的，应当委托行政机关相应的工作人员出庭。

第四条 人民法院依法对行政案件独立行使审判权，不受行政机关、社会团体和个人的干涉。

人民法院设行政审判庭，审理行政案件。

第五条 人民法院审理行政案件，以事实为根据，以法律为准绳。

第六条 人民法院审理行政案件，对行政行为是否合法进行审查。

第七条 人民法院审理行政案件，依法实行合议、回避、公开审判和两审终审制度。

第八条　当事人在行政诉讼中的法律地位平等。

第九条　各民族公民都有用本民族语言、文字进行行政诉讼的权利。

在少数民族聚居或者多民族共同居住的地区，人民法院应当用当地民族通用的语言、文字进行审理和发布法律文书。

人民法院应当对不通晓当地民族通用的语言、文字的诉讼参与人提供翻译。

第十条　当事人在行政诉讼中有权进行辩论。

第十一条　人民检察院有权对行政诉讼实行法律监督。

第二章　受 案 范 围

第十二条　人民法院受理公民、法人或者其他组织提起的下列诉讼：

（一）对行政拘留、暂扣或者吊销许可证和执照、责令停产停业、没收违法所得、没收非法财物、罚款、警告等行政处罚不服的；

（二）对限制人身自由或者对财产的查封、扣押、冻结等行政强制措施和行政强制执行不服的；

（三）申请行政许可，行政机关拒绝或者在法定期限内不予答复，或者对行政机关作出的有关行政许可的其他决定不服的；

（四）对行政机关作出的关于确认土地、矿藏、水流、森林、山岭、草原、荒地、滩涂、海域等自然资源的所有权或者使用权的决定不服的；

（五）对征收、征用决定及其补偿决定不服的；

（六）申请行政机关履行保护人身权、财产权等合法权益的法定职责，行政机关拒绝履行或者不予答复的；

（七）认为行政机关侵犯其经营自主权或者农村土地承包经营权、农村土地经营权的；

（八）认为行政机关滥用行政权力排除或者限制竞争的；

（九）认为行政机关违法集资、摊派费用或者违法要求履行其他义务的；

（十）认为行政机关没有依法支付抚恤金、最低生活保障待遇或者社会保险待遇的；

（十一）认为行政机关不依法履行、未按照约定履行或者违法变更、解除政府特许经营协议、土地房屋征收补偿协议等协议的；

（十二）认为行政机关侵犯其他人身权、财产权等合法权益的。

除前款规定外，人民法院受理法律、法规规定可以提起诉讼的其他行政案件。

第十三条 人民法院不受理公民、法人或者其他组织对下列事项提起的诉讼：

（一）国防、外交等国家行为；

（二）行政法规、规章或者行政机关制定、发布的具有普遍约束力的决定、命令；

（三）行政机关对行政机关工作人员的奖惩、任免等决定；

（四）法律规定由行政机关最终裁决的行政行为。

第三章 管 辖

第十四条 基层人民法院管辖第一审行政案件。

第十五条 中级人民法院管辖下列第一审行政案件：

（一）对国务院部门或者县级以上地方人民政府所作的行政行为提起诉讼的案件；

（二）海关处理的案件；

（三）本辖区内重大、复杂的案件；

（四）其他法律规定由中级人民法院管辖的案件。

第十六条 高级人民法院管辖本辖区内重大、复杂的第一审行政案件。

第十七条 最高人民法院管辖全国范围内重大、复杂的第一审行政案件。

第十八条 行政案件由最初作出行政行为的行政机关所在地人民法院管辖。经复议的案件，也可以由复议机关所在地人民法院管辖。

经最高人民法院批准，高级人民法院可以根据审判工作的实际情况，确定若干人民法院跨行政区域管辖行政案件。

第十九条　对限制人身自由的行政强制措施不服提起的诉讼，由被告所在地或者原告所在地人民法院管辖。

第二十条　因不动产提起的行政诉讼，由不动产所在地人民法院管辖。

第二十一条　两个以上人民法院都有管辖权的案件，原告可以选择其中一个人民法院提起诉讼。原告向两个以上有管辖权的人民法院提起诉讼的，由最先立案的人民法院管辖。

第二十二条　人民法院发现受理的案件不属于本院管辖的，应当移送有管辖权的人民法院，受移送的人民法院应当受理。受移送的人民法院认为受移送的案件按照规定不属于本院管辖的，应当报请上级人民法院指定管辖，不得再自行移送。

第二十三条　有管辖权的人民法院由于特殊原因不能行使管辖权的，由上级人民法院指定管辖。

人民法院对管辖权发生争议，由争议双方协商解决。协商不成的，报它们的共同上级人民法院指定管辖。

第二十四条　上级人民法院有权审理下级人民法院管辖的第一审行政案件。

下级人民法院对其管辖的第一审行政案件，认为需要由上级人民法院审理或者指定管辖的，可以报请上级人民法院决定。

第四章　诉讼参加人

第二十五条　行政行为的相对人以及其他与行政行为有利害关系的公民、法人或者其他组织，有权提起诉讼。

有权提起诉讼的公民死亡，其近亲属可以提起诉讼。

有权提起诉讼的法人或者其他组织终止，承受其权利的法人或者其他组织可以提起诉讼。

人民检察院在履行职责中发现生态环境和资源保护、食品药品安全、国有财产保护、国有土地使用权出让等领域负有监督管理职责的行政机关违法行使职权或者不作为，致使国家利益或者社会公共利益受到侵害的，应当向行政机关提出检察建议，督促其依法履行职责。行政机关不依法履行职责的，人民检察院依法向人民法院提起诉讼。

第二十六条 公民、法人或者其他组织直接向人民法院提起诉讼的，作出行政行为的行政机关是被告。

经复议的案件，复议机关决定维持原行政行为的，作出原行政行为的行政机关和复议机关是共同被告；复议机关改变原行政行为的，复议机关是被告。

复议机关在法定期限内未作出复议决定，公民、法人或者其他组织起诉原行政行为的，作出原行政行为的行政机关是被告；起诉复议机关不作为的，复议机关是被告。

两个以上行政机关作出同一行政行为的，共同作出行政行为的行政机关是共同被告。

行政机关委托的组织所作的行政行为，委托的行政机关是被告。

行政机关被撤销或者职权变更的，继续行使其职权的行政机关是被告。

第二十七条 当事人一方或者双方为二人以上，因同一行政行为发生的行政案件，或者因同类行政行为发生的行政案件、人民法院认为可以合并审理并经当事人同意的，为共同诉讼。

第二十八条 当事人一方人数众多的共同诉讼，可以由当事人推选代表人进行诉讼。代表人的诉讼行为对其所代表的当事人发生效力，但代表人变更、放弃诉讼请求或者承认对方当事人的诉讼请求，应当经被代表的当事人同意。

第二十九条 公民、法人或者其他组织同被诉行政行为有利害关系但没有提起诉讼，或者同案件处理结果有利害关系的，可以作为第三人申请参加诉讼，或者由人民法院通知参加诉讼。

人民法院判决第三人承担义务或者减损第三人权益的，第三人有权依法提起上诉。

第三十条　没有诉讼行为能力的公民，由其法定代理人代为诉讼。法定代理人互相推诿代理责任的，由人民法院指定其中一人代为诉讼。

第三十一条　当事人、法定代理人，可以委托一至二人作为诉讼代理人。

下列人员可以被委托为诉讼代理人：

（一）律师、基层法律服务工作者；

（二）当事人的近亲属或者工作人员；

（三）当事人所在社区、单位以及有关社会团体推荐的公民。

第三十二条　代理诉讼的律师，有权按照规定查阅、复制本案有关材料，有权向有关组织和公民调查，收集与本案有关的证据。对涉及国家秘密、商业秘密和个人隐私的材料，应当依照法律规定保密。

当事人和其他诉讼代理人有权按照规定查阅、复制本案庭审材料，但涉及国家秘密、商业秘密和个人隐私的内容除外。

第五章　证　　据

第三十三条　证据包括：

（一）书证；

（二）物证；

（三）视听资料；

（四）电子数据；

（五）证人证言；

（六）当事人的陈述；

（七）鉴定意见；

（八）勘验笔录、现场笔录。

以上证据经法庭审查属实，才能作为认定案件事实的根据。

第三十四条　被告对作出的行政行为负有举证责任，应当提供作出该行政行为的证据和所依据的规范性文件。

被告不提供或者无正当理由逾期提供证据，视为没有相应证据。

但是，被诉行政行为涉及第三人合法权益，第三人提供证据的除外。

第三十五条 在诉讼过程中，被告及其诉讼代理人不得自行向原告、第三人和证人收集证据。

第三十六条 被告在作出行政行为时已经收集了证据，但因不可抗力等正当事由不能提供的，经人民法院准许，可以延期提供。

原告或者第三人提出了其在行政处理程序中没有提出的理由或者证据的，经人民法院准许，被告可以补充证据。

第三十七条 原告可以提供证明行政行为违法的证据。原告提供的证据不成立的，不免除被告的举证责任。

第三十八条 在起诉被告不履行法定职责的案件中，原告应当提供其向被告提出申请的证据。但有下列情形之一的除外：

（一）被告应当依职权主动履行法定职责的；

（二）原告因正当理由不能提供证据的。

在行政赔偿、补偿的案件中，原告应当对行政行为造成的损害提供证据。因被告的原因导致原告无法举证的，由被告承担举证责任。

第三十九条 人民法院有权要求当事人提供或者补充证据。

第四十条 人民法院有权向有关行政机关以及其他组织、公民调取证据。但是，不得为证明行政行为的合法性调取被告作出行政行为时未收集的证据。

第四十一条 与本案有关的下列证据，原告或者第三人不能自行收集的，可以申请人民法院调取：

（一）由国家机关保存而须由人民法院调取的证据；

（二）涉及国家秘密、商业秘密和个人隐私的证据；

（三）确因客观原因不能自行收集的其他证据。

第四十二条 在证据可能灭失或者以后难以取得的情况下，诉讼参加人可以向人民法院申请保全证据，人民法院也可以主动采取保全措施。

第四十三条 证据应当在法庭上出示，并由当事人互相质证。对涉及国家秘密、商业秘密和个人隐私的证据，不得在公开开庭时出示。

人民法院应当按照法定程序，全面、客观地审查核实证据。对未采纳的证据应当在裁判文书中说明理由。

以非法手段取得的证据，不得作为认定案件事实的根据。

第六章 起诉和受理

第四十四条 对属于人民法院受案范围的行政案件，公民、法人或者其他组织可以先向行政机关申请复议，对复议决定不服的，再向人民法院提起诉讼；也可以直接向人民法院提起诉讼。

法律、法规规定应当先向行政机关申请复议，对复议决定不服再向人民法院提起诉讼的，依照法律、法规的规定。

第四十五条 公民、法人或者其他组织不服复议决定的，可以在收到复议决定书之日起十五日内向人民法院提起诉讼。复议机关逾期不作决定的，申请人可以在复议期满之日起十五日内向人民法院提起诉讼。法律另有规定的除外。

第四十六条 公民、法人或者其他组织直接向人民法院提起诉讼的，应当自知道或者应当知道作出行政行为之日起六个月内提出。法律另有规定的除外。

因不动产提起诉讼的案件自行政行为作出之日起超过二十年，其他案件自行政行为作出之日起超过五年提起诉讼的，人民法院不予受理。

第四十七条 公民、法人或者其他组织申请行政机关履行保护其人身权、财产权等合法权益的法定职责，行政机关在接到申请之日起两个月内不履行的，公民、法人或者其他组织可以向人民法院提起诉讼。法律、法规对行政机关履行职责的期限另有规定的，从其规定。

公民、法人或者其他组织在紧急情况下请求行政机关履行保护其人身权、财产权等合法权益的法定职责，行政机关不履行的，提起诉讼不受前款规定期限的限制。

第四十八条 公民、法人或者其他组织因不可抗力或者其他不属于其自身的原因耽误起诉期限的，被耽误的时间不计算在起诉期限内。

公民、法人或者其他组织因前款规定以外的其他特殊情况耽误起诉期限的，在障碍消除后十日内，可以申请延长期限，是否准许由人民法院决定。

第四十九条 提起诉讼应当符合下列条件：

（一）原告是符合本法第二十五条规定的公民、法人或者其他组织；

（二）有明确的被告；

（三）有具体的诉讼请求和事实根据；

（四）属于人民法院受案范围和受诉人民法院管辖。

第五十条 起诉应当向人民法院递交起诉状，并按照被告人数提出副本。

书写起诉状确有困难的，可以口头起诉，由人民法院记入笔录，出具注明日期的书面凭证，并告知对方当事人。

第五十一条 人民法院在接到起诉状时对符合本法规定的起诉条件的，应当登记立案。

对当场不能判定是否符合本法规定的起诉条件的，应当接收起诉状，出具注明收到日期的书面凭证，并在七日内决定是否立案。不符合起诉条件的，作出不予立案的裁定。裁定书应当载明不予立案的理由。原告对裁定不服的，可以提起上诉。

起诉状内容欠缺或者有其他错误的，应当给予指导和释明，并一次性告知当事人需要补正的内容。不得未经指导和释明即以起诉不符合条件为由不接收起诉状。

对于不接收起诉状、接收起诉状后不出具书面凭证，以及不一次性告知当事人需要补正的起诉状内容的，当事人可以向上级人民法院投诉，上级人民法院应当责令改正，并对直接负责的主管人员和其他直接责任人员依法给予处分。

第五十二条 人民法院既不立案，又不作出不予立案裁定的，当事人可以向上一级人民法院起诉。上一级人民法院认为符合起诉条件的，应当立案、审理，也可以指定其他下级人民法院立案、审理。

第五十三条 公民、法人或者其他组织认为行政行为所依据的国务院部门和地方人民政府及其部门制定的规范性文件不合法，在对行政行为提起诉讼时，可以一并请求对该规范性文件进行审查。

前款规定的规范性文件不含规章。

第七章 审理和判决

第一节 一般规定

第五十四条 人民法院公开审理行政案件，但涉及国家秘密、个人隐私和法律另有规定的除外。

涉及商业秘密的案件，当事人申请不公开审理的，可以不公开审理。

第五十五条 当事人认为审判人员与本案有利害关系或者有其他关系可能影响公正审判，有权申请审判人员回避。

审判人员认为自己与本案有利害关系或者有其他关系，应当申请回避。

前两款规定，适用于书记员、翻译人员、鉴定人、勘验人。

院长担任审判长时的回避，由审判委员会决定；审判人员的回避，由院长决定；其他人员的回避，由审判长决定。当事人对决定不服的，可以申请复议一次。

第五十六条 诉讼期间，不停止行政行为的执行。但有下列情形之一的，裁定停止执行：

（一）被告认为需要停止执行的；

（二）原告或者利害关系人申请停止执行，人民法院认为该行政行为的执行会造成难以弥补的损失，并且停止执行不损害国家利益、社会公共利益的；

（三）人民法院认为该行政行为的执行会给国家利益、社会公共利益造成重大损害的；

（四）法律、法规规定停止执行的。

当事人对停止执行或者不停止执行的裁定不服的，可以申请复议一次。

第五十七条 人民法院对起诉行政机关没有依法支付抚恤金、最低生活保障金和工伤、医疗社会保险金的案件，权利义务关系明确、不先予执行将严重影响原告生活的，可以根据原告的申请，裁定先予执行。

当事人对先予执行裁定不服的，可以申请复议一次。复议期间不停止裁定的执行。

第五十八条 经人民法院传票传唤，原告无正当理由拒不到庭，或者未经法庭许可中途退庭的，可以按照撤诉处理；被告无正当理由拒不到庭，或者未经法庭许可中途退庭的，可以缺席判决。

第五十九条 诉讼参与人或者其他人有下列行为之一的，人民法院可以根据情节轻重，予以训诫、责令具结悔过或者处一万元以下的罚款、十五日以下的拘留；构成犯罪的，依法追究刑事责任：

（一）有义务协助调查、执行的人，对人民法院的协助调查决定、协助执行通知书，无故推拖、拒绝或者妨碍调查、执行的；

（二）伪造、隐藏、毁灭证据或者提供虚假证明材料，妨碍人民法院审理案件的；

（三）指使、贿买、胁迫他人作伪证或者威胁、阻止证人作证的；

（四）隐藏、转移、变卖、毁损已被查封、扣押、冻结的财产的；

（五）以欺骗、胁迫等非法手段使原告撤诉的；

（六）以暴力、威胁或者其他方法阻碍人民法院工作人员执行职务，或者以哄闹、冲击法庭等方法扰乱人民法院工作秩序的；

（七）对人民法院审判人员或者其他工作人员、诉讼参与人、协助调查和执行的人员恐吓、侮辱、诽谤、诬陷、殴打、围攻或者打击报复的。

人民法院对有前款规定的行为之一的单位，可以对其主要负责人或者直接责任人员依照前款规定予以罚款、拘留；构成犯罪的，依法追究刑事责任。

罚款、拘留须经人民法院院长批准。当事人不服的，可以向上一级人民法院申请复议一次。复议期间不停止执行。

第六十条　人民法院审理行政案件，不适用调解。但是，行政赔偿、补偿以及行政机关行使法律、法规规定的自由裁量权的案件可以调解。

调解应当遵循自愿、合法原则，不得损害国家利益、社会公共利益和他人合法权益。

第六十一条　在涉及行政许可、登记、征收、征用和行政机关对民事争议所作的裁决的行政诉讼中，当事人申请一并解决相关民事争议的，人民法院可以一并审理。

在行政诉讼中，人民法院认为行政案件的审理需以民事诉讼的裁判为依据的，可以裁定中止行政诉讼。

第六十二条　人民法院对行政案件宣告判决或者裁定前，原告申请撤诉的，或者被告改变其所作的行政行为，原告同意并申请撤诉的，是否准许，由人民法院裁定。

第六十三条　人民法院审理行政案件，以法律和行政法规、地方性法规为依据。地方性法规适用于本行政区域内发生的行政案件。

人民法院审理民族自治地方的行政案件，并以该民族自治地方的自治条例和单行条例为依据。

人民法院审理行政案件，参照规章。

第六十四条　人民法院在审理行政案件中，经审查认为本法第五十三条规定的规范性文件不合法的，不作为认定行政行为合法的依据，并向制定机关提出处理建议。

第六十五条　人民法院应当公开发生法律效力的判决书、裁定书，供公众查阅，但涉及国家秘密、商业秘密和个人隐私的内容除外。

第六十六条　人民法院在审理行政案件中，认为行政机关的主管人员、直接责任人员违法违纪的，应当将有关材料移送监察机关、该行政机关或者其上一级行政机关；认为有犯罪行为的，应当将有关材料移送公安、检察机关。

人民法院对被告经传票传唤无正当理由拒不到庭，或者未经法庭许可中途退庭的，可以将被告拒不到庭或者中途退庭的情况予以公告，并可以向监察机关或者被告的上一级行政机关提出依法给予其主要负责人或者直接责任人员处分的司法建议。

第二节　第一审普通程序

第六十七条　人民法院应当在立案之日起五日内，将起诉状副本发送被告。被告应当在收到起诉状副本之日起十五日内向人民法院提交作出行政行为的证据和所依据的规范性文件，并提出答辩状。人民法院应当在收到答辩状之日起五日内，将答辩状副本发送原告。

被告不提出答辩状的，不影响人民法院审理。

第六十八条　人民法院审理行政案件，由审判员组成合议庭，或者由审判员、陪审员组成合议庭。合议庭的成员，应当是三人以上的单数。

第六十九条　行政行为证据确凿，适用法律、法规正确，符合法定程序的，或者原告申请被告履行法定职责或者给付义务理由不成立的，人民法院判决驳回原告的诉讼请求。

第七十条　行政行为有下列情形之一的，人民法院判决撤销或者部分撤销，并可以判决被告重新作出行政行为：

（一）主要证据不足的；

（二）适用法律、法规错误的；

（三）违反法定程序的；

（四）超越职权的；

（五）滥用职权的；

（六）明显不当的。

第七十一条　人民法院判决被告重新作出行政行为的，被告不得以同一的事实和理由作出与原行政行为基本相同的行政行为。

第七十二条　人民法院经过审理，查明被告不履行法定职责的，判决被告在一定期限内履行。

第七十三条　人民法院经过审理，查明被告依法负有给付义务的，判决被告履行给付义务。

第七十四条　行政行为有下列情形之一的，人民法院判决确认违法，但不撤销行政行为：

（一）行政行为依法应当撤销，但撤销会给国家利益、社会公共利益造成重大损害的；

（二）行政行为程序轻微违法，但对原告权利不产生实际影响的。

行政行为有下列情形之一，不需要撤销或者判决履行的，人民法院判决确认违法：

（一）行政行为违法，但不具有可撤销内容的；

（二）被告改变原违法行政行为，原告仍要求确认原行政行为违法的；

（三）被告不履行或者拖延履行法定职责，判决履行没有意义的。

第七十五条　行政行为有实施主体不具有行政主体资格或者没有依据等重大且明显违法情形，原告申请确认行政行为无效的，人民法院判决确认无效。

第七十六条　人民法院判决确认违法或者无效的，可以同时判决责令被告采取补救措施；给原告造成损失的，依法判决被告承担赔偿责任。

第七十七条　行政处罚明显不当，或者其他行政行为涉及对款额的确定、认定确有错误的，人民法院可以判决变更。

人民法院判决变更，不得加重原告的义务或者减损原告的权益。但利害关系人同为原告，且诉讼请求相反的除外。

第七十八条　被告不依法履行、未按照约定履行或者违法变更、解除本法第十二条第一款第十一项规定的协议的，人民法院判决被告承担继续履行、采取补救措施或者赔偿损失等责任。

被告变更、解除本法第十二条第一款第十一项规定的协议合法，但未依法给予补偿的，人民法院判决给予补偿。

第七十九条 复议机关与作出原行政行为的行政机关为共同被告的案件，人民法院应当对复议决定和原行政行为一并作出裁判。

第八十条 人民法院对公开审理和不公开审理的案件，一律公开宣告判决。

当庭宣判的，应当在十日内发送判决书；定期宣判的，宣判后立即发给判决书。

宣告判决时，必须告知当事人上诉权利、上诉期限和上诉的人民法院。

第八十一条 人民法院应当在立案之日起六个月内作出第一审判决。有特殊情况需要延长的，由高级人民法院批准，高级人民法院审理第一审案件需要延长的，由最高人民法院批准。

第三节 简易程序

第八十二条 人民法院审理下列第一审行政案件，认为事实清楚、权利义务关系明确、争议不大的，可以适用简易程序：

（一）被诉行政行为是依法当场作出的；

（二）案件涉及款额二千元以下的；

（三）属于政府信息公开案件的。

除前款规定以外的第一审行政案件，当事人各方同意适用简易程序的，可以适用简易程序。

发回重审、按照审判监督程序再审的案件不适用简易程序。

第八十三条 适用简易程序审理的行政案件，由审判员一人独任审理，并应当在立案之日起四十五日内审结。

第八十四条 人民法院在审理过程中，发现案件不宜适用简易程序的，裁定转为普通程序。

第四节 第二审程序

第八十五条 当事人不服人民法院第一审判决的，有权在判决书送达之日起十五日内向上一级人民法院提起上诉。当事人不服人民法院第一审裁定的，有权在裁定书送达之日起十日内向上一级人民法院提起上诉。逾期不提起上诉的，人民法院的第一审判决或者裁定发生法律效力。

第八十六条　人民法院对上诉案件，应当组成合议庭，开庭审理。经过阅卷、调查和询问当事人，对没有提出新的事实、证据或者理由，合议庭认为不需要开庭审理的，也可以不开庭审理。

第八十七条　人民法院审理上诉案件，应当对原审人民法院的判决、裁定和被诉行政行为进行全面审查。

第八十八条　人民法院审理上诉案件，应当在收到上诉状之日起三个月内作出终审判决。有特殊情况需要延长的，由高级人民法院批准，高级人民法院审理上诉案件需要延长的，由最高人民法院批准。

第八十九条　人民法院审理上诉案件，按照下列情形，分别处理：

（一）原判决、裁定认定事实清楚，适用法律、法规正确的，判决或者裁定驳回上诉，维持原判决、裁定；

（二）原判决、裁定认定事实错误或者适用法律、法规错误的，依法改判、撤销或者变更；

（三）原判决认定基本事实不清、证据不足的，发回原审人民法院重审，或者查清事实后改判；

（四）原判决遗漏当事人或者违法缺席判决等严重违反法定程序的，裁定撤销原判决，发回原审人民法院重审。

原审人民法院对发回重审的案件作出判决后，当事人提起上诉的，第二审人民法院不得再次发回重审。

人民法院审理上诉案件，需要改变原审判决的，应当同时对被诉行政行为作出判决。

第五节　审判监督程序

第九十条　当事人对已经发生法律效力的判决、裁定，认为确有错误的，可以向上一级人民法院申请再审，但判决、裁定不停止执行。

第九十一条　当事人的申请符合下列情形之一的，人民法院应当再审：

（一）不予立案或者驳回起诉确有错误的；

（二）有新的证据，足以推翻原判决、裁定的；

（三）原判决、裁定认定事实的主要证据不足、未经质证或者系伪造的；

（四）原判决、裁定适用法律、法规确有错误的；

（五）违反法律规定的诉讼程序，可能影响公正审判的；

（六）原判决、裁定遗漏诉讼请求的；

（七）据以作出原判决、裁定的法律文书被撤销或者变更的；

（八）审判人员在审理该案件时有贪污受贿、徇私舞弊、枉法裁判行为的。

第九十二条　各级人民法院院长对本院已经发生法律效力的判决、裁定，发现有本法第九十一条规定情形之一，或者发现调解违反自愿原则或者调解书内容违法，认为需要再审的，应当提交审判委员会讨论决定。

最高人民法院对地方各级人民法院已经发生法律效力的判决、裁定，上级人民法院对下级人民法院已经发生法律效力的判决、裁定，发现有本法第九十一条规定情形之一，或者发现调解违反自愿原则或者调解书内容违法的，有权提审或者指令下级人民法院再审。

第九十三条　最高人民检察院对各级人民法院已经发生法律效力的判决、裁定，上级人民检察院对下级人民法院已经发生法律效力的判决、裁定，发现有本法第九十一条规定情形之一，或者发现调解书损害国家利益、社会公共利益的，应当提出抗诉。

地方各级人民检察院对同级人民法院已经发生法律效力的判决、裁定，发现有本法第九十一条规定情形之一，或者发现调解书损害国家利益、社会公共利益的，可以向同级人民法院提出检察建议，并报上级人民检察院备案；也可以提请上级人民检察院向同级人民法院提出抗诉。

各级人民检察院对审判监督程序以外的其他审判程序中审判人员的违法行为，有权向同级人民法院提出检察建议。

第八章　执　　行

第九十四条　当事人必须履行人民法院发生法律效力的判决、裁定、调解书。

第九十五条　公民、法人或者其他组织拒绝履行判决、裁定、调解书的，行政机关或者第三人可以向第一审人民法院申请强制执行，或者由行政机关依法强制执行。

第九十六条　行政机关拒绝履行判决、裁定、调解书的，第一审人民法院可以采取下列措施：

（一）对应当归还的罚款或者应当给付的款额，通知银行从该行政机关的账户内划拨；

（二）在规定期限内不履行的，从期满之日起，对该行政机关负责人按日处五十元至一百元的罚款；

（三）将行政机关拒绝履行的情况予以公告；

（四）向监察机关或者该行政机关的上一级行政机关提出司法建议。接受司法建议的机关，根据有关规定进行处理，并将处理情况告知人民法院；

（五）拒不履行判决、裁定、调解书，社会影响恶劣的，可以对该行政机关直接负责的主管人员和其他直接责任人员予以拘留；情节严重，构成犯罪的，依法追究刑事责任。

第九十七条　公民、法人或者其他组织对行政行为在法定期限内不提起诉讼又不履行的，行政机关可以申请人民法院强制执行，或者依法强制执行。

第九章　涉外行政诉讼

第九十八条　外国人、无国籍人、外国组织在中华人民共和国进行行政诉讼，适用本法。法律另有规定的除外。

第九十九条　外国人、无国籍人、外国组织在中华人民共和国进行行政诉讼，同中华人民共和国公民、组织有同等的诉讼权利和义务。

外国法院对中华人民共和国公民、组织的行政诉讼权利加以限制的，人民法院对该国公民、组织的行政诉讼权利，实行对等原则。

第一百条 外国人、无国籍人、外国组织在中华人民共和国进行行政诉讼，委托律师代理诉讼的，应当委托中华人民共和国律师机构的律师。

第十章 附 则

第一百零一条 人民法院审理行政案件，关于期间、送达、财产保全、开庭审理、调解、中止诉讼、终结诉讼、简易程序、执行等，以及人民检察院对行政案件受理、审理、裁判、执行的监督，本法没有规定的，适用《中华人民共和国民事诉讼法》的相关规定。

第一百零二条 人民法院审理行政案件，应当收取诉讼费用。诉讼费用由败诉方承担，双方都有责任的由双方分担。收取诉讼费用的具体办法另行规定。

第一百零三条 本法自1990年10月1日起施行。

中华人民共和国国家赔偿法

（1994年5月12日第八届全国人民代表大会常务委员会第七次会议通过 2012年10月26日第十一届全国人民代表大会常务委员会第二十九次会议第二次修正）

目 录

第一章 总则
第二章 行政赔偿
第一节 赔偿范围

第二节　赔偿请求人和赔偿义务机关
第三节　赔偿程序
第三章　刑事赔偿
第一节　赔偿范围
第二节　赔偿请求人和赔偿义务机关
第三节　赔偿程序
第四章　赔偿方式和计算标准
第五章　其他规定
第六章　附则

第一章　总　　则

第一条　为保障公民、法人和其他组织享有依法取得国家赔偿的权利，促进国家机关依法行使职权，根据宪法，制定本法。

第二条　国家机关和国家机关工作人员行使职权，有本法规定的侵犯公民、法人和其他组织合法权益的情形，造成损害的，受害人有依照本法取得国家赔偿的权利。

本法规定的赔偿义务机关，应当依照本法及时履行赔偿义务。

第二章　行政赔偿

第一节　赔偿范围

第三条　行政机关及其工作人员在行使行政职权时有下列侵犯人身权情形之一的，受害人有取得赔偿的权利：

（一）违法拘留或者违法采取限制公民人身自由的行政强制措施的；

（二）非法拘禁或者以其他方法非法剥夺公民人身自由的；

（三）以殴打、虐待等行为或者唆使、放纵他人以殴打、虐待等行为造成公民身体伤害或者死亡的；

（四）违法使用武器、警械造成公民身体伤害或者死亡的；

（五）造成公民身体伤害或者死亡的其他违法行为。

第四条 行政机关及其工作人员在行使行政职权时有下列侵犯财产权情形之一的，受害人有取得赔偿的权利：

（一）违法实施罚款、吊销许可证和执照、责令停产停业、没收财物等行政处罚的；

（二）违法对财产采取查封、扣押、冻结等行政强制措施的；

（三）违法征收、征用财产的；

（四）造成财产损害的其他违法行为。

第五条 属于下列情形之一的，国家不承担赔偿责任：

（一）行政机关工作人员与行使职权无关的个人行为；

（二）因公民、法人和其他组织自己的行为致使损害发生的；

（三）法律规定的其他情形。

第二节 赔偿请求人和赔偿义务机关

第六条 受害的公民、法人和其他组织有权要求赔偿。

受害的公民死亡，其继承人和其他有扶养关系的亲属有权要求赔偿。

受害的法人或者其他组织终止的，其权利承受人有权要求赔偿。

第七条 行政机关及其工作人员行使行政职权侵犯公民、法人和其他组织的合法权益造成损害的，该行政机关为赔偿义务机关。

两个以上行政机关共同行使行政职权时侵犯公民、法人和其他组织的合法权益造成损害的，共同行使行政职权的行政机关为共同赔偿义务机关。

法律、法规授权的组织在行使授予的行政权力时侵犯公民、法人和其他组织的合法权益造成损害的，被授权的组织为赔偿义务机关。

受行政机关委托的组织或者个人在行使受委托的行政权力时侵犯公民、法人和其他组织的合法权益造成损害的，委托的行政机关为赔偿义务机关。

赔偿义务机关被撤销的，继续行使其职权的行政机关为赔偿义务机关；没有继续行使其职权的行政机关的，撤销该赔偿义务机关的行政机关为赔偿义务机关。

第八条　经复议机关复议的，最初造成侵权行为的行政机关为赔偿义务机关，但复议机关的复议决定加重损害的，复议机关对加重的部分履行赔偿义务。

第三节　赔 偿 程 序

第九条　赔偿义务机关有本法第三条、第四条规定情形之一的，应当给予赔偿。

赔偿请求人要求赔偿，应当先向赔偿义务机关提出，也可以在申请行政复议或者提起行政诉讼时一并提出。

第十条　赔偿请求人可以向共同赔偿义务机关中的任何一个赔偿义务机关要求赔偿，该赔偿义务机关应当先予赔偿。

第十一条　赔偿请求人根据受到的不同损害，可以同时提出数项赔偿要求。

第十二条　要求赔偿应当递交申请书，申请书应当载明下列事项：

（一）受害人的姓名、性别、年龄、工作单位和住所，法人或者其他组织的名称、住所和法定代表人或者主要负责人的姓名、职务；

（二）具体的要求、事实根据和理由；

（三）申请的年、月、日。

赔偿请求人书写申请书确有困难的，可以委托他人代书；也可以口头申请，由赔偿义务机关记入笔录。

赔偿请求人不是受害人本人的，应当说明与受害人的关系，并提供相应证明。

赔偿请求人当面递交申请书的，赔偿义务机关应当当场出具加盖本行政机关专用印章并注明收讫日期的书面凭证。申请材料不齐全的，赔偿义务机关应当当场或者在五日内一次性告知赔偿请求人需要补正的全部内容。

第十三条　赔偿义务机关应当自收到申请之日起两个月内，作出是否赔偿的决定。赔偿义务机关作出赔偿决定，应当充分听取赔偿请求人的意见，并可以与赔偿请求人就赔偿方式、赔偿项目和赔偿数额依照本法第四章的规定进行协商。

赔偿义务机关决定赔偿的，应当制作赔偿决定书，并自作出决定之日起十日内送达赔偿请求人。

赔偿义务机关决定不予赔偿的，应当自作出决定之日起十日内书面通知赔偿请求人，并说明不予赔偿的理由。

第十四条 赔偿义务机关在规定期限内未作出是否赔偿的决定，赔偿请求人可以自期限届满之日起三个月内，向人民法院提起诉讼。

赔偿请求人对赔偿的方式、项目、数额有异议的，或者赔偿义务机关作出不予赔偿决定的，赔偿请求人可以自赔偿义务机关作出赔偿或者不予赔偿决定之日起三个月内，向人民法院提起诉讼。

第十五条 人民法院审理行政赔偿案件，赔偿请求人和赔偿义务机关对自己提出的主张，应当提供证据。

赔偿义务机关采取行政拘留或者限制人身自由的强制措施期间，被限制人身自由的人死亡或者丧失行为能力的，赔偿义务机关的行为与被限制人身自由的人的死亡或者丧失行为能力是否存在因果关系，赔偿义务机关应当提供证据。

第十六条 赔偿义务机关赔偿损失后，应当责令有故意或者重大过失的工作人员或者受委托的组织或者个人承担部分或者全部赔偿费用。

对有故意或者重大过失的责任人员，有关机关应当依法给予处分；构成犯罪的，应当依法追究刑事责任。

第三章 刑事赔偿

第一节 赔偿范围

第十七条 行使侦查、检察、审判职权的机关以及看守所、监狱管理机关及其工作人员在行使职权时有下列侵犯人身权情形之一的，受害人有取得赔偿的权利：

（一）违反刑事诉讼法的规定对公民采取拘留措施的，或者依照刑事诉讼法规定的条件和程序对公民采取拘留措施，但是拘留时间超过刑事诉讼法规定的时限，其后决定撤销案件、不起诉或者判决宣告无罪终止追究刑事责任的；

（二）对公民采取逮捕措施后，决定撤销案件、不起诉或者判决宣告无罪终止追究刑事责任的；

（三）依照审判监督程序再审改判无罪，原判刑罚已经执行的；

（四）刑讯逼供或者以殴打、虐待等行为或者唆使、放纵他人以殴打、虐待等行为造成公民身体伤害或者死亡的；

（五）违法使用武器、警械造成公民身体伤害或者死亡的。

第十八条　行使侦查、检察、审判职权的机关以及看守所、监狱管理机关及其工作人员在行使职权时有下列侵犯财产权情形之一的，受害人有取得赔偿的权利：

（一）违法对财产采取查封、扣押、冻结、追缴等措施的；

（二）依照审判监督程序再审改判无罪，原判罚金、没收财产已经执行的。

第十九条　属于下列情形之一的，国家不承担赔偿责任：

（一）因公民自己故意作虚伪供述，或者伪造其他有罪证据被羁押或者被判处刑罚的；

（二）依照刑法第十七条、第十八条规定不负刑事责任的人被羁押的；

（三）依照刑事诉讼法第十五条、第一百七十三条第二款、第二百七十三条第二款、第二百七十九条规定不追究刑事责任的人被羁押的；

（四）行使侦查、检察、审判职权的机关以及看守所、监狱管理机关的工作人员与行使职权无关的个人行为；

（五）因公民自伤、自残等故意行为致使损害发生的；

（六）法律规定的其他情形。

第二节　赔偿请求人和赔偿义务机关

第二十条　赔偿请求人的确定依照本法第六条的规定。

第二十一条 行使侦查、检察、审判职权的机关以及看守所、监狱管理机关及其工作人员在行使职权时侵犯公民、法人和其他组织的合法权益造成损害的，该机关为赔偿义务机关。

对公民采取拘留措施，依照本法的规定应当给予国家赔偿的，作出拘留决定的机关为赔偿义务机关。

对公民采取逮捕措施后决定撤销案件、不起诉或者判决宣告无罪的，作出逮捕决定的机关为赔偿义务机关。

再审改判无罪的，作出原生效判决的人民法院为赔偿义务机关。二审改判无罪，以及二审发回重审后作无罪处理的，作出一审有罪判决的人民法院为赔偿义务机关。

第三节 赔偿程序

第二十二条 赔偿义务机关有本法第十七条、第十八条规定情形之一的，应当给予赔偿。

赔偿请求人要求赔偿，应当先向赔偿义务机关提出。

赔偿请求人提出赔偿请求，适用本法第十一条、第十二条的规定。

第二十三条 赔偿义务机关应当自收到申请之日起两个月内，作出是否赔偿的决定。赔偿义务机关作出赔偿决定，应当充分听取赔偿请求人的意见，并可以与赔偿请求人就赔偿方式、赔偿项目和赔偿数额依照本法第四章的规定进行协商。

赔偿义务机关决定赔偿的，应当制作赔偿决定书，并自作出决定之日起十日内送达赔偿请求人。

赔偿义务机关决定不予赔偿的，应当自作出决定之日起十日内书面通知赔偿请求人，并说明不予赔偿的理由。

第二十四条 赔偿义务机关在规定期限内未作出是否赔偿的决定，赔偿请求人可以自期限届满之日起三十日内向赔偿义务机关的上一级机关申请复议。

赔偿请求人对赔偿的方式、项目、数额有异议的，或者赔偿义务机关作出不予赔偿决定的，赔偿请求人可以自赔偿义务机关作出赔偿或者不予赔偿决定之日起三十日内，向赔偿义务机关的上一级机关申请复议。

赔偿义务机关是人民法院的，赔偿请求人可以依照本条规定向其上一级人民法院赔偿委员会申请作出赔偿决定。

第二十五条 复议机关应当自收到申请之日起两个月内作出决定。

赔偿请求人不服复议决定的，可以在收到复议决定之日起三十日内向复议机关所在地的同级人民法院赔偿委员会申请作出赔偿决定；复议机关逾期不作决定的，赔偿请求人可以自期限届满之日起三十日内向复议机关所在地的同级人民法院赔偿委员会申请作出赔偿决定。

第二十六条 人民法院赔偿委员会处理赔偿请求，赔偿请求人和赔偿义务机关对自己提出的主张，应当提供证据。

被羁押人在羁押期间死亡或者丧失行为能力的，赔偿义务机关的行为与被羁押人的死亡或者丧失行为能力是否存在因果关系，赔偿义务机关应当提供证据。

第二十七条 人民法院赔偿委员会处理赔偿请求，采取书面审查的办法。必要时，可以向有关单位和人员调查情况、收集证据。赔偿请求人与赔偿义务机关对损害事实及因果关系有争议的，赔偿委员会可以听取赔偿请求人和赔偿义务机关的陈述和申辩，并可以进行质证。

第二十八条 人民法院赔偿委员会应当自收到赔偿申请之日起三个月内作出决定；属于疑难、复杂、重大案件的，经本院院长批准，可以延长三个月。

第二十九条 中级以上的人民法院设立赔偿委员会，由人民法院三名以上审判员组成，组成人员的人数应当为单数。

赔偿委员会作赔偿决定，实行少数服从多数的原则。

赔偿委员会作出的赔偿决定，是发生法律效力的决定，必须执行。

第三十条 赔偿请求人或者赔偿义务机关对赔偿委员会作出的

决定，认为确有错误的，可以向上一级人民法院赔偿委员会提出申诉。

赔偿委员会作出的赔偿决定生效后，如发现赔偿决定违反本法规定的，经本院院长决定或者上级人民法院指令，赔偿委员会应当在两个月内重新审查并依法作出决定，上一级人民法院赔偿委员会也可以直接审查并作出决定。

最高人民检察院对各级人民法院赔偿委员会作出的决定，上级人民检察院对下级人民法院赔偿委员会作出的决定，发现违反本法规定的，应当向同级人民法院赔偿委员会提出意见，同级人民法院赔偿委员会应当在两个月内重新审查并依法作出决定。

第三十一条 赔偿义务机关赔偿后，应当向有下列情形之一的工作人员追偿部分或者全部赔偿费用：

（一）有本法第十七条第四项、第五项规定情形的；

（二）在处理案件中有贪污受贿，徇私舞弊，枉法裁判行为的。

对有前款规定情形的责任人员，有关机关应当依法给予处分；构成犯罪的，应当依法追究刑事责任。

第四章 赔偿方式和计算标准

第三十二条 国家赔偿以支付赔偿金为主要方式。

能够返还财产或者恢复原状的，予以返还财产或者恢复原状。

第三十三条 侵犯公民人身自由的，每日赔偿金按照国家上年度职工日平均工资计算。

第三十四条 侵犯公民生命健康权的，赔偿金按照下列规定计算：

（一）造成身体伤害的，应当支付医疗费、护理费，以及赔偿因误工减少的收入。减少的收入每日的赔偿金按照国家上年度职工日平均工资计算，最高额为国家上年度职工年平均工资的五倍；

（二）造成部分或者全部丧失劳动能力的，应当支付医疗费、护理费、残疾生活辅助具费、康复费等因残疾而增加的必要支出和继续治疗所必需的费用，以及残疾赔偿金。残疾赔偿金根据丧失劳动能力的程度，按照国家规定的伤残等级确定，最高不超过国家上年度职工年平均工资的二十倍。造成全部丧失劳动能力的，对其扶养的无劳动能力的人，还应当支付生活费；

（三）造成死亡的，应当支付死亡赔偿金、丧葬费，总额为国家上年度职工年平均工资的二十倍。对死者生前扶养的无劳动能力的人，还应当支付生活费。

前款第二项、第三项规定的生活费的发放标准，参照当地最低生活保障标准执行。被扶养的人是未成年人的，生活费给付至十八周岁止；其他无劳动能力的人，生活费给付至死亡时止。

第三十五条　有本法第三条或者第十七条规定情形之一，致人精神损害的，应当在侵权行为影响的范围内，为受害人消除影响，恢复名誉，赔礼道歉；造成严重后果的，应当支付相应的精神损害抚慰金。

第三十六条　侵犯公民、法人和其他组织的财产权造成损害的，按照下列规定处理：

（一）处罚款、罚金、追缴、没收财产或者违法征收、征用财产的，返还财产；

（二）查封、扣押、冻结财产的，解除对财产的查封、扣押、冻结，造成财产损坏或者灭失的，依照本条第三项、第四项的规定赔偿；

（三）应当返还的财产损坏的，能够恢复原状的恢复原状，不能恢复原状的，按照损害程度给付相应的赔偿金；

（四）应当返还的财产灭失的，给付相应的赔偿金；

（五）财产已经拍卖或者变卖的，给付拍卖或者变卖所得的价款；变卖的价款明显低于财产价值的，应当支付相应的赔偿金；

（六）吊销许可证和执照、责令停产停业的，赔偿停产停业期间必要的经常性费用开支；

（七）返还执行的罚款或者罚金、追缴或者没收的金钱，解除冻结的存款或者汇款的，应当支付银行同期存款利息；

（八）对财产权造成其他损害的，按照直接损失给予赔偿。

第三十七条 赔偿费用列入各级财政预算。

赔偿请求人凭生效的判决书、复议决定书、赔偿决定书或者调解书，向赔偿义务机关申请支付赔偿金。

赔偿义务机关应当自收到支付赔偿金申请之日起七日内，依照预算管理权限向有关的财政部门提出支付申请。财政部门应当自收到支付申请之日起十五日内支付赔偿金。

赔偿费用预算与支付管理的具体办法由国务院规定。

第五章 其他规定

第三十八条 人民法院在民事诉讼、行政诉讼过程中，违法采取对妨害诉讼的强制措施、保全措施或者对判决、裁定及其他生效法律文书执行错误，造成损害的，赔偿请求人要求赔偿的程序，适用本法刑事赔偿程序的规定。

第三十九条 赔偿请求人请求国家赔偿的时效为两年，自其知道或者应当知道国家机关及其工作人员行使职权时的行为侵犯其人身权、财产权之日起计算，但被羁押等限制人身自由期间不计算在内。在申请行政复议或者提起行政诉讼时一并提出赔偿请求的，适用行政复议法、行政诉讼法有关时效的规定。

赔偿请求人在赔偿请求时效的最后六个月内，因不可抗力或者其他障碍不能行使请求权的，时效中止。从中止时效的原因消除之日起，赔偿请求时效期间继续计算。

第四十条 外国人、外国企业和组织在中华人民共和国领域内要求中华人民共和国国家赔偿的，适用本法。

外国人、外国企业和组织的所属国对中华人民共和国公民、法人和其他组织要求该国国家赔偿的权利不予保护或者限制的，中华人民共和国与该外国人、外国企业和组织的所属国实行对等原则。

第六章 附 则

第四十一条 赔偿请求人要求国家赔偿的，赔偿义务机关、复议机关和人民法院不得向赔偿请求人收取任何费用。

对赔偿请求人取得的赔偿金不予征税。

第四十二条　本法自 1995 年 1 月 1 日起施行。

中华人民共和国行政处罚法

（1996 年 3 月 17 日第八届全国人民代表大会第四次会议通过
2017 年 9 月 1 日第十二届全国人民代表大会常务委员会
第二十九次会议第二次修正）

目　　录

第一章　总则
第二章　行政处罚的种类和设定
第三章　行政处罚的实施机关
第四章　行政处罚的管辖和适用
第五章　行政处罚的决定
　　第一节　简易程序
　　第二节　一般程序
　　第三节　听证程序
第六章　行政处罚的执行
第七章　法律责任
第八章　附则

第一章　总　　则

第一条　为了规范行政处罚的设定和实施，保障和监督行政机关有效实施行政管理，维护公共利益和社会秩序，保护公民、法人或者其他组织的合法权益，根据宪法，制定本法。

第二条 行政处罚的设定和实施，适用本法。

第三条 公民、法人或者其他组织违反行政管理秩序的行为，应当给予行政处罚的，依照本法由法律、法规或者规章规定，并由行政机关依照本法规定的程序实施。

没有法定依据或者不遵守法定程序的，行政处罚无效。

第四条 行政处罚遵循公正、公开的原则。

设定和实施行政处罚必须以事实为依据，与违法行为的事实、性质、情节以及社会危害程度相当。

对违法行为给予行政处罚的规定必须公布；未经公布的，不得作为行政处罚的依据。

第五条 实施行政处罚，纠正违法行为，应当坚持处罚与教育相结合，教育公民、法人或者其他组织自觉守法。

第六条 公民、法人或者其他组织对行政机关所给予的行政处罚，享有陈述权、申辩权；对行政处罚不服的，有权依法申请行政复议或者提起行政诉讼。

公民、法人或者其他组织因行政机关违法给予行政处罚受到损害的，有权依法提出赔偿要求。

第七条 公民、法人或者其他组织因违法受到行政处罚，其违法行为对他人造成损害的，应当依法承担民事责任。

违法行为构成犯罪，应当依法追究刑事责任，不得以行政处罚代替刑事处罚。

第二章 行政处罚的种类和设定

第八条 行政处罚的种类：

（一）警告；

（二）罚款；

（三）没收违法所得、没收非法财物；

（四）责令停产停业；

（五）暂扣或者吊销许可证、暂扣或者吊销执照；

（六）行政拘留；

（七）法律、行政法规规定的其他行政处罚。

第九条　法律可以设定各种行政处罚。

限制人身自由的行政处罚，只能由法律设定。

第十条　行政法规可以设定除限制人身自由以外的行政处罚。

法律对违法行为已经作出行政处罚规定，行政法规需要作出具体规定的，必须在法律规定的给予行政处罚的行为、种类和幅度的范围内规定。

第十一条　地方性法规可以设定除限制人身自由、吊销企业营业执照以外的行政处罚。

法律、行政法规对违法行为已经作出行政处罚规定，地方性法规需要作出具体规定的，必须在法律、行政法规规定的给予行政处罚的行为、种类和幅度的范围内规定。

第十二条　国务院部、委员会制定的规章可以在法律、行政法规规定的给予行政处罚的行为、种类和幅度的范围内作出具体规定。

尚未制定法律、行政法规的，前款规定的国务院部、委员会制定的规章对违反行政管理秩序的行为，可以设定警告或者一定数量罚款的行政处罚。罚款的限额由国务院规定。

国务院可以授权具有行政处罚权的直属机构依照本条第一款、第二款的规定，规定行政处罚。

第十三条　省、自治区、直辖市人民政府和省、自治区人民政府所在地的市人民政府以及经国务院批准的较大的市人民政府制定的规章可以在法律、法规规定的给予行政处罚的行为、种类和幅度的范围内作出具体规定。

尚未制定法律、法规的，前款规定的人民政府制定的规章对违反行政管理秩序的行为，可以设定警告或者一定数量罚款的行政处罚。罚款的限额由省、自治区、直辖市人民代表大会常务委员会规定。

第十四条　除本法第九条、第十条、第十一条、第十二条以及第十三条的规定外，其他规范性文件不得设定行政处罚。

第三章 行政处罚的实施机关

第十五条 行政处罚由具有行政处罚权的行政机关在法定职权范围内实施。

第十六条 国务院或者经国务院授权的省、自治区、直辖市人民政府可以决定一个行政机关行使有关行政机关的行政处罚权，但限制人身自由的行政处罚权只能由公安机关行使。

第十七条 法律、法规授权的具有管理公共事务职能的组织可以在法定授权范围内实施行政处罚。

第十八条 行政机关依照法律、法规或者规章的规定，可以在其法定权限内委托符合本法第十九条规定条件的组织实施行政处罚。行政机关不得委托其他组织或者个人实施行政处罚。

委托行政机关对受委托的组织实施行政处罚的行为应当负责监督，并对该行为的后果承担法律责任。

受委托组织在委托范围内，以委托行政机关名义实施行政处罚；不得再委托其他任何组织或者个人实施行政处罚。

第十九条 受委托组织必须符合以下条件：

（一）依法成立的管理公共事务的事业组织；

（二）具有熟悉有关法律、法规、规章和业务的工作人员；

（三）对违法行为需要进行技术检查或者技术鉴定的，应当有条件组织进行相应的技术检查或者技术鉴定。

第四章 行政处罚的管辖和适用

第二十条 行政处罚由违法行为发生地的县级以上地方人民政府具有行政处罚权的行政机关管辖。法律、行政法规另有规定的除外。

第二十一条 对管辖发生争议的，报请共同的上一级行政机关指定管辖。

第二十二条 违法行为构成犯罪的，行政机关必须将案件移送司法机关，依法追究刑事责任。

第二十三条　行政机关实施行政处罚时，应当责令当事人改正或者限期改正违法行为。

第二十四条　对当事人的同一个违法行为，不得给予两次以上罚款的行政处罚。

第二十五条　不满十四周岁的人有违法行为的，不予行政处罚，责令监护人加以管教；已满十四周岁不满十八周岁的人有违法行为的，从轻或者减轻行政处罚。

第二十六条　精神病人在不能辨认或者不能控制自己行为时有违法行为的，不予行政处罚，但应当责令其监护人严加看管和治疗。间歇性精神病人在精神正常时有违法行为的，应当给予行政处罚。

第二十七条　当事人有下列情形之一的，应当依法从轻或者减轻行政处罚：

（一）主动消除或者减轻违法行为危害后果的；

（二）受他人胁迫有违法行为的；

（三）配合行政机关查处违法行为有立功表现的；

（四）其他依法从轻或者减轻行政处罚的。

违法行为轻微并及时纠正，没有造成危害后果的，不予行政处罚。

第二十八条　违法行为构成犯罪，人民法院判处拘役或者有期徒刑时，行政机关已经给予当事人行政拘留的，应当依法折抵相应刑期。

违法行为构成犯罪，人民法院判处罚金时，行政机关已经给予当事人罚款的，应当折抵相应罚金。

第二十九条　违法行为在二年内未被发现的，不再给予行政处罚。法律另有规定的除外。

前款规定的期限，从违法行为发生之日起计算；违法行为有连续或者继续状态的，从行为终了之日起计算。

第五章　行政处罚的决定

第三十条　公民、法人或者其他组织违反行政管理秩序的行为，依法应当给予行政处罚的，行政机关必须查明事实；违法事实不清的，不得给予行政处罚。

第三十一条 行政机关在作出行政处罚决定之前，应当告知当事人作出行政处罚决定的事实、理由及依据，并告知当事人依法享有的权利。

第三十二条 当事人有权进行陈述和申辩。行政机关必须充分听取当事人的意见，对当事人提出的事实、理由和证据，应当进行复核；当事人提出的事实、理由或者证据成立的，行政机关应当采纳。

行政机关不得因当事人申辩而加重处罚。

第一节 简易程序

第三十三条 违法事实确凿并有法定依据，对公民处以五十元以下、对法人或者其他组织处以一千元以下罚款或者警告的行政处罚的，可以当场作出行政处罚决定。当事人应当依照本法第四十六条、第四十七条、第四十八条的规定履行行政处罚决定。

第三十四条 执法人员当场作出行政处罚决定的，应当向当事人出示执法身份证件，填写预定格式、编有号码的行政处罚决定书。行政处罚决定书应当当场交付当事人。

前款规定的行政处罚决定书应当载明当事人的违法行为、行政处罚依据、罚款数额、时间、地点以及行政机关名称，并由执法人员签名或者盖章。

执法人员当场作出的行政处罚决定，必须报所属行政机关备案。

第三十五条 当事人对当场作出的行政处罚决定不服的，可以依法申请行政复议或者提起行政诉讼。

第二节 一般程序

第三十六条 除本法第三十三条规定的可以当场作出的行政处罚外，行政机关发现公民、法人或者其他组织有依法应当给予行政处罚的行为的，必须全面、客观、公正地调查，收集有关证据；必要时，依照法律、法规的规定，可以进行检查。

第三十七条　行政机关在调查或者进行检查时，执法人员不得少于两人，并应当向当事人或者有关人员出示证件。当事人或者有关人员应当如实回答询问，并协助调查或者检查，不得阻挠。询问或者检查应当制作笔录。

行政机关在收集证据时，可以采取抽样取证的方法；在证据可能灭失或者以后难以取得的情况下，经行政机关负责人批准，可以先行登记保存，并应当在七日内及时作出处理决定，在此期间，当事人或者有关人员不得销毁或者转移证据。

执法人员与当事人有直接利害关系的，应当回避。

第三十八条　调查终结，行政机关负责人应当对调查结果进行审查，根据不同情况，分别作出如下决定：

（一）确有应受行政处罚的违法行为的，根据情节轻重及具体情况，作出行政处罚决定；

（二）违法行为轻微，依法可以不予行政处罚的，不予行政处罚；

（三）违法事实不能成立的，不得给予行政处罚；

（四）违法行为已构成犯罪的，移送司法机关。

对情节复杂或者重大违法行为给予较重的行政处罚，行政机关的负责人应当集体讨论决定。

在行政机关负责人作出决定之前，应当由从事行政处罚决定审核的人员进行审核。行政机关中初次从事行政处罚决定审核的人员，应当通过国家统一法律职业资格考试取得法律职业资格。

第三十九条　行政机关依照本法第三十八条的规定给予行政处罚，应当制作行政处罚决定书。行政处罚决定书应当载明下列事项：

（一）当事人的姓名或者名称、地址；

（二）违反法律、法规或者规章的事实和证据；

（三）行政处罚的种类和依据；

（四）行政处罚的履行方式和期限；

（五）不服行政处罚决定，申请行政复议或者提起行政诉讼的途径和期限；

（六）作出行政处罚决定的行政机关名称和作出决定的日期。

行政处罚决定书必须盖有作出行政处罚决定的行政机关的印章。

第四十条 行政处罚决定书应当在宣告后当场交付当事人；当事人不在场的，行政机关应当在七日内依照民事诉讼法的有关规定，将行政处罚决定书送达当事人。

第四十一条 行政机关及其执法人员在作出行政处罚决定之前，不依照本法第三十一条、第三十二条的规定向当事人告知给予行政处罚的事实、理由和依据，或者拒绝听取当事人的陈述、申辩，行政处罚决定不能成立；当事人放弃陈述或者申辩权利的除外。

第三节　听 证 程 序

第四十二条 行政机关作出责令停产停业、吊销许可证或者执照、较大数额罚款等行政处罚决定之前，应当告知当事人有要求举行听证的权利；当事人要求听证的，行政机关应当组织听证。当事人不承担行政机关组织听证的费用。听证依照以下程序组织：

（一）当事人要求听证的，应当在行政机关告知后三日内提出。

（二）行政机关应当在听证的七日前，通知当事人举行听证的时间、地点。

（三）除涉及国家秘密、商业秘密或者个人隐私外，听证公开举行。

（四）听证由行政机关指定的非本案调查人员主持；当事人认为主持人与本案有直接利害关系的，有权申请回避。

（五）当事人可以亲自参加听证，也可以委托一至二人代理。

（六）举行听证时，调查人员提出当事人违法的事实、证据和行政处罚建议；当事人进行申辩和质证。

（七）听证应当制作笔录；笔录应当交当事人审核无误后签字或者盖章。

当事人对限制人身自由的行政处罚有异议的，依照治安管理处罚法有关规定执行。

第四十三条　听证结束后，行政机关依照本法第三十八条的规定，作出决定。

第六章　行政处罚的执行

第四十四条　行政处罚决定依法作出后，当事人应当在行政处罚决定的期限内，予以履行。

第四十五条　当事人对行政处罚决定不服申请行政复议或者提起行政诉讼的，行政处罚不停止执行，法律另有规定的除外。

第四十六条　作出罚款决定的行政机关应当与收缴罚款的机构分离。

除依照本法第四十七条、第四十八条的规定当场收缴的罚款外，作出行政处罚决定的行政机关及其执法人员不得自行收缴罚款。

当事人应当自收到行政处罚决定书之日起十五日内，到指定的银行缴纳罚款。银行应当收受罚款，并将罚款直接上缴国库。

第四十七条　依照本法第三十三条的规定当场作出行政处罚决定，有下列情形之一的，执法人员可以当场收缴罚款：

（一）依法给予二十元以下的罚款的；

（二）不当场收缴事后难以执行的。

第四十八条　在边远、水上、交通不便地区，行政机关及其执法人员依照本法第三十三条、第三十八条的规定作出罚款决定后，当事人向指定的银行缴纳罚款确有困难，经当事人提出，行政机关及其执法人员可以当场收缴罚款。

第四十九条　行政机关及其执法人员当场收缴罚款的，必须向当事人出具省、自治区、直辖市财政部门统一制发的罚款收据；不出具财政部门统一制发的罚款收据的，当事人有权拒绝缴纳罚款。

第五十条　执法人员当场收缴的罚款，应当自收缴罚款之日起二日内，交至行政机关；在水上当场收缴的罚款，应当自抵岸之日起二日内交至行政机关；行政机关应当在二日内将罚款缴付指定的银行。

第五十一条　当事人逾期不履行行政处罚决定的，作出行政处罚决定的行政机关可以采取下列措施：

（一）到期不缴纳罚款的，每日按罚款数额的百分之三加处罚款；

（二）根据法律规定，将查封、扣押的财物拍卖或者将冻结的存款划拨抵缴罚款；

（三）申请人民法院强制执行。

第五十二条 当事人确有经济困难，需要延期或者分期缴纳罚款的，经当事人申请和行政机关批准，可以暂缓或者分期缴纳。

第五十三条 除依法应当予以销毁的物品外，依法没收的非法财物必须按照国家规定公开拍卖或者按照国家有关规定处理。

罚款、没收违法所得或者没收非法财物拍卖的款项，必须全部上缴国库，任何行政机关或者个人不得以任何形式截留、私分或者变相私分；财政部门不得以任何形式向作出行政处罚决定的行政机关返还罚款、没收的违法所得或者返还没收非法财物的拍卖款项。

第五十四条 行政机关应当建立健全对行政处罚的监督制度。县级以上人民政府应当加强对行政处罚的监督检查。

公民、法人或者其他组织对行政机关作出的行政处罚，有权申诉或者检举；行政机关应当认真审查，发现行政处罚有错误的，应当主动改正。

第七章 法律责任

第五十五条 行政机关实施行政处罚，有下列情形之一的，由上级行政机关或者有关部门责令改正，可以对直接负责的主管人员和其他直接责任人员依法给予行政处分：

（一）没有法定的行政处罚依据的；

（二）擅自改变行政处罚种类、幅度的；

（三）违反法定的行政处罚程序的；

（四）违反本法第十八条关于委托处罚的规定的。

第五十六条 行政机关对当事人进行处罚不使用罚款、没收财物单据或者使用非法定部门制发的罚款、没收财物单据的，当事人有权拒绝处罚，并有权予以检举。上级行政机关或者有关部门对使用的非法单据予以收缴销毁，对直接负责的主管人员和其他直接责任人员依法给予行政处分。

第五十七条　行政机关违反本法第四十六条的规定自行收缴罚款的，财政部门违反本法第五十三条的规定向行政机关返还罚款或者拍卖款项的，由上级行政机关或者有关部门责令改正，对直接负责的主管人员和其他直接责任人员依法给予行政处分。

第五十八条　行政机关将罚款、没收的违法所得或者财物截留、私分或者变相私分的，由财政部门或者有关部门予以追缴，对直接负责的主管人员和其他直接责任人员依法给予行政处分；情节严重构成犯罪的，依法追究刑事责任。

执法人员利用职务上的便利，索取或者收受他人财物、收缴罚款据为己有，构成犯罪的，依法追究刑事责任；情节轻微不构成犯罪的，依法给予行政处分。

第五十九条　行政机关使用或者损毁扣押的财物，对当事人造成损失的，应当依法予以赔偿，对直接负责的主管人员和其他直接责任人员依法给予行政处分。

第六十条　行政机关违法实行检查措施或者执行措施，给公民人身或者财产造成损害、给法人或者其他组织造成损失的，应当依法予以赔偿，对直接负责的主管人员和其他直接责任人员依法给予行政处分；情节严重构成犯罪的，依法追究刑事责任。

第六十一条　行政机关为牟取本单位私利，对应当依法移交司法机关追究刑事责任的不移交，以行政处罚代替刑罚，由上级行政机关或者有关部门责令纠正；拒不纠正的，对直接负责的主管人员给予行政处分；徇私舞弊、包庇纵容违法行为的，依照刑法有关规定追究刑事责任。

第六十二条　执法人员玩忽职守，对应当予以制止和处罚的违法行为不予制止、处罚，致使公民、法人或者其他组织的合法权益、公共利益和社会秩序遭受损害的，对直接负责的主管人员和其他直接责任人员依法给予行政处分；情节严重构成犯罪的，依法追究刑事责任。

第八章　附　　则

第六十三条　本法第四十六条罚款决定与罚款收缴分离的规定，由国务院制定具体实施办法。

第六十四条　本法自1996年10月1日起施行。

本法公布前制定的法规和规章关于行政处罚的规定与本法不符合的，应当自本法公布之日起，依照本法规定予以修订，在1997年12月31日前修订完毕。

中华人民共和国行政复议法

（1999年4月29日第九届全国人民代表大会常务委员会第九次会议通过　2017年9月1日第十二届全国人民代表大会常务委员会第二十九次会议第二次修正)

目　　录

第一章　总则

第二章　行政复议范围

第三章　行政复议申请

第四章　行政复议受理

第五章　行政复议决定

第六章　法律责任

第七章　附则

第一章　总　　则

第一条　为了防止和纠正违法的或者不当的具体行政行为，保护公民、法人和其他组织的合法权益，保障和监督行政机关依法行使职权，根据宪法，制定本法。

第二条　公民、法人或者其他组织认为具体行政行为侵犯其合法权益，向行政机关提出行政复议申请，行政机关受理行政复议申请、作出行政复议决定，适用本法。

第三条　依照本法履行行政复议职责的行政机关是行政复议机关。行政复议机关负责法制工作的机构具体办理行政复议事项，履行下列职责：

（一）受理行政复议申请；

（二）向有关组织和人员调查取证，查阅文件和资料；

（三）审查申请行政复议的具体行政行为是否合法与适当，拟订行政复议决定；

（四）处理或者转送对本法第七条所列有关规定的审查申请；

（五）对行政机关违反本法规定的行为依照规定的权限和程序提出处理建议；

（六）办理因不服行政复议决定提起行政诉讼的应诉事项；

（七）法律、法规规定的其他职责。

行政机关中初次从事行政复议的人员，应当通过国家统一法律职业资格考试取得法律职业资格。

第四条　行政复议机关履行行政复议职责，应当遵循合法、公正、公开、及时、便民的原则，坚持有错必纠，保障法律、法规的正确实施。

第五条　公民、法人或者其他组织对行政复议决定不服的，可以依照行政诉讼法的规定向人民法院提起行政诉讼，但是法律规定行政复议决定为最终裁决的除外。

第二章　行政复议范围

第六条　有下列情形之一的，公民、法人或者其他组织可以依照本法申请行政复议：

（一）对行政机关作出的警告、罚款、没收违法所得、没收非法财物、责令停产停业、暂扣或者吊销许可证、暂扣或者吊销执照、行政拘留等行政处罚决定不服的；

（二）对行政机关作出的限制人身自由或者查封、扣押、冻结财产等行政强制措施决定不服的；

（三）对行政机关作出的有关许可证、执照、资质证、资格证等证书变更、中止、撤销的决定不服的；

（四）对行政机关作出的关于确认土地、矿藏、水流、森林、山岭、草原、荒地、滩涂、海域等自然资源的所有权或者使用权的决定不服的；

（五）认为行政机关侵犯合法的经营自主权的；

（六）认为行政机关变更或者废止农业承包合同，侵犯其合法权益的；

（七）认为行政机关违法集资、征收财物、摊派费用或者违法要求履行其他义务的；

（八）认为符合法定条件，申请行政机关颁发许可证、执照、资质证、资格证等证书，或者申请行政机关审批、登记有关事项，行政机关没有依法办理的；

（九）申请行政机关履行保护人身权利、财产权利、受教育权利的法定职责，行政机关没有依法履行的；

（十）申请行政机关依法发放抚恤金、社会保险金或者最低生活保障费，行政机关没有依法发放的；

（十一）认为行政机关的其他具体行政行为侵犯其合法权益的。

第七条　公民、法人或者其他组织认为行政机关的具体行政行为所依据的下列规定不合法，在对具体行政行为申请行政复议时，可以一并向行政复议机关提出对该规定的审查申请：

（一）国务院部门的规定；

（二）县级以上地方各级人民政府及其工作部门的规定；

（三）乡、镇人民政府的规定。

前款所列规定不含国务院部、委员会规章和地方人民政府规章。规章的审查依照法律、行政法规办理。

第八条　不服行政机关作出的行政处分或者其他人事处理决定的，依照有关法律、行政法规的规定提出申诉。

不服行政机关对民事纠纷作出的调解或者其他处理，依法申请仲裁或者向人民法院提起诉讼。

第三章　行政复议申请

第九条　公民、法人或者其他组织认为具体行政行为侵犯其合法权益的，可以自知道该具体行政行为之日起六十日内提出行政复议申请；但是法律规定的申请期限超过六十日的除外。

因不可抗力或者其他正当理由耽误法定申请期限的，申请期限自障碍消除之日起继续计算。

第十条　依照本法申请行政复议的公民、法人或者其他组织是申请人。

有权申请行政复议的公民死亡的，其近亲属可以申请行政复议。有权申请行政复议的公民为无民事行为能力人或者限制民事行为能力人的，其法定代理人可以代为申请行政复议。有权申请行政复议的法人或者其他组织终止的，承受其权利的法人或者其他组织可以申请行政复议。

同申请行政复议的具体行政行为有利害关系的其他公民、法人或者其他组织，可以作为第三人参加行政复议。

公民、法人或者其他组织对行政机关的具体行政行为不服申请行政复议的，作出具体行政行为的行政机关是被申请人。

申请人、第三人可以委托代理人代为参加行政复议。

第十一条　申请人申请行政复议，可以书面申请，也可以口头申请；口头申请的，行政复议机关应当当场记录申请人的基本情况、行政复议请求、申请行政复议的主要事实、理由和时间。

第十二条 对县级以上地方各级人民政府工作部门的具体行政行为不服的，由申请人选择，可以向该部门的本级人民政府申请行政复议，也可以向上一级主管部门申请行政复议。

对海关、金融、国税、外汇管理等实行垂直领导的行政机关和国家安全机关的具体行政行为不服的，向上一级主管部门申请行政复议。

第十三条 对地方各级人民政府的具体行政行为不服的，向上一级地方人民政府申请行政复议。

对省、自治区人民政府依法设立的派出机关所属的县级地方人民政府的具体行政行为不服的，向该派出机关申请行政复议。

第十四条 对国务院部门或者省、自治区、直辖市人民政府的具体行政行为不服的，向作出该具体行政行为的国务院部门或者省、自治区、直辖市人民政府申请行政复议。对行政复议决定不服的，可以向人民法院提起行政诉讼；也可以向国务院申请裁决，国务院依照本法的规定作出最终裁决。

第十五条 对本法第十二条、第十三条、第十四条规定以外的其他行政机关、组织的具体行政行为不服的，按照下列规定申请行政复议：

（一）对县级以上地方人民政府依法设立的派出机关的具体行政行为不服的，向设立该派出机关的人民政府申请行政复议；

（二）对政府工作部门依法设立的派出机构依照法律、法规或者规章规定，以自己的名义作出的具体行政行为不服的，向设立该派出机构的部门或者该部门的本级地方人民政府申请行政复议；

（三）对法律、法规授权的组织的具体行政行为不服的，分别向直接管理该组织的地方人民政府、地方人民政府工作部门或者国务院部门申请行政复议；

（四）对两个或者两个以上行政机关以共同的名义作出的具体行政行为不服的，向其共同上一级行政机关申请行政复议；

（五）对被撤销的行政机关在撤销前所作出的具体行政行为不服

的，向继续行使其职权的行政机关的上一级行政机关申请行政复议。

有前款所列情形之一的，申请人也可以向具体行政行为发生地的县级地方人民政府提出行政复议申请，由接受申请的县级地方人民政府依照本法第十八条的规定办理。

第十六条 公民、法人或者其他组织申请行政复议，行政复议机关已经依法受理的，或者法律、法规规定应当先向行政复议机关申请行政复议、对行政复议决定不服再向人民法院提起行政诉讼的，在法定行政复议期限内不得向人民法院提起行政诉讼。

公民、法人或者其他组织向人民法院提起行政诉讼，人民法院已经依法受理的，不得申请行政复议。

第四章 行政复议受理

第十七条 行政复议机关收到行政复议申请后，应当在五日内进行审查，对不符合本法规定的行政复议申请，决定不予受理，并书面告知申请人；对符合本法规定，但是不属于本机关受理的行政复议申请，应当告知申请人向有关行政复议机关提出。

除前款规定外，行政复议申请自行政复议机关负责法制工作的机构收到之日起即为受理。

第十八条 依照本法第十五条第二款的规定接受行政复议申请的县级地方人民政府，对依照本法第十五条第一款的规定属于其他行政复议机关受理的行政复议申请，应当自接到该行政复议申请之日起七日内，转送有关行政复议机关，并告知申请人。接受转送的行政复议机关应当依照本法第十七条的规定办理。

第十九条 法律、法规规定应当先向行政复议机关申请行政复议、对行政复议决定不服再向人民法院提起行政诉讼的，行政复议机关决定不予受理或者受理后超过行政复议期限不作答复的，公民、法人或者其他组织可以自收到不予受理决定书之日起或者行政复议期满之日起十五日内，依法向人民法院提起行政诉讼。

第二十条 公民、法人或者其他组织依法提出行政复议申请，行政复议机关无正当理由不予受理的，上级行政机关应当责令其受理；必要时，上级行政机关也可以直接受理。

第二十一条 行政复议期间具体行政行为不停止执行；但是，有下列情形之一的，可以停止执行：

（一）被申请人认为需要停止执行的；

（二）行政复议机关认为需要停止执行的；

（三）申请人申请停止执行，行政复议机关认为其要求合理，决定停止执行的；

（四）法律规定停止执行的。

第五章 行政复议决定

第二十二条 行政复议原则上采取书面审查的办法，但是申请人提出要求或者行政复议机关负责法制工作的机构认为有必要时，可以向有关组织和人员调查情况，听取申请人、被申请人和第三人的意见。

第二十三条 行政复议机关负责法制工作的机构应当自行政复议申请受理之日起七日内，将行政复议申请书副本或者行政复议申请笔录复印件发送被申请人。被申请人应当自收到申请书副本或者申请笔录复印件之日起十日内，提出书面答复，并提交当初作出具体行政行为的证据、依据和其他有关材料。

申请人、第三人可以查阅被申请人提出的书面答复、作出具体行政行为的证据、依据和其他有关材料，除涉及国家秘密、商业秘密或者个人隐私外，行政复议机关不得拒绝。

第二十四条 在行政复议过程中，被申请人不得自行向申请人和其他有关组织或者个人收集证据。

第二十五条 行政复议决定作出前，申请人要求撤回行政复议申请的，经说明理由，可以撤回；撤回行政复议申请的，行政复议终止。

第二十六条 申请人在申请行政复议时，一并提出对本法第七条所列有关规定的审查申请的，行政复议机关对该规定有权处理的，应当在三十日内依法处理；无权处理的，应当在七日内按照法定程序转送有权处理的行政机关依法处理，有权处理的行政机关应当在六十日内依法处理。处理期间，中止对具体行政行为的审查。

第二十七条　行政复议机关在对被申请人作出的具体行政行为进行审查时，认为其依据不合法，本机关有权处理的，应当在三十日内依法处理；无权处理的，应当在七日内按照法定程序转送有权处理的国家机关依法处理。处理期间，中止对具体行政行为的审查。

第二十八条　行政复议机关负责法制工作的机构应当对被申请人作出的具体行政行为进行审查，提出意见，经行政复议机关的负责人同意或者集体讨论通过后，按照下列规定作出行政复议决定：

（一）具体行政行为认定事实清楚，证据确凿，适用依据正确，程序合法，内容适当的，决定维持；

（二）被申请人不履行法定职责的，决定其在一定期限内履行；

（三）具体行政行为有下列情形之一的，决定撤销、变更或者确认该具体行政行为违法；决定撤销或者确认该具体行政行为违法的，可以责令被申请人在一定期限内重新作出具体行政行为：

1. 主要事实不清、证据不足的；
2. 适用依据错误的；
3. 违反法定程序的；
4. 超越或者滥用职权的；
5. 具体行政行为明显不当的。

（四）被申请人不按照本法第二十三条的规定提出书面答复、提交当初作出具体行政行为的证据、依据和其他有关材料的，视为该具体行政行为没有证据、依据，决定撤销该具体行政行为。

行政复议机关责令被申请人重新作出具体行政行为的，被申请人不得以同一的事实和理由作出与原具体行政行为相同或者基本相同的具体行政行为。

第二十九条　申请人在申请行政复议时可以一并提出行政赔偿请求，行政复议机关对符合国家赔偿法的有关规定应当给予赔偿的，在决定撤销、变更具体行政行为或者确认具体行政行为违法时，应当同时决定被申请人依法给予赔偿。

申请人在申请行政复议时没有提出行政赔偿请求的，行政复议机关在依法决定撤销或者变更罚款，撤销违法集资、没收财物、征收财物、摊派费用以及对财产的查封、扣押、冻结等具体行政行为时，应当同时责令被申请人返还财产，解除对财产的查封、扣押、冻结措施，或者赔偿相应的价款。

第三十条 公民、法人或者其他组织认为行政机关的具体行政行为侵犯其已经依法取得的土地、矿藏、水流、森林、山岭、草原、荒地、滩涂、海域等自然资源的所有权或者使用权的，应当先申请行政复议；对行政复议决定不服的，可以依法向人民法院提起行政诉讼。

根据国务院或者省、自治区、直辖市人民政府对行政区划的勘定、调整或者征收土地的决定，省、自治区、直辖市人民政府确认土地、矿藏、水流、森林、山岭、草原、荒地、滩涂、海域等自然资源的所有权或者使用权的行政复议决定为最终裁决。

第三十一条 行政复议机关应当自受理申请之日起六十日内作出行政复议决定；但是法律规定的行政复议期限少于六十日的除外。情况复杂，不能在规定期限内作出行政复议决定的，经行政复议机关的负责人批准，可以适当延长，并告知申请人和被申请人；但是延长期限最多不超过三十日。

行政复议机关作出行政复议决定，应当制作行政复议决定书，并加盖印章。

行政复议决定书一经送达，即发生法律效力。

第三十二条 被申请人应当履行行政复议决定。

被申请人不履行或者无正当理由拖延履行行政复议决定的，行政复议机关或者有关上级行政机关应当责令其限期履行。

第三十三条 申请人逾期不起诉又不履行行政复议决定的，或者不履行最终裁决的行政复议决定的，按照下列规定分别处理：

（一）维持具体行政行为的行政复议决定，由作出具体行政行为的行政机关依法强制执行，或者申请人民法院强制执行；

（二）变更具体行政行为的行政复议决定，由行政复议机关依法强制执行，或者申请人民法院强制执行。

第六章　法 律 责 任

第三十四条　行政复议机关违反本法规定，无正当理由不予受理依法提出的行政复议申请或者不按照规定转送行政复议申请的，或者在法定期限内不作出行政复议决定的，对直接负责的主管人员和其他直接责任人员依法给予警告、记过、记大过的行政处分；经责令受理仍不受理或者不按照规定转送行政复议申请，造成严重后果的，依法给予降级、撤职、开除的行政处分。

第三十五条　行政复议机关工作人员在行政复议活动中，徇私舞弊或者有其他渎职、失职行为的，依法给予警告、记过、记大过的行政处分；情节严重的，依法给予降级、撤职、开除的行政处分；构成犯罪的，依法追究刑事责任。

第三十六条　被申请人违反本法规定，不提出书面答复或者不提交作出具体行政行为的证据、依据和其他有关材料，或者阻挠、变相阻挠公民、法人或者其他组织依法申请行政复议的，对直接负责的主管人员和其他直接责任人员依法给予警告、记过、记大过的行政处分；进行报复陷害的，依法给予降级、撤职、开除的行政处分；构成犯罪的，依法追究刑事责任。

第三十七条　被申请人不履行或者无正当理由拖延履行行政复议决定的，对直接负责的主管人员和其他直接责任人员依法给予警告、记过、记大过的行政处分；经责令履行仍拒不履行的，依法给予降级、撤职、开除的行政处分。

第三十八条　行政复议机关负责法制工作的机构发现有无正当理由不予受理行政复议申请、不按照规定期限作出行政复议决定、徇私舞弊、对申请人打击报复或者不履行行政复议决定等情形的，应当向有关行政机关提出建议，有关行政机关应当依照本法和有关法律、行政法规的规定作出处理。

第七章　附　　则

第三十九条　行政复议机关受理行政复议申请，不得向申请人收取任何费用。行政复议活动所需经费，应当列入本机关的行政经费，由本级财政予以保障。

第四十条 行政复议期间的计算和行政复议文书的送达，依照民事诉讼法关于期间、送达的规定执行。

本法关于行政复议期间有关“五日”“七日”的规定是指工作日，不含节假日。

第四十一条 外国人、无国籍人、外国组织在中华人民共和国境内申请行政复议，适用本法。

第四十二条 本法施行前公布的法律有关行政复议的规定与本法的规定不一致的，以本法的规定为准。

第四十三条 本法自1999年10月1日起施行。1990年12月24日国务院发布、1994年10月9日国务院修订发布的《行政复议条例》同时废止。

中华人民共和国立法法

（2000年3月15日第九届全国人民代表大会第三次会议通过 2015年3月15日第十二届全国人民代表大会第三次会议修正）

目 录

第一章 总则

第二章 法律

第一节 立法权限

第二节 全国人民代表大会立法程序

第三节　全国人民代表大会常务委员会立法程序
第四节　法律解释
第五节　其他规定
第三章　行政法规
第四章　地方性法规、自治条例和单行条例、规章
第一节　地方性法规、自治条例和单行条例
第二节　规章
第五章　适用与备案审查
第六章　附则

第一章　总　　则

第一条　为了规范立法活动，健全国家立法制度，提高立法质量，完善中国特色社会主义法律体系，发挥立法的引领和推动作用，保障和发展社会主义民主，全面推进依法治国，建设社会主义法治国家，根据宪法，制定本法。

第二条　法律、行政法规、地方性法规、自治条例和单行条例的制定、修改和废止，适用本法。

国务院部门规章和地方政府规章的制定、修改和废止，依照本法的有关规定执行。

第三条　立法应当遵循宪法的基本原则，以经济建设为中心，坚持社会主义道路、坚持人民民主专政、坚持中国共产党的领导、坚持马克思列宁主义毛泽东思想邓小平理论，坚持改革开放。

第四条　立法应当依照法定的权限和程序，从国家整体利益出发，维护社会主义法制的统一和尊严。

第五条　立法应当体现人民的意志，发扬社会主义民主，坚持立法公开，保障人民通过多种途径参与立法活动。

第六条　立法应当从实际出发，适应经济社会发展和全面深化改革的要求，科学合理地规定公民、法人和其他组织的权利与义务、国家机关的权力与责任。

法律规范应当明确、具体，具有针对性和可执行性。

第二章 法　　律

第一节 立法权限

第七条 全国人民代表大会和全国人民代表大会常务委员会行使国家立法权。

全国人民代表大会制定和修改刑事、民事、国家机构的和其他的基本法律。

全国人民代表大会常务委员会制定和修改除应当由全国人民代表大会制定的法律以外的其他法律；在全国人民代表大会闭会期间，对全国人民代表大会制定的法律进行部分补充和修改，但是不得同该法律的基本原则相抵触。

第八条 下列事项只能制定法律：

（一）国家主权的事项；

（二）各级人民代表大会、人民政府、人民法院和人民检察院的产生、组织和职权；

（三）民族区域自治制度、特别行政区制度、基层群众自治制度；

（四）犯罪和刑罚；

（五）对公民政治权利的剥夺、限制人身自由的强制措施和处罚；

（六）税种的设立、税率的确定和税收征收管理等税收基本制度；

（七）对非国有财产的征收、征用；

（八）民事基本制度；

（九）基本经济制度以及财政、海关、金融和外贸的基本制度；

（十）诉讼和仲裁制度；

（十一）必须由全国人民代表大会及其常务委员会制定法律的其他事项。

第九条 本法第八条规定的事项尚未制定法律的，全国人民代表大会及其常务委员会有权作出决定，授权国务院可以根据实际需要，对其中的部分事项先制定行政法规，但是有关犯罪和刑罚、对公民政治权利的剥夺和限制人身自由的强制措施和处罚、司法制度等事项除外。

第十条　授权决定应当明确授权的目的、事项、范围、期限以及被授权机关实施授权决定应当遵循的原则等。

授权的期限不得超过五年，但是授权决定另有规定的除外。

被授权机关应当在授权期限届满的六个月以前，向授权机关报告授权决定实施的情况，并提出是否需要制定有关法律的意见；需要继续授权的，可以提出相关意见，由全国人民代表大会及其常务委员会决定。

第十一条　授权立法事项，经过实践检验，制定法律的条件成熟时，由全国人民代表大会及其常务委员会及时制定法律。法律制定后，相应立法事项的授权终止。

第十二条　被授权机关应当严格按照授权决定行使被授予的权力。

被授权机关不得将被授予的权力转授给其他机关。

第十三条　全国人民代表大会及其常务委员会可以根据改革发展的需要，决定就行政管理等领域的特定事项授权在一定期限内在部分地方暂时调整或者暂时停止适用法律的部分规定。

第二节　全国人民代表大会立法程序

第十四条　全国人民代表大会主席团可以向全国人民代表大会提出法律案，由全国人民代表大会会议审议。

全国人民代表大会常务委员会、国务院、中央军事委员会、最高人民法院、最高人民检察院、全国人民代表大会各专门委员会，可以向全国人民代表大会提出法律案，由主席团决定列入会议议程。

第十五条　一个代表团或者三十名以上的代表联名，可以向全国人民代表大会提出法律案，由主席团决定是否列入会议议程，或者先交有关的专门委员会审议、提出是否列入会议议程的意见，再决定是否列入会议议程。

专门委员会审议的时候，可以邀请提案人列席会议，发表意见。

第十六条 向全国人民代表大会提出的法律案，在全国人民代表大会闭会期间，可以先向常务委员会提出，经常务委员会会议依照本法第二章第三节规定的有关程序审议后，决定提请全国人民代表大会审议，由常务委员会向大会全体会议作说明，或者由提案人向大会全体会议作说明。

常务委员会依照前款规定审议法律案，应当通过多种形式征求全国人民代表大会代表的意见，并将有关情况予以反馈；专门委员会和常务委员会工作机构进行立法调研，可以邀请有关的全国人民代表大会代表参加。

第十七条 常务委员会决定提请全国人民代表大会会议审议的法律案，应当在会议举行的一个月前将法律草案发给代表。

第十八条 列入全国人民代表大会会议议程的法律案，大会全体会议听取提案人的说明后，由各代表团进行审议。

各代表团审议法律案时，提案人应当派人听取意见，回答询问。

各代表团审议法律案时，根据代表团的要求，有关机关、组织应当派人介绍情况。

第十九条 列入全国人民代表大会会议议程的法律案，由有关的专门委员会进行审议，向主席团提出审议意见，并印发会议。

第二十条 列入全国人民代表大会会议议程的法律案，由法律委员会根据各代表团和有关的专门委员会的审议意见，对法律案进行统一审议，向主席团提出审议结果报告和法律草案修改稿，对重要的不同意见应当在审议结果报告中予以说明，经主席团会议审议通过后，印发会议。

第二十一条 列入全国人民代表大会会议议程的法律案，必要时，主席团常务主席可以召开各代表团团长会议，就法律案中的重大问题听取各代表团的审议意见，进行讨论，并将讨论的情况和意见向主席团报告。

主席团常务主席也可以就法律案中的重大的专门性问题，召集代表团推选的有关代表进行讨论，并将讨论的情况和意见向主席团报告。

第二十二条　列入全国人民代表大会会议议程的法律案，在交付表决前，提案人要求撤回的，应当说明理由，经主席团同意，并向大会报告，对该法律案的审议即行终止。

第二十三条　法律案在审议中有重大问题需要进一步研究的，经主席团提出，由大会全体会议决定，可以授权常务委员会根据代表的意见进一步审议，作出决定，并将决定情况向全国人民代表大会下次会议报告；也可以授权常务委员会根据代表的意见进一步审议，提出修改方案，提请全国人民代表大会下次会议审议决定。

第二十四条　法律草案修改稿经各代表团审议，由法律委员会根据各代表团的审议意见进行修改，提出法律草案表决稿，由主席团提请大会全体会议表决，由全体代表的过半数通过。

第二十五条　全国人民代表大会通过的法律由国家主席签署主席令予以公布。

第三节　全国人民代表大会常务委员会立法程序

第二十六条　委员长会议可以向常务委员会提出法律案，由常务委员会会议审议。

国务院、中央军事委员会、最高人民法院、最高人民检察院、全国人民代表大会各专门委员会，可以向常务委员会提出法律案，由委员长会议决定列入常务委员会会议议程，或者先交有关的专门委员会审议、提出报告，再决定列入常务委员会会议议程。如果委员长会议认为法律案有重大问题需要进一步研究，可以建议提案人修改完善后再向常务委员会提出。

第二十七条　常务委员会组成人员十人以上联名，可以向常务委员会提出法律案，由委员长会议决定是否列入常务委员会会议议程，或者先交有关的专门委员会审议、提出是否列入会议议程的意见，再决定是否列入常务委员会会议议程。不列入常务委员会会议议程的，应当向常务委员会会议报告或者向提案人说明。

专门委员会审议的时候，可以邀请提案人列席会议，发表意见。

第二十八条 列入常务委员会会议议程的法律案，除特殊情况外，应当在会议举行的七日前将法律草案发给常务委员会组成人员。

常务委员会会议审议法律案时，应当邀请有关的全国人民代表大会代表列席会议。

第二十九条 列入常务委员会会议议程的法律案，一般应当经三次常务委员会会议审议后再交付表决。

常务委员会会议第一次审议法律案，在全体会议上听取提案人的说明，由分组会议进行初步审议。

常务委员会会议第二次审议法律案，在全体会议上听取法律委员会关于法律草案修改情况和主要问题的汇报，由分组会议进一步审议。

常务委员会会议第三次审议法律案，在全体会议上听取法律委员会关于法律草案审议结果的报告，由分组会议对法律草案修改稿进行审议。

常务委员会审议法律案时，根据需要，可以召开联组会议或者全体会议，对法律草案中的主要问题进行讨论。

第三十条 列入常务委员会会议议程的法律案，各方面意见比较一致的，可以经两次常务委员会会议审议后交付表决；调整事项较为单一或者部分修改的法律案，各方面的意见比较一致的，也可以经一次常务委员会会议审议即交付表决。

第三十一条 常务委员会分组会议审议法律案时，提案人应当派人听取意见，回答询问。

常务委员会分组会议审议法律案时，根据小组的要求，有关机关、组织应当派人介绍情况。

第三十二条 列入常务委员会会议议程的法律案，由有关的专门委员会进行审议，提出审议意见，印发常务委员会会议。

有关的专门委员会审议法律案时，可以邀请其他专门委员会的成员列席会议，发表意见。

第三十三条 列入常务委员会会议议程的法律案，由法律委员会根据常务委员会组成人员、有关的专门委员会的审议意见和各方面提出的意见，对法律案进行统一审议，提出修改情况的汇报或者审议结果报告和法律草案修改稿，对重要的不同意见应当在汇报或者审议结果报告中予以说明。对有关的专门委员会的审议意见没有采纳的，应当向有关的专门委员会反馈。

法律委员会审议法律案时，应当邀请有关的专门委员会的成员列席会议，发表意见。

第三十四条 专门委员会审议法律案时，应当召开全体会议审议，根据需要，可以要求有关机关、组织派有关负责人说明情况。

第三十五条 专门委员会之间对法律草案的重要问题意见不一致时，应当向委员长会议报告。

第三十六条 列入常务委员会会议议程的法律案，法律委员会、有关的专门委员会和常务委员会工作机构应当听取各方面的意见。听取意见可以采取座谈会、论证会、听证会等多种形式。

法律案有关问题专业性较强，需要进行可行性评价的，应当召开论证会，听取有关专家、部门和全国人民代表大会代表等方面的意见。论证情况应当向常务委员会报告。

法律案有关问题存在重大意见分歧或者涉及利益关系重大调整，需要进行听证的，应当召开听证会，听取有关基层和群体代表、部门、人民团体、专家、全国人民代表大会代表和社会有关方面的意见。听证情况应当向常务委员会报告。

常务委员会工作机构应当将法律草案发送相关领域的全国人民代表大会代表、地方人民代表大会常务委员会以及有关部门、组织和专家征求意见。

第三十七条 列入常务委员会会议议程的法律案，应当在常务委员会会议后将法律草案及其起草、修改的说明等向社会公布，征求意见，但是经委员长会议决定不公布的除外。向社会公布征求意见的时间一般不少于三十日。征求意见的情况应当向社会通报。

第三十八条 列入常务委员会会议议程的法律案，常务委员会工作机构应当收集整理分组审议的意见和各方面提出的意见以及其他有关资料，分送法律委员会和有关的专门委员会，并根据需要，印发常务委员会会议。

第三十九条 拟提请常务委员会会议审议通过的法律案，在法律委员会提出审议结果报告前，常务委员会工作机构可以对法律草案中主要制度规范的可行性、法律出台时机、法律实施的社会效果和可能出现的问题等进行评估。评估情况由法律委员会在审议结果报告中予以说明。

第四十条 列入常务委员会会议议程的法律案，在交付表决前，提案人要求撤回的，应当说明理由，经委员长会议同意，并向常务委员会报告，对该法律案的审议即行终止。

第四十一条 法律草案修改稿经常务委员会会议审议，由法律委员会根据常务委员会组成人员的审议意见进行修改，提出法律草案表决稿，由委员长会议提请常务委员会全体会议表决，由常务委员会全体组成人员的过半数通过。

法律草案表决稿交付常务委员会会议表决前，委员长会议根据常务委员会会议审议的情况，可以决定将个别意见分歧较大的重要条款提请常务委员会会议单独表决。

单独表决的条款经常务委员会会议表决后，委员长会议根据单独表决的情况，可以决定将法律草案表决稿交付表决，也可以决定暂不付表决，交法律委员会和有关的专门委员会进一步审议。

第四十二条 列入常务委员会会议审议的法律案，因各方面对制定该法律的必要性、可行性等重大问题存在较大意见分歧搁置审议满两年的，或者因暂不付表决经过两年没有再次列入常务委员会会议议程审议的，由委员长会议向常务委员会报告，该法律案终止审议。

第四十三条 对多部法律中涉及同类事项的个别条款进行修改，一并提出法律案的，经委员长会议决定，可以合并表决，也可以分别表决。

第四十四条 常务委员会通过的法律由国家主席签署主席令予以公布。

第四节　法律解释

第四十五条　法律解释权属于全国人民代表大会常务委员会。

法律有以下情况之一的，由全国人民代表大会常务委员会解释：

（一）法律的规定需要进一步明确具体含义的；

（二）法律制定后出现新的情况，需要明确适用法律依据的。

第四十六条　国务院、中央军事委员会、最高人民法院、最高人民检察院和全国人民代表大会各专门委员会以及省、自治区、直辖市的人民代表大会常务委员会可以向全国人民代表大会常务委员会提出法律解释要求。

第四十七条　常务委员会工作机构研究拟订法律解释草案，由委员长会议决定列入常务委员会会议议程。

第四十八条　法律解释草案经常务委员会会议审议，由法律委员会根据常务委员会组成人员的审议意见进行审议、修改，提出法律解释草案表决稿。

第四十九条　法律解释草案表决稿由常务委员会全体组成人员的过半数通过，由常务委员会发布公告予以公布。

第五十条　全国人民代表大会常务委员会的法律解释同法律具有同等效力。

第五节　其他规定

第五十一条　全国人民代表大会及其常务委员会加强对立法工作的组织协调，发挥在立法工作中的主导作用。

第五十二条　全国人民代表大会常务委员会通过立法规划、年度立法计划等形式，加强对立法工作的统筹安排。编制立法规划和年度立法计划，应当认真研究代表议案和建议，广泛征集意见，科学论证评估，根据经济社会发展和民主法治建设的需要，确定立法项目，提高立法的及时性、针对性和系统性。立法规划和年度立法计划由委员长会议通过并向社会公布。

全国人民代表大会常务委员会工作机构负责编制立法规划和拟

订年度立法计划，并按照全国人民代表大会常务委员会的要求，督促立法规划和年度立法计划的落实。

第五十三条 全国人民代表大会有关的专门委员会、常务委员会工作机构应当提前参与有关方面的法律草案起草工作；综合性、全局性、基础性的重要法律草案，可以由有关的专门委员会或者常务委员会工作机构组织起草。

专业性较强的法律草案，可以吸收相关领域的专家参与起草工作，或者委托有关专家、教学科研单位、社会组织起草。

第五十四条 提出法律案，应当同时提出法律草案文本及其说明，并提供必要的参阅资料。修改法律的，还应当提交修改前后的对照文本。法律草案的说明应当包括制定或者修改法律的必要性、可行性和主要内容，以及起草过程中对重大分歧意见的协调处理情况。

第五十五条 向全国人民代表大会及其常务委员会提出的法律案，在列入会议议程前，提案人有权撤回。

第五十六条 交付全国人民代表大会及其常务委员会全体会议表决未获得通过的法律案，如果提案人认为必须制定该法律，可以按照法律规定的程序重新提出，由主席团、委员长会议决定是否列入会议议程；其中，未获得全国人民代表大会通过的法律案，应当提请全国人民代表大会审议决定。

第五十七条 法律应当明确规定施行日期。

第五十八条 签署公布法律的主席令载明该法律的制定机关、通过和施行日期。

法律签署公布后，及时在全国人民代表大会常务委员会公报和中国人大网以及在全国范围内发行的报纸上刊载。

在常务委员会公报上刊登的法律文本为标准文本。

第五十九条 法律的修改和废止程序，适用本章的有关规定。

法律被修改的，应当公布新的法律文本。

法律被废止的，除由其他法律规定废止该法律的以外，由国家主席签署主席令予以公布。

第六十条　法律草案与其他法律相关规定不一致的，提案人应当予以说明并提出处理意见，必要时应当同时提出修改或者废止其他法律相关规定的议案。

法律委员会和有关的专门委员会审议法律案时，认为需要修改或者废止其他法律相关规定的，应当提出处理意见。

第六十一条　法律根据内容需要，可以分编、章、节、条、款、项、目。

编、章、节、条的序号用中文数字依次表述，款不编序号，项的序号用中文数字加括号依次表述，目的序号用阿拉伯数字依次表述。

法律标题的题注应当载明制定机关、通过日期。经过修改的法律，应当依次载明修改机关、修改日期。

第六十二条　法律规定明确要求有关国家机关对专门事项作出配套的具体规定的，有关国家机关应当自法律施行之日起一年内作出规定，法律对配套的具体规定制定期限另有规定的，从其规定。有关国家机关未能在期限内作出配套的具体规定的，应当向全国人民代表大会常务委员会说明情况。

第六十三条　全国人民代表大会有关的专门委员会、常务委员会工作机构可以组织对有关法律或者法律中有关规定进行立法后评估。评估情况应当向常务委员会报告。

第六十四条　全国人民代表大会常务委员会工作机构可以对有关具体问题的法律询问进行研究予以答复，并报常务委员会备案。

第三章　行政法规

第六十五条　国务院根据宪法和法律，制定行政法规。

行政法规可以就下列事项作出规定：

（一）为执行法律的规定需要制定行政法规的事项；

（二）宪法第八十九条规定的国务院行政管理职权的事项。

应当由全国人民代表大会及其常务委员会制定法律的事项，国务院根据全国人民代表大会及其常务委员会的授权决定先制定的行政法规，经过实践检验，制定法律的条件成熟时，国务院应当及时提请全国人民代表大会及其常务委员会制定法律。

第六十六条 国务院法制机构应当根据国家总体工作部署拟订国务院年度立法计划，报国务院审批。国务院年度立法计划中的法律项目应当与全国人民代表大会常务委员会的立法规划和年度立法计划相衔接。国务院法制机构应当及时跟踪了解国务院各部门落实立法计划的情况，加强组织协调和督促指导。

国务院有关部门认为需要制定行政法规的，应当向国务院报请立项。

第六十七条 行政法规由国务院有关部门或者国务院法制机构具体负责起草，重要行政管理的法律、行政法规草案由国务院法制机构组织起草。行政法规在起草过程中，应当广泛听取有关机关、组织、人民代表大会代表和社会公众的意见。听取意见可以采取座谈会、论证会、听证会等多种形式。

行政法规草案应当向社会公布，征求意见，但是经国务院决定不公布的除外。

第六十八条 行政法规起草工作完成后，起草单位应当将草案及其说明、各方面对草案主要问题的不同意见和其他有关资料送国务院法制机构进行审查。

国务院法制机构应当向国务院提出审查报告和草案修改稿，审查报告应当对草案主要问题作出说明。

第六十九条 行政法规的决定程序依照中华人民共和国国务院组织法的有关规定办理。

第七十条 行政法规由总理签署国务院令公布。

有关国防建设的行政法规，可以由国务院总理、中央军事委员会主席共同签署国务院、中央军事委员会令公布。

第七十一条 行政法规签署公布后，及时在国务院公报和中国政府法制信息网以及在全国范围内发行的报纸上刊载。

在国务院公报上刊登的行政法规文本为标准文本。

第四章　地方性法规、自治条例和单行条例、规章

第一节　地方性法规、自治条例和单行条例

第七十二条　省、自治区、直辖市的人民代表大会及其常务委员会根据本行政区域的具体情况和实际需要，在不同宪法、法律、行政法规相抵触的前提下，可以制定地方性法规。

设区的市的人民代表大会及其常务委员会根据本市的具体情况和实际需要，在不同宪法、法律、行政法规和本省、自治区的地方性法规相抵触的前提下，可以对城乡建设与管理、环境保护、历史文化保护等方面的事项制定地方性法规，法律对设区的市制定地方性法规的事项另有规定的，从其规定。设区的市的地方性法规须报省、自治区的人民代表大会常务委员会批准后施行。省、自治区的人民代表大会常务委员会对报请批准的地方性法规，应当对其合法性进行审查，同宪法、法律、行政法规和本省、自治区的地方性法规不抵触的，应当在四个月内予以批准。

省、自治区的人民代表大会常务委员会在对报请批准的设区的市的地方性法规进行审查时，发现其同本省、自治区的人民政府的规章相抵触的，应当作出处理决定。

除省、自治区的人民政府所在地的市，经济特区所在地的市和国务院已经批准的较大的市以外，其他设区的市开始制定地方性法规的具体步骤和时间，由省、自治区的人民代表大会常务委员会综合考虑本省、自治区所辖的设区的市的人口数量、地域面积、经济社会发展情况以及立法需求、立法能力等因素确定，并报全国人民代表大会常务委员会和国务院备案。

自治州的人民代表大会及其常务委员会可以依照本条第二款规定行使设区的市制定地方性法规的职权。自治州开始制定地方性法规的具体步骤和时间，依照前款规定确定。

省、自治区的人民政府所在地的市，经济特区所在地的市和国务院已经批准的较大的市已经制定的地方性法规，涉及本条第二款

规定事项范围以外的，继续有效。

第七十三条 地方性法规可以就下列事项作出规定：

（一）为执行法律、行政法规的规定，需要根据本行政区域的实际情况作具体规定的事项；

（二）属于地方性事务需要制定地方性法规的事项。

除本法第八条规定的事项外，其他事项国家尚未制定法律或者行政法规的，省、自治区、直辖市和设区的市、自治州根据本地方的具体情况和实际需要，可以先制定地方性法规。在国家制定的法律或者行政法规生效后，地方性法规同法律或者行政法规相抵触的规定无效，制定机关应当及时予以修改或者废止。

设区的市、自治州根据本条第一款、第二款制定地方性法规，限于本法第七十二条第二款规定的事项。

制定地方性法规，对上位法已经明确规定的内容，一般不作重复性规定。

第七十四条 经济特区所在地的省、市的人民代表大会及其常务委员会根据全国人民代表大会的授权决定，制定法规，在经济特区范围内实施。

第七十五条 民族自治地方的人民代表大会有权依照当地民族的政治、经济和文化的特点，制定自治条例和单行条例。自治区的自治条例和单行条例，报全国人民代表大会常务委员会批准后生效。自治州、自治县的自治条例和单行条例，报省、自治区、直辖市的人民代表大会常务委员会批准后生效。

自治条例和单行条例可以依照当地民族的特点，对法律和行政法规的规定作出变通规定，但不得违背法律或者行政法规的基本原则，不得对宪法和民族区域自治法的规定以及其他有关法律、行政法规专门就民族自治地方所作的规定作出变通规定。

第七十六条 规定本行政区域特别重大事项的地方性法规，应当由人民代表大会通过。

第七十七条 地方性法规案、自治条例和单行条例案的提出、审议和表决程序，根据中华人民共和国地方各级人民代表大会和地方各级人民政府组织法，参照本法第二章第二节、第三节、第五节的规定，由本级人民代表大会规定。

地方性法规草案由负责统一审议的机构提出审议结果的报告和草案修改稿。

第七十八条　省、自治区、直辖市的人民代表大会制定的地方性法规由大会主席团发布公告予以公布。

省、自治区、直辖市的人民代表大会常务委员会制定的地方性法规由常务委员会发布公告予以公布。

设区的市、自治州的人民代表大会及其常务委员会制定的地方性法规报经批准后，由设区的市、自治州的人民代表大会常务委员会发布公告予以公布。

自治条例和单行条例报经批准后，分别由自治区、自治州、自治县的人民代表大会常务委员会发布公告予以公布。

第七十九条　地方性法规、自治区的自治条例和单行条例公布后，及时在本级人民代表大会常务委员会公报和中国人大网、本地方人民代表大会网站以及在本行政区域范围内发行的报纸上刊载。

在常务委员会公报上刊登的地方性法规、自治条例和单行条例文本为标准文本。

第二节　规　　章

第八十条　国务院各部、委员会、中国人民银行、审计署和具有行政管理职能的直属机构，可以根据法律和国务院的行政法规、决定、命令，在本部门的权限范围内，制定规章。

部门规章规定的事项应当属于执行法律或者国务院的行政法规、决定、命令的事项。没有法律或者国务院的行政法规、决定、命令的依据，部门规章不得设定减损公民、法人和其他组织权利或者增加其义务的规范，不得增加本部门的权力或者减少本部门的法定职责。

第八十一条　涉及两个以上国务院部门职权范围的事项，应当提请国务院制定行政法规或者由国务院有关部门联合制定规章。

第八十二条 省、自治区、直辖市和设区的市、自治州的人民政府，可以根据法律、行政法规和本省、自治区、直辖市的地方性法规，制定规章。

地方政府规章可以就下列事项作出规定：

（一）为执行法律、行政法规、地方性法规的规定需要制定规章的事项；

（二）属于本行政区域的具体行政管理事项。

设区的市、自治州的人民政府根据本条第一款、第二款制定地方政府规章，限于城乡建设与管理、环境保护、历史文化保护等方面的事项。已经制定的地方政府规章，涉及上述事项范围以外的，继续有效。

除省、自治区的人民政府所在地的市，经济特区所在地的市和国务院已经批准的较大的市以外，其他设区的市、自治州的人民政府开始制定规章的时间，与本省、自治区人民代表大会常务委员会确定的本市、自治州开始制定地方性法规的时间同步。

应当制定地方性法规但条件尚不成熟的，因行政管理迫切需要，可以先制定地方政府规章。规章实施满两年需要继续实施规章所规定的行政措施的，应当提请本级人民代表大会或者其常务委员会制定地方性法规。

没有法律、行政法规、地方性法规的依据，地方政府规章不得设定减损公民、法人和其他组织权利或者增加其义务的规范。

第八十三条 国务院部门规章和地方政府规章的制定程序，参照本法第三章的规定，由国务院规定。

第八十四条 部门规章应当经部务会议或者委员会会议决定。

地方政府规章应当经政府常务会议或者全体会议决定。

第八十五条 部门规章由部门首长签署命令予以公布。

地方政府规章由省长、自治区主席、市长或者自治州州长签署命令予以公布。

第八十六条 部门规章签署公布后，及时在国务院公报或者部门公报和中国政府法制信息网以及在全国范围内发行的报纸上刊载。

地方政府规章签署公布后，及时在本级人民政府公报和中国政府法制信息网以及在本行政区域范围内发行的报纸上刊载。

在国务院公报或者部门公报和地方人民政府公报上刊登的规章文本为标准文本。

第五章　适用与备案审查

第八十七条　宪法具有最高的法律效力，一切法律、行政法规、地方性法规、自治条例和单行条例、规章都不得同宪法相抵触。

第八十八条　法律的效力高于行政法规、地方性法规、规章。

行政法规的效力高于地方性法规、规章。

第八十九条　地方性法规的效力高于本级和下级地方政府规章。

省、自治区的人民政府制定的规章的效力高于本行政区域内的设区的市、自治州的人民政府制定的规章。

第九十条　自治条例和单行条例依法对法律、行政法规、地方性法规作变通规定的，在本自治地方适用自治条例和单行条例的规定。

经济特区法规根据授权对法律、行政法规、地方性法规作变通规定的，在本经济特区适用经济特区法规的规定。

第九十一条　部门规章之间、部门规章与地方政府规章之间具有同等效力，在各自的权限范围内施行。

第九十二条　同一机关制定的法律、行政法规、地方性法规、自治条例和单行条例、规章，特别规定与一般规定不一致的，适用特别规定；新的规定与旧的规定不一致的，适用新的规定。

第九十三条　法律、行政法规、地方性法规、自治条例和单行条例、规章不溯及既往，但为了更好地保护公民、法人和其他组织的权利和利益而作的特别规定除外。

第九十四条　法律之间对同一事项的新的一般规定与旧的特别规定不一致，不能确定如何适用时，由全国人民代表大会常务委员会裁决。

行政法规之间对同一事项的新的一般规定与旧的特别规定不一

致，不能确定如何适用时，由国务院裁决。

第九十五条 地方性法规、规章之间不一致时，由有关机关依照下列规定的权限作出裁决：

（一）同一机关制定的新的一般规定与旧的特别规定不一致时，由制定机关裁决；

（二）地方性法规与部门规章之间对同一事项的规定不一致，不能确定如何适用时，由国务院提出意见，国务院认为应当适用地方性法规的，应当决定在该地方适用地方性法规的规定；认为应当适用部门规章的，应当提请全国人民代表大会常务委员会裁决；

（三）部门规章之间、部门规章与地方政府规章之间对同一事项的规定不一致时，由国务院裁决。

根据授权制定的法规与法律规定不一致，不能确定如何适用时，由全国人民代表大会常务委员会裁决。

第九十六条 法律、行政法规、地方性法规、自治条例和单行条例、规章有下列情形之一的，由有关机关依照本法第九十七条规定的权限予以改变或者撤销：

（一）超越权限的；

（二）下位法违反上位法规定的；

（三）规章之间对同一事项的规定不一致，经裁决应当改变或者撤销一方的规定的；

（四）规章的规定被认为不适当，应当予以改变或者撤销的；

（五）违背法定程序的。

第九十七条 改变或者撤销法律、行政法规、地方性法规、自治条例和单行条例、规章的权限是：

（一）全国人民代表大会有权改变或者撤销它的常务委员会制定的不适当的法律，有权撤销全国人民代表大会常务委员会批准的违背宪法和本法第七十五条第二款规定的自治条例和单行条例；

（二）全国人民代表大会常务委员会有权撤销同宪法和法律相抵触的行政法规，有权撤销同宪法、法律和行政法规相抵触的地方性法规，有权撤销省、自治区、直辖市的人民代表大会常务委员会批准的违背宪法和本法第七十五条第二款规定的自治条例和单行条例；

（三）国务院有权改变或者撤销不适当的部门规章和地方政府规章；

（四）省、自治区、直辖市的人民代表大会有权改变或者撤销它的常务委员会制定的和批准的不适当的地方性法规；

（五）地方人民代表大会常务委员会有权撤销本级人民政府制定的不适当的规章；

（六）省、自治区的人民政府有权改变或者撤销下一级人民政府制定的不适当的规章；

（七）授权机关有权撤销被授权机关制定的超越授权范围或者违背授权目的的法规，必要时可以撤销授权。

第九十八条　行政法规、地方性法规、自治条例和单行条例、规章应当在公布后的三十日内依照下列规定报有关机关备案：

（一）行政法规报全国人民代表大会常务委员会备案；

（二）省、自治区、直辖市的人民代表大会及其常务委员会制定的地方性法规，报全国人民代表大会常务委员会和国务院备案；设区的市、自治州的人民代表大会及其常务委员会制定的地方性法规，由省、自治区的人民代表大会常务委员会报全国人民代表大会常务委员会和国务院备案；

（三）自治州、自治县的人民代表大会制定的自治条例和单行条例，由省、自治区、直辖市的人民代表大会常务委员会报全国人民代表大会常务委员会和国务院备案；自治条例、单行条例报送备案时，应当说明对法律、行政法规、地方性法规作出变通的情况；

（四）部门规章和地方政府规章报国务院备案；地方政府规章应当同时报本级人民代表大会常务委员会备案；设区的市、自治州的人民政府制定的规章应当同时报省、自治区的人民代表大会常务委员会和人民政府备案；

（五）根据授权制定的法规应当报授权决定规定的机关备案；经济特区法规报送备案时，应当说明对法律、行政法规、地方性法规作出变通的情况。

第九十九条 国务院、中央军事委员会、最高人民法院、最高人民检察院和各省、自治区、直辖市的人民代表大会常务委员会认为行政法规、地方性法规、自治条例和单行条例同宪法或者法律相抵触的，可以向全国人民代表大会常务委员会书面提出进行审查的要求，由常务委员会工作机构分送有关的专门委员会进行审查、提出意见。

前款规定以外的其他国家机关和社会团体、企业事业组织以及公民认为行政法规、地方性法规、自治条例和单行条例同宪法或者法律相抵触的，可以向全国人民代表大会常务委员会书面提出进行审查的建议，由常务委员会工作机构进行研究，必要时，送有关的专门委员会进行审查、提出意见。

有关的专门委员会和常务委员会工作机构可以对报送备案的规范性文件进行主动审查。

第一百条 全国人民代表大会专门委员会、常务委员会工作机构在审查、研究中认为行政法规、地方性法规、自治条例和单行条例同宪法或者法律相抵触的，可以向制定机关提出书面审查意见、研究意见；也可以由法律委员会与有关的专门委员会、常务委员会工作机构召开联合审查会议，要求制定机关到会说明情况，再向制定机关提出书面审查意见。制定机关应当在两个月内研究提出是否修改的意见，并向全国人民代表大会法律委员会和有关的专门委员会或者常务委员会工作机构反馈。

全国人民代表大会法律委员会、有关的专门委员会、常务委员会工作机构根据前款规定，向制定机关提出审查意见、研究意见，制定机关按照所提意见对行政法规、地方性法规、自治条例和单行条例进行修改或者废止的，审查终止。

全国人民代表大会法律委员会、有关的专门委员会、常务委员会工作机构经审查、研究认为行政法规、地方性法规、自治条例和单行条例同宪法或者法律相抵触而制定机关不予修改的，应当向委员长会议提出予以撤销的议案、建议，由委员长会议决定提请常务委员会会议审议决定。

第一百零一条　全国人民代表大会有关的专门委员会和常务委员会工作机构应当按照规定要求，将审查、研究情况向提出审查建议的国家机关、社会团体、企业事业组织以及公民反馈，并可以向社会公开。

第一百零二条　其他接受备案的机关对报送备案的地方性法规、自治条例和单行条例、规章的审查程序，按照维护法制统一的原则，由接受备案的机关规定。

第六章　附　　则

第一百零三条　中央军事委员会根据宪法和法律，制定军事法规。

中央军事委员会各总部、军兵种、军区、中国人民武装警察部队，可以根据法律和中央军事委员会的军事法规、决定、命令，在其权限范围内，制定军事规章。

军事法规、军事规章在武装力量内部实施。

军事法规、军事规章的制定、修改和废止办法，由中央军事委员会依照本法规定的原则规定。

第一百零四条　最高人民法院、最高人民检察院作出的属于审判、检察工作中具体应用法律的解释，应当主要针对具体的法律条文，并符合立法的目的、原则和原意。遇有本法第四十五条第二款规定情况的，应当向全国人民代表大会常务委员会提出法律解释的要求或者提出制定、修改有关法律的议案。

最高人民法院、最高人民检察院作出的属于审判、检察工作中具体应用法律的解释，应当自公布之日起三十日内报全国人民代表大会常务委员会备案。

最高人民法院、最高人民检察院以外的审判机关和检察机关，不得作出具体应用法律的解释。

第一百零五条　本法自 2000 年 7 月 1 日起施行。

中华人民共和国行政许可法

（2003 年 8 月 27 日第十届全国人民代表大会常务委员会第四次会议通过）

目　录

第一章　总则
第二章　行政许可的设定
第三章　行政许可的实施机关
第四章　行政许可的实施程序
　第一节　申请与受理
　第二节　审查与决定
　第三节　期限
　第四节　听证
　第五节　变更与延续
　第六节　特别规定
第五章　行政许可的费用
第六章　监督检查
第七章　法律责任
第八章　附则

第一章　总　则

第一条　为了规范行政许可的设定和实施，保护公民、法人和其他组织的合法权益，维护公共利益和社会秩序，保障和监督行政机关有效实施行政管理，根据宪法，制定本法。

第二条　本法所称行政许可，是指行政机关根据公民、法人或者其他组织的申请，经依法审查，准予其从事特定活动的行为。

第三条　行政许可的设定和实施，适用本法。

有关行政机关对其他机关或者对其直接管理的事业单位的人事、财务、外事等事项的审批，不适用本法。

第四条　设定和实施行政许可，应当依照法定的权限、范围、条件和程序。

第五条　设定和实施行政许可，应当遵循公开、公平、公正的原则。

有关行政许可的规定应当公布；未经公布的，不得作为实施行政许可的依据。行政许可的实施和结果，除涉及国家秘密、商业秘密或者个人隐私的外，应当公开。

符合法定条件、标准的，申请人有依法取得行政许可的平等权利，行政机关不得歧视。

第六条　实施行政许可，应当遵循便民的原则，提高办事效率，提供优质服务。

第七条　公民、法人或者其他组织对行政机关实施行政许可，享有陈述权、申辩权；有权依法申请行政复议或者提起行政诉讼；其合法权益因行政机关违法实施行政许可受到损害的，有权依法要求赔偿。

第八条　公民、法人或者其他组织依法取得的行政许可受法律保护，行政机关不得擅自改变已经生效的行政许可。

行政许可所依据的法律、法规、规章修改或者废止，或者准予行政许可所依据的客观情况发生重大变化的，为了公共利益的需要，行政机关可以依法变更或者撤回已经生效的行政许可。由此给公民、法人或者其他组织造成财产损失的，行政机关应当依法给予补偿。

第九条　依法取得的行政许可，除法律、法规规定依照法定条件和程序可以转让的外，不得转让。

第十条　县级以上人民政府应当建立健全对行政机关实施行政

许可的监督制度，加强对行政机关实施行政许可的监督检查。

行政机关应当对公民、法人或者其他组织从事行政许可事项的活动实施有效监督。

第二章　行政许可的设定

第十一条　设定行政许可，应当遵循经济和社会发展规律，有利于发挥公民、法人或者其他组织的积极性、主动性，维护公共利益和社会秩序，促进经济、社会和生态环境协调发展。

第十二条　下列事项可以设定行政许可：

（一）直接涉及国家安全、公共安全、经济宏观调控、生态环境保护以及直接关系人身健康、生命财产安全等特定活动，需要按照法定条件予以批准的事项；

（二）有限自然资源开发利用、公共资源配置以及直接关系公共利益的特定行业的市场准入等，需要赋予特定权利的事项；

（三）提供公众服务并且直接关系公共利益的职业、行业，需要确定具备特殊信誉、特殊条件或者特殊技能等资格、资质的事项；

（四）直接关系公共安全、人身健康、生命财产安全的重要设备、设施、产品、物品，需要按照技术标准、技术规范，通过检验、检测、检疫等方式进行审定的事项；

（五）企业或者其他组织的设立等，需要确定主体资格的事项；

（六）法律、行政法规规定可以设定行政许可的其他事项。

第十三条　本法第十二条所列事项，通过下列方式能够予以规范的，可以不设行政许可：

（一）公民、法人或者其他组织能够自主决定的；

（二）市场竞争机制能够有效调节的；

（三）行业组织或者中介机构能够自律管理的；

（四）行政机关采用事后监督等其他行政管理方式能够解决的。

第十四条　本法第十二条所列事项，法律可以设定行政许可。尚未制定法律的，行政法规可以设定行政许可。

必要时，国务院可以采用发布决定的方式设定行政许可。实施后，除临时性行政许可事项外，国务院应当及时提请全国人民代表大会及其常务委员会制定法律，或者自行制定行政法规。

第十五条　本法第十二条所列事项，尚未制定法律、行政法规的，地方性法规可以设定行政许可；尚未制定法律、行政法规和地方性法规的，因行政管理的需要，确需立即实施行政许可的，省、自治区、直辖市人民政府规章可以设定临时性的行政许可。临时性的行政许可实施满一年需要继续实施的，应当提请本级人民代表大会及其常务委员会制定地方性法规。

地方性法规和省、自治区、直辖市人民政府规章，不得设定应当由国家统一确定的公民、法人或者其他组织的资格、资质的行政许可；不得设定企业或者其他组织的设立登记及其前置性行政许可。其设定的行政许可，不得限制其他地区的个人或者企业到本地区从事生产经营和提供服务，不得限制其他地区的商品进入本地区市场。

第十六条　行政法规可以在法律设定的行政许可事项范围内，对实施该行政许可作出具体规定。

地方性法规可以在法律、行政法规设定的行政许可事项范围内，对实施该行政许可作出具体规定。

规章可以在上位法设定的行政许可事项范围内，对实施该行政许可作出具体规定。

法规、规章对实施上位法设定的行政许可作出的具体规定，不得增设行政许可；对行政许可条件作出的具体规定，不得增设违反上位法的其他条件。

第十七条　除本法第十四条、第十五条规定的外，其他规范性文件一律不得设定行政许可。

第十八条　设定行政许可，应当规定行政许可的实施机关、条件、程序、期限。

第十九条　起草法律草案、法规草案和省、自治区、直辖市人民政府规章草案，拟设定行政许可的，起草单位应当采取听证会、论证会等形式听取意见，并向制定机关说明设定该行政许可的必要性、对经济和社会可能产生的影响以及听取和采纳意见的情况。

第二十条 行政许可的设定机关应当定期对其设定的行政许可进行评价；对已设定的行政许可，认为通过本法第十三条所列方式能够解决的，应当对设定该行政许可的规定及时予以修改或者废止。

行政许可的实施机关可以对已设定的行政许可的实施情况及存在的必要性适时进行评价，并将意见报告该行政许可的设定机关。

公民、法人或者其他组织可以向行政许可的设定机关和实施机关就行政许可的设定和实施提出意见和建议。

第二十一条 省、自治区、直辖市人民政府对行政法规设定的有关经济事务的行政许可，根据本行政区域经济和社会发展情况，认为通过本法第十三条所列方式能够解决的，报国务院批准后，可以在本行政区域内停止实施该行政许可。

第三章 行政许可的实施机关

第二十二条 行政许可由具有行政许可权的行政机关在其法定职权范围内实施。

第二十三条 法律、法规授权的具有管理公共事务职能的组织，在法定授权范围内，以自己的名义实施行政许可。被授权的组织适用本法有关行政机关的规定。

第二十四条 行政机关在其法定职权范围内，依照法律、法规、规章的规定，可以委托其他行政机关实施行政许可。委托机关应当将受委托行政机关和受委托实施行政许可的内容予以公告。

委托行政机关对受委托行政机关实施行政许可的行为应当负责监督，并对该行为的后果承担法律责任。

受委托行政机关在委托范围内，以委托行政机关名义实施行政许可；不得再委托其他组织或者个人实施行政许可。

第二十五条 经国务院批准，省、自治区、直辖市人民政府根据精简、统一、效能的原则，可以决定一个行政机关行使有关行政机关的行政许可权。

第二十六条 行政许可需要行政机关内设的多个机构办理的，该行政机关应当确定一个机构统一受理行政许可申请，统一送达行政许可决定。

行政许可依法由地方人民政府两个以上部门分别实施的，本级人民政府可以确定一个部门受理行政许可申请并转告有关部门分别提出意见后统一办理，或者组织有关部门联合办理、集中办理。

第二十七条　行政机关实施行政许可，不得向申请人提出购买指定商品、接受有偿服务等不正当要求。

行政机关工作人员办理行政许可，不得索取或者收受申请人的财物，不得谋取其他利益。

第二十八条　对直接关系公共安全、人身健康、生命财产安全的设备、设施、产品、物品的检验、检测、检疫，除法律、行政法规规定由行政机关实施的外，应当逐步由符合法定条件的专业技术组织实施。专业技术组织及其有关人员对所实施的检验、检测、检疫结论承担法律责任。

第四章　行政许可的实施程序

第一节　申请与受理

第二十九条　公民、法人或者其他组织从事特定活动，依法需要取得行政许可的，应当向行政机关提出申请。申请书需要采用格式文本的，行政机关应当向申请人提供行政许可申请书格式文本。申请书格式文本中不得包含与申请行政许可事项没有直接关系的内容。

申请人可以委托代理人提出行政许可申请。但是，依法应当由申请人到行政机关办公场所提出行政许可申请的除外。

行政许可申请可以通过信函、电报、电传、传真、电子数据交换和电子邮件等方式提出。

第三十条　行政机关应当将法律、法规、规章规定的有关行政许可的事项、依据、条件、数量、程序、期限以及需要提交的全部材料的目录和申请书示范文本等在办公场所公示。

申请人要求行政机关对公示内容予以说明、解释的，行政机关应当说明、解释，提供准确、可靠的信息。

第三十一条 申请人申请行政许可，应当如实向行政机关提交有关材料和反映真实情况，并对其申请材料实质内容的真实性负责。行政机关不得要求申请人提交与其申请的行政许可事项无关的技术资料和其他材料。

第三十二条 行政机关对申请人提出的行政许可申请，应当根据下列情况分别作出处理：

（一）申请事项依法不需要取得行政许可的，应当即时告知申请人不受理；

（二）申请事项依法不属于本行政机关职权范围的，应当即时作出不予受理的决定，并告知申请人向有关行政机关申请；

（三）申请材料存在可以当场更正的错误的，应当允许申请人当场更正；

（四）申请材料不齐全或者不符合法定形式的，应当当场或者在五日内一次告知申请人需要补正的全部内容，逾期不告知的，自收到申请材料之日起即为受理；

（五）申请事项属于本行政机关职权范围，申请材料齐全、符合法定形式，或者申请人按照本行政机关的要求提交全部补正申请材料的，应当受理行政许可申请。

行政机关受理或者不予受理行政许可申请，应当出具加盖本行政机关专用印章和注明日期的书面凭证。

第三十三条 行政机关应当建立和完善有关制度，推行电子政务，在行政机关的网站上公布行政许可事项，方便申请人采取数据电文等方式提出行政许可申请；应当与其他行政机关共享有关行政许可信息，提高办事效率。

第二节　审查与决定

第三十四条 行政机关应当对申请人提交的申请材料进行审查。

申请人提交的申请材料齐全、符合法定形式，行政机关能够当场作出决定的，应当当场作出书面的行政许可决定。

根据法定条件和程序，需要对申请材料的实质内容进行核实的，行政机关应当指派两名以上工作人员进行核查。

第三十五条　依法应当先经下级行政机关审查后报上级行政机关决定的行政许可，下级行政机关应当在法定期限内将初步审查意见和全部申请材料直接报送上级行政机关。上级行政机关不得要求申请人重复提供申请材料。

第三十六条　行政机关对行政许可申请进行审查时，发现行政许可事项直接关系他人重大利益的，应当告知该利害关系人。申请人、利害关系人有权进行陈述和申辩。行政机关应当听取申请人、利害关系人的意见。

第三十七条　行政机关对行政许可申请进行审查后，除当场作出行政许可决定的外，应当在法定期限内按照规定程序作出行政许可决定。

第三十八条　申请人的申请符合法定条件、标准的，行政机关应当依法作出准予行政许可的书面决定。

行政机关依法作出不予行政许可的书面决定的，应当说明理由，并告知申请人享有依法申请行政复议或者提起行政诉讼的权利。

第三十九条　行政机关作出准予行政许可的决定，需要颁发行政许可证件的，应当向申请人颁发加盖本行政机关印章的下列行政许可证件：

（一）许可证、执照或者其他许可证书；

（二）资格证、资质证或者其他合格证书；

（三）行政机关的批准文件或者证明文件；

（四）法律、法规规定的其他行政许可证件。

行政机关实施检验、检测、检疫的，可以在检验、检测、检疫合格的设备、设施、产品、物品上加贴标签或者加盖检验、检测、检疫印章。

第四十条　行政机关作出的准予行政许可决定，应当予以公开，公众有权查阅。

第四十一条　法律、行政法规设定的行政许可，其适用范围没有地域限制的，申请人取得的行政许可在全国范围内有效。

第三节 期 限

第四十二条 除可以当场作出行政许可决定的外，行政机关应当自受理行政许可申请之日起二十日内作出行政许可决定。二十日内不能作出决定的，经本行政机关负责人批准，可以延长十日，并应当将延长期限的理由告知申请人。但是，法律、法规另有规定的，依照其规定。

依照本法第二十六条的规定，行政许可采取统一办理或者联合办理、集中办理的，办理的时间不得超过四十五日；四十五日内不能办结的，经本级人民政府负责人批准，可以延长十五日，并应当将延长期限的理由告知申请人。

第四十三条 依法应当先经下级行政机关审查后报上级行政机关决定的行政许可，下级行政机关应当自其受理行政许可申请之日起二十日内审查完毕。但是，法律、法规另有规定的，依照其规定。

第四十四条 行政机关作出准予行政许可的决定，应当自作出决定之日起十日内向申请人颁发、送达行政许可证件，或者加贴标签、加盖检验、检测、检疫印章。

第四十五条 行政机关作出行政许可决定，依法需要听证、招标、拍卖、检验、检测、检疫、鉴定和专家评审的，所需时间不计算在本节规定的期限内。行政机关应当将所需时间书面告知申请人。

第四节 听 证

第四十六条 法律、法规、规章规定实施行政许可应当听证的事项，或者行政机关认为需要听证的其他涉及公共利益的重大行政许可事项，行政机关应当向社会公告，并举行听证。

第四十七条 行政许可直接涉及申请人与他人之间重大利益关系的，行政机关在作出行政许可决定前，应当告知申请人、利害关系人享有要求听证的权利；申请人、利害关系人在被告知听证权利之日起五日内提出听证申请的，行政机关应当在二十日内组织听证。

申请人、利害关系人不承担行政机关组织听证的费用。

第四十八条　听证按照下列程序进行：

（一）行政机关应当于举行听证的七日前将举行听证的时间、地点通知申请人、利害关系人，必要时予以公告；

（二）听证应当公开举行；

（三）行政机关应当指定审查该行政许可申请的工作人员以外的人员为听证主持人，申请人、利害关系人认为主持人与该行政许可事项有直接利害关系的，有权申请回避；

（四）举行听证时，审查该行政许可申请的工作人员应当提供审查意见的证据、理由，申请人、利害关系人可以提出证据，并进行申辩和质证；

（五）听证应当制作笔录，听证笔录应当交听证参加人确认无误后签字或者盖章。

行政机关应当根据听证笔录，作出行政许可决定。

第五节　变更与延续

第四十九条　被许可人要求变更行政许可事项的，应当向作出行政许可决定的行政机关提出申请；符合法定条件、标准的，行政机关应当依法办理变更手续。

第五十条　被许可人需要延续依法取得的行政许可的有效期的，应当在该行政许可有效期届满三十日前向作出行政许可决定的行政机关提出申请。但是，法律、法规、规章另有规定的，依照其规定。

行政机关应当根据被许可人的申请，在该行政许可有效期届满前作出是否准予延续的决定；逾期未作决定的，视为准予延续。

第六节　特别规定

第五十一条　实施行政许可的程序，本节有规定的，适用本节规定；本节没有规定的，适用本章其他有关规定。

第五十二条　国务院实施行政许可的程序，适用有关法律、行政法规的规定。

第五十三条 实施本法第十二条第二项所列事项的行政许可的，行政机关应当通过招标、拍卖等公平竞争的方式作出决定。但是，法律、行政法规另有规定的，依照其规定。

行政机关通过招标、拍卖等方式作出行政许可决定的具体程序，依照有关法律、行政法规的规定。

行政机关按照招标、拍卖程序确定中标人、买受人后，应当作出准予行政许可的决定，并依法向中标人、买受人颁发行政许可证件。

行政机关违反本条规定，不采用招标、拍卖方式，或者违反招标、拍卖程序，损害申请人合法权益的，申请人可以依法申请行政复议或者提起行政诉讼。

第五十四条 实施本法第十二条第三项所列事项的行政许可，赋予公民特定资格，依法应当举行国家考试的，行政机关根据考试成绩和其他法定条件作出行政许可决定；赋予法人或者其他组织特定的资格、资质的，行政机关根据申请人的专业人员构成、技术条件、经营业绩和管理水平等的考核结果作出行政许可决定。但是，法律、行政法规另有规定的，依照其规定。

公民特定资格的考试依法由行政机关或者行业组织实施，公开举行。行政机关或者行业组织应当事先公布资格考试的报名条件、报考办法、考试科目以及考试大纲。但是，不得组织强制性的资格考试的考前培训，不得指定教材或者其他助考材料。

第五十五条 实施本法第十二条第四项所列事项的行政许可的，应当按照技术标准、技术规范依法进行检验、检测、检疫，行政机关根据检验、检测、检疫的结果作出行政许可决定。

行政机关实施检验、检测、检疫，应当自受理申请之日起五日内指派两名以上工作人员按照技术标准、技术规范进行检验、检测、检疫。不需要对检验、检测、检疫结果作进一步技术分析即可认定设备、设施、产品、物品是否符合技术标准、技术规范的，行政机关应当当场作出行政许可决定。

行政机关根据检验、检测、检疫结果，作出不予行政许可决定的，应当书面说明不予行政许可所依据的技术标准、技术规范。

第五十六条　实施本法第十二条第五项所列事项的行政许可，申请人提交的申请材料齐全、符合法定形式的，行政机关应当当场予以登记。需要对申请材料的实质内容进行核实的，行政机关依照本法第三十四条第三款的规定办理。

第五十七条　有数量限制的行政许可，两个或者两个以上申请人的申请均符合法定条件、标准的，行政机关应当根据受理行政许可申请的先后顺序作出准予行政许可的决定。但是，法律、行政法规另有规定的，依照其规定。

第五章　行政许可的费用

第五十八条　行政机关实施行政许可和对行政许可事项进行监督检查，不得收取任何费用。但是，法律、行政法规另有规定的，依照其规定。

行政机关提供行政许可申请书格式文本，不得收费。

行政机关实施行政许可所需经费应当列入本行政机关的预算，由本级财政予以保障，按照批准的预算予以核拨。

第五十九条　行政机关实施行政许可，依照法律、行政法规收取费用的，应当按照公布的法定项目和标准收费；所收取的费用必须全部上缴国库，任何机关或者个人不得以任何形式截留、挪用、私分或者变相私分。财政部门不得以任何形式向行政机关返还或者变相返还实施行政许可所收取的费用。

第六章　监督检查

第六十条　上级行政机关应当加强对下级行政机关实施行政许可的监督检查，及时纠正行政许可实施中的违法行为。

第六十一条　行政机关应当建立健全监督制度，通过核查反映被许可人从事行政许可事项活动情况的有关材料，履行监督责任。

行政机关依法对被许可人从事行政许可事项的活动进行监督检查时，应当将监督检查的情况和处理结果予以记录，由监督检查人员签字后归档。公众有权查阅行政机关监督检查记录。

行政机关应当创造条件，实现与被许可人、其他有关行政机关的计算机档案系统互联，核查被许可人从事行政许可事项活动情况。

第六十二条 行政机关可以对被许可人生产经营的产品依法进行抽样检查、检验、检测，对其生产经营场所依法进行实地检查。检查时，行政机关可以依法查阅或者要求被许可人报送有关材料；被许可人应当如实提供有关情况和材料。

行政机关根据法律、行政法规的规定，对直接关系公共安全、人身健康、生命财产安全的重要设备、设施进行定期检验。对检验合格的，行政机关应当发给相应的证明文件。

第六十三条 行政机关实施监督检查，不得妨碍被许可人正常的生产经营活动，不得索取或者收受被许可人的财物，不得谋取其他利益。

第六十四条 被许可人在作出行政许可决定的行政机关管辖区域外违法从事行政许可事项活动的，违法行为发生地的行政机关应当依法将被许可人的违法事实、处理结果抄告作出行政许可决定的行政机关。

第六十五条 个人和组织发现违法从事行政许可事项的活动，有权向行政机关举报，行政机关应当及时核实、处理。

第六十六条 被许可人未依法履行开发利用自然资源义务或者未依法履行利用公共资源义务的，行政机关应当责令限期改正；被许可人在规定期限内不改正的，行政机关应当依照有关法律、行政法规的规定予以处理。

第六十七条 取得直接关系公共利益的特定行业的市场准入行政许可的被许可人，应当按照国家规定的服务标准、资费标准和行政机关依法规定的条件，向用户提供安全、方便、稳定和价格合理的服务，并履行普遍服务的义务；未经作出行政许可决定的行政机关批准，不得擅自停业、歇业。

被许可人不履行前款规定的义务的，行政机关应当责令限期改正，或者依法采取有效措施督促其履行义务。

第六十八条　对直接关系公共安全、人身健康、生命财产安全的重要设备、设施，行政机关应当督促设计、建造、安装和使用单位建立相应的自检制度。

行政机关在监督检查时，发现直接关系公共安全、人身健康、生命财产安全的重要设备、设施存在安全隐患的，应当责令停止建造、安装和使用，并责令设计、建造、安装和使用单位立即改正。

第六十九条　有下列情形之一的，作出行政许可决定的行政机关或者其上级行政机关，根据利害关系人的请求或者依据职权，可以撤销行政许可：

（一）行政机关工作人员滥用职权、玩忽职守作出准予行政许可决定的；

（二）超越法定职权作出准予行政许可决定的；

（三）违反法定程序作出准予行政许可决定的；

（四）对不具备申请资格或者不符合法定条件的申请人准予行政许可的；

（五）依法可以撤销行政许可的其他情形。

被许可人以欺骗、贿赂等不正当手段取得行政许可的，应当予以撤销。

依照前两款的规定撤销行政许可，可能对公共利益造成重大损害的，不予撤销。

依照本条第一款的规定撤销行政许可，被许可人的合法权益受到损害的，行政机关应当依法给予赔偿。依照本条第二款的规定撤销行政许可的，被许可人基于行政许可取得的利益不受保护。

第七十条　有下列情形之一的，行政机关应当依法办理有关行政许可的注销手续：

（一）行政许可有效期届满未延续的；

（二）赋予公民特定资格的行政许可，该公民死亡或者丧失行为能力的；

（三）法人或者其他组织依法终止的；

（四）行政许可依法被撤销、撤回，或者行政许可证件依法被吊销的；

（五）因不可抗力导致行政许可事项无法实施的；

（六）法律、法规规定的应当注销行政许可的其他情形。

第七章　法律责任

第七十一条　违反本法第十七条规定设定的行政许可，有关机关应当责令设定该行政许可的机关改正，或者依法予以撤销。

第七十二条　行政机关及其工作人员违反本法的规定，有下列情形之一的，由其上级行政机关或者监察机关责令改正；情节严重的，对直接负责的主管人员和其他直接责任人员依法给予行政处分：

（一）对符合法定条件的行政许可申请不予受理的；

（二）不在办公场所公示依法应当公示的材料的；

（三）在受理、审查、决定行政许可过程中，未向申请人、利害关系人履行法定告知义务的；

（四）申请人提交的申请材料不齐全、不符合法定形式，不一次告知申请人必须补正的全部内容的；

（五）未依法说明不受理行政许可申请或者不予行政许可的理由的；

（六）依法应当举行听证而不举行听证的。

第七十三条　行政机关工作人员办理行政许可、实施监督检查，索取或者收受他人财物或者谋取其他利益，构成犯罪的，依法追究刑事责任；尚不构成犯罪的，依法给予行政处分。

第七十四条　行政机关实施行政许可，有下列情形之一的，由其上级行政机关或者监察机关责令改正，对直接负责的主管人员和其他直接责任人员依法给予行政处分；构成犯罪的，依法追究刑事责任：

（一）对不符合法定条件的申请人准予行政许可或者超越法定职权作出准予行政许可决定的；

（二）对符合法定条件的申请人不予行政许可或者不在法定期限内作出准予行政许可决定的；

（三）依法应当根据招标、拍卖结果或者考试成绩择优作出准予行政许可决定，未经招标、拍卖或者考试，或者不根据招标、拍卖结果或者考试成绩择优作出准予行政许可决定的。

第七十五条　行政机关实施行政许可，擅自收费或者不按照法定项目和标准收费的，由其上级行政机关或者监察机关责令退还非法收取的费用；对直接负责的主管人员和其他直接责任人员依法给予行政处分。

截留、挪用、私分或者变相私分实施行政许可依法收取的费用的，予以追缴；对直接负责的主管人员和其他直接责任人员依法给予行政处分；构成犯罪的，依法追究刑事责任。

第七十六条　行政机关违法实施行政许可，给当事人的合法权益造成损害的，应当依照国家赔偿法的规定给予赔偿。

第七十七条　行政机关不依法履行监督职责或者监督不力，造成严重后果的，由其上级行政机关或者监察机关责令改正，对直接负责的主管人员和其他直接责任人员依法给予行政处分；构成犯罪的，依法追究刑事责任。

第七十八条　行政许可申请人隐瞒有关情况或者提供虚假材料申请行政许可的，行政机关不予受理或者不予行政许可，并给予警告；行政许可申请属于直接关系公共安全、人身健康、生命财产安全事项的，申请人在一年内不得再次申请该行政许可。

第七十九条　被许可人以欺骗、贿赂等不正当手段取得行政许可的，行政机关应当依法给予行政处罚；取得的行政许可属于直接关系公共安全、人身健康、生命财产安全事项的，申请人在三年内不得再次申请该行政许可；构成犯罪的，依法追究刑事责任。

第八十条　被许可人有下列行为之一的，行政机关应当依法给予行政处罚；构成犯罪的，依法追究刑事责任：

（一）涂改、倒卖、出租、出借行政许可证件，或者以其他形式非法转让行政许可的；

（二）超越行政许可范围进行活动的；

（三）向负责监督检查的行政机关隐瞒有关情况、提供虚假材料或者拒绝提供反映其活动情况的真实材料的；

（四）法律、法规、规章规定的其他违法行为。

第八十一条 公民、法人或者其他组织未经行政许可，擅自从事依法应当取得行政许可的活动的，行政机关应当依法采取措施予以制止，并依法给予行政处罚；构成犯罪的，依法追究刑事责任。

第八章 附 则

第八十二条 本法规定的行政机关实施行政许可的期限以工作日计算，不含法定节假日。

第八十三条 本法自2004年7月1日起施行。

本法施行前有关行政许可的规定，制定机关应当依照本法规定予以清理；不符合本法规定的，自本法施行之日起停止执行。

中华人民共和国行政强制法

（2011年6月30日第十一届全国人民代表大会常务委员会第二十一次会议通过）

目 录

第一章 总则
第二章 行政强制的种类和设定
第三章 行政强制措施实施程序
第一节 一般规定
第二节 查封、扣押
第三节 冻结

第四章　行政机关强制执行程序
　　第一节　一般规定
　　第二节　金钱给付义务的执行
　　第三节　代履行
第五章　申请人民法院强制执行
第六章　法律责任
第七章　附则

第一章　总　　则

第一条　为了规范行政强制的设定和实施，保障和监督行政机关依法履行职责，维护公共利益和社会秩序，保护公民、法人和其他组织的合法权益，根据宪法，制定本法。

第二条　本法所称行政强制，包括行政强制措施和行政强制执行。

行政强制措施，是指行政机关在行政管理过程中，为制止违法行为、防止证据损毁、避免危害发生、控制危险扩大等情形，依法对公民的人身自由实施暂时性限制，或者对公民、法人或者其他组织的财物实施暂时性控制的行为。

行政强制执行，是指行政机关或者行政机关申请人民法院，对不履行行政决定的公民、法人或者其他组织，依法强制履行义务的行为。

第三条　行政强制的设定和实施，适用本法。

发生或者即将发生自然灾害、事故灾难、公共卫生事件或者社会安全事件等突发事件，行政机关采取应急措施或者临时措施，依照有关法律、行政法规的规定执行。

行政机关采取金融业审慎监管措施、进出境货物强制性技术监控措施，依照有关法律、行政法规的规定执行。

第四条　行政强制的设定和实施，应当依照法定的权限、范围、条件和程序。

第五条　行政强制的设定和实施，应当适当。采用非强制手段可以达到行政管理目的的，不得设定和实施行政强制。

第六条 实施行政强制，应当坚持教育与强制相结合。

第七条 行政机关及其工作人员不得利用行政强制权为单位或者个人谋取利益。

第八条 公民、法人或者其他组织对行政机关实施行政强制，享有陈述权、申辩权；有权依法申请行政复议或者提起行政诉讼；因行政机关违法实施行政强制受到损害的，有权依法要求赔偿。

公民、法人或者其他组织因人民法院在强制执行中有违法行为或者扩大强制执行范围受到损害的，有权依法要求赔偿。

第二章 行政强制的种类和设定

第九条 行政强制措施的种类：

（一）限制公民人身自由；

（二）查封场所、设施或者财物；

（三）扣押财物；

（四）冻结存款、汇款；

（五）其他行政强制措施。

第十条 行政强制措施由法律设定。

尚未制定法律，且属于国务院行政管理职权事项的，行政法规可以设定除本法第九条第一项、第四项和应当由法律规定的行政强制措施以外的其他行政强制措施。

尚未制定法律、行政法规，且属于地方性事务的，地方性法规可以设定本法第九条第二项、第三项的行政强制措施。

法律、法规以外的其他规范性文件不得设定行政强制措施。

第十一条 法律对行政强制措施的对象、条件、种类作了规定的，行政法规、地方性法规不得作出扩大规定。

法律中未设定行政强制措施的，行政法规、地方性法规不得设定行政强制措施。但是，法律规定特定事项由行政法规规定具体管理措施的，行政法规可以设定除本法第九条第一项、第四项和应当由法律规定的行政强制措施以外的其他行政强制措施。

第十二条　行政强制执行的方式：

（一）加处罚款或者滞纳金；

（二）划拨存款、汇款；

（三）拍卖或者依法处理查封、扣押的场所、设施或者财物；

（四）排除妨碍、恢复原状；

（五）代履行；

（六）其他强制执行方式。

第十三条　行政强制执行由法律设定。

法律没有规定行政机关强制执行的，作出行政决定的行政机关应当申请人民法院强制执行。

第十四条　起草法律草案、法规草案，拟设定行政强制的，起草单位应当采取听证会、论证会等形式听取意见，并向制定机关说明设定该行政强制的必要性、可能产生的影响以及听取和采纳意见的情况。

第十五条　行政强制的设定机关应当定期对其设定的行政强制进行评价，并对不适当的行政强制及时予以修改或者废止。

行政强制的实施机关可以对已设定的行政强制的实施情况及存在的必要性适时进行评价，并将意见报告该行政强制的设定机关。

公民、法人或者其他组织可以向行政强制的设定机关和实施机关就行政强制的设定和实施提出意见和建议。有关机关应当认真研究论证，并以适当方式予以反馈。

第三章　行政强制措施实施程序

第一节　一般规定

第十六条　行政机关履行行政管理职责，依照法律、法规的规定，实施行政强制措施。

违法行为情节显著轻微或者没有明显社会危害的，可以不采取行政强制措施。

第十七条　行政强制措施由法律、法规规定的行政机关在法定职权范围内实施。行政强制措施权不得委托。

依据《中华人民共和国行政处罚法》的规定行使相对集中行政处罚权的行政机关，可以实施法律、法规规定的与行政处罚权有关的行政强制措施。

行政强制措施应当由行政机关具备资格的行政执法人员实施，其他人员不得实施。

第十八条 行政机关实施行政强制措施应当遵守下列规定：

（一）实施前须向行政机关负责人报告并经批准；

（二）由两名以上行政执法人员实施；

（三）出示执法身份证件；

（四）通知当事人到场；

（五）当场告知当事人采取行政强制措施的理由、依据以及当事人依法享有的权利、救济途径；

（六）听取当事人的陈述和申辩；

（七）制作现场笔录；

（八）现场笔录由当事人和行政执法人员签名或者盖章，当事人拒绝的，在笔录中予以注明；

（九）当事人不到场的，邀请见证人到场，由见证人和行政执法人员在现场笔录上签名或者盖章；

（十）法律、法规规定的其他程序。

第十九条 情况紧急，需要当场实施行政强制措施的，行政执法人员应当在二十四小时内向行政机关负责人报告，并补办批准手续。行政机关负责人认为不应当采取行政强制措施的，应当立即解除。

第二十条 依照法律规定实施限制公民人身自由的行政强制措施，除应当履行本法第十八条规定的程序外，还应当遵守下列规定：

（一）当场告知或者实施行政强制措施后立即通知当事人家属实施行政强制措施的行政机关、地点和期限；

（二）在紧急情况下当场实施行政强制措施的，在返回行政机关后，立即向行政机关负责人报告并补办批准手续；

（三）法律规定的其他程序。

实施限制人身自由的行政强制措施不得超过法定期限。实施行政强制措施的目的已经达到或者条件已经消失，应当立即解除。

第二十一条　违法行为涉嫌犯罪应当移送司法机关的，行政机关应当将查封、扣押、冻结的财物一并移送，并书面告知当事人。

第二节　查封、扣押

第二十二条　查封、扣押应当由法律、法规规定的行政机关实施，其他任何行政机关或者组织不得实施。

第二十三条　查封、扣押限于涉案的场所、设施或者财物，不得查封、扣押与违法行为无关的场所、设施或者财物；不得查封、扣押公民个人及其所扶养家属的生活必需品。

当事人的场所、设施或者财物已被其他国家机关依法查封的，不得重复查封。

第二十四条　行政机关决定实施查封、扣押的，应当履行本法第十八条规定的程序，制作并当场交付查封、扣押决定书和清单。

查封、扣押决定书应当载明下列事项：

（一）当事人的姓名或者名称、地址；

（二）查封、扣押的理由、依据和期限；

（三）查封、扣押场所、设施或者财物的名称、数量等；

（四）申请行政复议或者提起行政诉讼的途径和期限；

（五）行政机关的名称、印章和日期。

查封、扣押清单一式二份，由当事人和行政机关分别保存。

第二十五条　查封、扣押的期限不得超过三十日；情况复杂的，经行政机关负责人批准，可以延长，但是延长期限不得超过三十日。法律、行政法规另有规定的除外。

延长查封、扣押的决定应当及时书面告知当事人，并说明理由。

对物品需要进行检测、检验、检疫或者技术鉴定的，查封、扣押的期间不包括检测、检验、检疫或者技术鉴定的期间。检测、检验、检疫或者技术鉴定的期间应当明确，并书面告知当事人。检测、检验、检疫或者技术鉴定的费用由行政机关承担。

第二十六条 对查封、扣押的场所、设施或者财物，行政机关应当妥善保管，不得使用或者损毁；造成损失的，应当承担赔偿责任。

对查封的场所、设施或者财物，行政机关可以委托第三人保管，第三人不得损毁或者擅自转移、处置。因第三人的原因造成的损失，行政机关先行赔付后，有权向第三人追偿。

因查封、扣押发生的保管费用由行政机关承担。

第二十七条 行政机关采取查封、扣押措施后，应当及时查清事实，在本法第二十五条规定的期限内作出处理决定。对违法事实清楚，依法应当没收的非法财物予以没收；法律、行政法规规定应当销毁的，依法销毁；应当解除查封、扣押的，作出解除查封、扣押的决定。

第二十八条 有下列情形之一的，行政机关应当及时作出解除查封、扣押决定：

（一）当事人没有违法行为；

（二）查封、扣押的场所、设施或者财物与违法行为无关；

（三）行政机关对违法行为已经作出处理决定，不再需要查封、扣押；

（四）查封、扣押期限已经届满；

（五）其他不再需要采取查封、扣押措施的情形。

解除查封、扣押应当立即退还财物；已将鲜活物品或者其他不易保管的财物拍卖或者变卖的，退还拍卖或者变卖所得款项。变卖价格明显低于市场价格，给当事人造成损失的，应当给予补偿。

第三节　冻　　结

第二十九条 冻结存款、汇款应当由法律规定的行政机关实施，不得委托给其他行政机关或者组织；其他任何行政机关或者组织不得冻结存款、汇款。

冻结存款、汇款的数额应当与违法行为涉及的金额相当；已被其他国家机关依法冻结的，不得重复冻结。

第三十条　行政机关依照法律规定决定实施冻结存款、汇款的，应当履行本法第十八条第一项、第二项、第三项、第七项规定的程序，并向金融机构交付冻结通知书。

金融机构接到行政机关依法作出的冻结通知书后，应当立即予以冻结，不得拖延，不得在冻结前向当事人泄露信息。

法律规定以外的行政机关或者组织要求冻结当事人存款、汇款的，金融机构应当拒绝。

第三十一条　依照法律规定冻结存款、汇款的，作出决定的行政机关应当在三日内向当事人交付冻结决定书。冻结决定书应当载明下列事项：

（一）当事人的姓名或者名称、地址；

（二）冻结的理由、依据和期限；

（三）冻结的账号和数额；

（四）申请行政复议或者提起行政诉讼的途径和期限；

（五）行政机关的名称、印章和日期。

第三十二条　自冻结存款、汇款之日起三十日内，行政机关应当作出处理决定或者作出解除冻结决定；情况复杂的，经行政机关负责人批准，可以延长，但是延长期限不得超过三十日。法律另有规定的除外。

延长冻结的决定应当及时书面告知当事人，并说明理由。

第三十三条　有下列情形之一的，行政机关应当及时作出解除冻结决定：

（一）当事人没有违法行为；

（二）冻结的存款、汇款与违法行为无关；

（三）行政机关对违法行为已经作出处理决定，不再需要冻结；

（四）冻结期限已经届满；

（五）其他不再需要采取冻结措施的情形。

行政机关作出解除冻结决定的，应当及时通知金融机构和当事人。金融机构接到通知后，应当立即解除冻结。

行政机关逾期未作出处理决定或者解除冻结决定的，金融机构应当自冻结期满之日起解除冻结。

第四章　行政机关强制执行程序

第一节　一般规定

第三十四条　行政机关依法作出行政决定后，当事人在行政机关决定的期限内不履行义务的，具有行政强制执行权的行政机关依照本章规定强制执行。

第三十五条　行政机关作出强制执行决定前，应当事先催告当事人履行义务。催告应当以书面形式作出，并载明下列事项：

（一）履行义务的期限；

（二）履行义务的方式；

（三）涉及金钱给付的，应当有明确的金额和给付方式；

（四）当事人依法享有的陈述权和申辩权。

第三十六条　当事人收到催告书后有权进行陈述和申辩。行政机关应当充分听取当事人的意见，对当事人提出的事实、理由和证据，应当进行记录、复核。当事人提出的事实、理由或者证据成立的，行政机关应当采纳。

第三十七条　经催告，当事人逾期仍不履行行政决定，且无正当理由的，行政机关可以作出强制执行决定。

强制执行决定应当以书面形式作出，并载明下列事项：

（一）当事人的姓名或者名称、地址；

（二）强制执行的理由和依据；

（三）强制执行的方式和时间；

（四）申请行政复议或者提起行政诉讼的途径和期限；

（五）行政机关的名称、印章和日期。

在催告期间，对有证据证明有转移或者隐匿财物迹象的，行政机关可以作出立即强制执行决定。

第三十八条　催告书、行政强制执行决定书应当直接送达当事人。当事人拒绝接收或者无法直接送达当事人的，应当依照《中华人民共和国民事诉讼法》的有关规定送达。

第三十九条 有下列情形之一的，中止执行：

（一）当事人履行行政决定确有困难或者暂无履行能力的；

（二）第三人对执行标的主张权利，确有理由的；

（三）执行可能造成难以弥补的损失，且中止执行不损害公共利益的；

（四）行政机关认为需要中止执行的其他情形。

中止执行的情形消失后，行政机关应当恢复执行。对没有明显社会危害，当事人确无能力履行，中止执行满三年未恢复执行的，行政机关不再执行。

第四十条 有下列情形之一的，终结执行：

（一）公民死亡，无遗产可供执行，又无义务承受人的；

（二）法人或者其他组织终止，无财产可供执行，又无义务承受人的；

（三）执行标的灭失的；

（四）据以执行的行政决定被撤销的；

（五）行政机关认为需要终结执行的其他情形。

第四十一条 在执行中或者执行完毕后，据以执行的行政决定被撤销、变更，或者执行错误的，应当恢复原状或者退还财物；不能恢复原状或者退还财物的，依法给予赔偿。

第四十二条 实施行政强制执行，行政机关可以在不损害公共利益和他人合法权益的情况下，与当事人达成执行协议。执行协议可以约定分阶段履行；当事人采取补救措施的，可以减免加处的罚款或者滞纳金。

执行协议应当履行。当事人不履行执行协议的，行政机关应当恢复强制执行。

第四十三条 行政机关不得在夜间或者法定节假日实施行政强制执行。但是，情况紧急的除外。

行政机关不得对居民生活采取停止供水、供电、供热、供燃气等方式迫使当事人履行相关行政决定。

第四十四条 对违法的建筑物、构筑物、设施等需要强制拆除的，应当由行政机关予以公告，限期当事人自行拆除。当事人在法定期限内不申请行政复议或者提起行政诉讼，又不拆除的，行政机关可以依法强制拆除。

第二节 金钱给付义务的执行

第四十五条 行政机关依法作出金钱给付义务的行政决定，当事人逾期不履行的，行政机关可以依法加处罚款或者滞纳金。加处罚款或者滞纳金的标准应当告知当事人。

加处罚款或者滞纳金的数额不得超出金钱给付义务的数额。

第四十六条 行政机关依照本法第四十五条规定实施加处罚款或者滞纳金超过三十日，经催告当事人仍不履行的，具有行政强制执行权的行政机关可以强制执行。

行政机关实施强制执行前，需要采取查封、扣押、冻结措施的，依照本法第三章规定办理。

没有行政强制执行权的行政机关应当申请人民法院强制执行。但是，当事人在法定期限内不申请行政复议或者提起行政诉讼，经催告仍不履行的，在实施行政管理过程中已经采取查封、扣押措施的行政机关，可以将查封、扣押的财物依法拍卖抵缴罚款。

第四十七条 划拨存款、汇款应当由法律规定的行政机关决定，并书面通知金融机构。金融机构接到行政机关依法作出划拨存款、汇款的决定后，应当立即划拨。

法律规定以外的行政机关或者组织要求划拨当事人存款、汇款的，金融机构应当拒绝。

第四十八条 依法拍卖财物，由行政机关委托拍卖机构依照《中华人民共和国拍卖法》的规定办理。

第四十九条 划拨的存款、汇款以及拍卖和依法处理所得的款项应当上缴国库或者划入财政专户。任何行政机关或者个人不得以任何形式截留、私分或者变相私分。

第三节　代　履　行

第五十条　行政机关依法作出要求当事人履行排除妨碍、恢复原状等义务的行政决定，当事人逾期不履行，经催告仍不履行，其后果已经或者将危害交通安全、造成环境污染或者破坏自然资源的，行政机关可以代履行，或者委托没有利害关系的第三人代履行。

第五十一条　代履行应当遵守下列规定：

（一）代履行前送达决定书，代履行决定书应当载明当事人的姓名或者名称、地址，代履行的理由和依据、方式和时间、标的、费用预算以及代履行人；

（二）代履行三日前，催告当事人履行，当事人履行的，停止代履行；

（三）代履行时，作出决定的行政机关应当派员到场监督；

（四）代履行完毕，行政机关到场监督的工作人员、代履行人和当事人或者见证人应当在执行文书上签名或者盖章。

代履行的费用按照成本合理确定，由当事人承担。但是，法律另有规定的除外。

代履行不得采用暴力、胁迫以及其他非法方式。

第五十二条　需要立即清除道路、河道、航道或者公共场所的遗洒物、障碍物或者污染物，当事人不能清除的，行政机关可以决定立即实施代履行；当事人不在场的，行政机关应当在事后立即通知当事人，并依法作出处理。

第五章　申请人民法院强制执行

第五十三条　当事人在法定期限内不申请行政复议或者提起行政诉讼，又不履行行政决定的，没有行政强制执行权的行政机关可以自期限届满之日起三个月内，依照本章规定申请人民法院强制执行。

第五十四条　行政机关申请人民法院强制执行前，应当催告当事人履行义务。催告书送达十日后当事人仍未履行义务的，行政机关可以向所在地有管辖权的人民法院申请强制执行；执行对象是不动产的，向不动产所在地有管辖权的人民法院申请强制执行。

第五十五条 行政机关向人民法院申请强制执行，应当提供下列材料：

（一）强制执行申请书；

（二）行政决定书及作出决定的事实、理由和依据；

（三）当事人的意见及行政机关催告情况；

（四）申请强制执行标的情况；

（五）法律、行政法规规定的其他材料。

强制执行申请书应当由行政机关负责人签名，加盖行政机关的印章，并注明日期。

第五十六条 人民法院接到行政机关强制执行的申请，应当在五日内受理。

行政机关对人民法院不予受理的裁定有异议的，可以在十五日内向上一级人民法院申请复议，上一级人民法院应当自收到复议申请之日起十五日内作出是否受理的裁定。

第五十七条 人民法院对行政机关强制执行的申请进行书面审查，对符合本法第五十五条规定，且行政决定具备法定执行效力的，除本法第五十八条规定的情形外，人民法院应当自受理之日起七日内作出执行裁定。

第五十八条 人民法院发现有下列情形之一的，在作出裁定前可以听取被执行人和行政机关的意见：

（一）明显缺乏事实根据的；

（二）明显缺乏法律、法规依据的；

（三）其他明显违法并损害被执行人合法权益的。

人民法院应当自受理之日起三十日内作出是否执行的裁定。裁定不予执行的，应当说明理由，并在五日内将不予执行的裁定送达行政机关。

行政机关对人民法院不予执行的裁定有异议的，可以自收到裁定之日起十五日内向上一级人民法院申请复议，上一级人民法院应当自收到复议申请之日起三十日内作出是否执行的裁定。

第五十九条　因情况紧急，为保障公共安全，行政机关可以申请人民法院立即执行。经人民法院院长批准，人民法院应当自作出执行裁定之日起五日内执行。

第六十条　行政机关申请人民法院强制执行，不缴纳申请费。强制执行的费用由被执行人承担。

人民法院以划拨、拍卖方式强制执行的，可以在划拨、拍卖后将强制执行的费用扣除。

依法拍卖财物，由人民法院委托拍卖机构依照《中华人民共和国拍卖法》的规定办理。

划拨的存款、汇款以及拍卖和依法处理所得的款项应当上缴国库或者划入财政专户，不得以任何形式截留、私分或者变相私分。

第六章　法 律 责 任

第六十一条　行政机关实施行政强制，有下列情形之一的，由上级行政机关或者有关部门责令改正，对直接负责的主管人员和其他直接责任人员依法给予处分：

（一）没有法律、法规依据的；

（二）改变行政强制对象、条件、方式的；

（三）违反法定程序实施行政强制的；

（四）违反本法规定，在夜间或者法定节假日实施行政强制执行的；

（五）对居民生活采取停止供水、供电、供热、供燃气等方式迫使当事人履行相关行政决定的；

（六）有其他违法实施行政强制情形的。

第六十二条　违反本法规定，行政机关有下列情形之一的，由上级行政机关或者有关部门责令改正，对直接负责的主管人员和其他直接责任人员依法给予处分：

（一）扩大查封、扣押、冻结范围的；

（二）使用或者损毁查封、扣押场所、设施或者财物的；

（三）在查封、扣押法定期间不作出处理决定或者未依法及时解除查封、扣押的；

（四）在冻结存款、汇款法定期间不作出处理决定或者未依法及时解除冻结的。

第六十三条 行政机关将查封、扣押的财物或者划拨的存款、汇款以及拍卖和依法处理所得的款项，截留、私分或者变相私分的，由财政部门或者有关部门予以追缴；对直接负责的主管人员和其他直接责任人员依法给予记大过、降级、撤职或者开除的处分。

行政机关工作人员利用职务上的便利，将查封、扣押的场所、设施或者财物据为己有的，由上级行政机关或者有关部门责令改正，依法给予记大过、降级、撤职或者开除的处分。

第六十四条 行政机关及其工作人员利用行政强制权为单位或者个人谋取利益的，由上级行政机关或者有关部门责令改正，对直接负责的主管人员和其他直接责任人员依法给予处分。

第六十五条 违反本法规定，金融机构有下列行为之一的，由金融业监督管理机构责令改正，对直接负责的主管人员和其他直接责任人员依法给予处分：

（一）在冻结前向当事人泄露信息的；

（二）对应当立即冻结、划拨的存款、汇款不冻结或者不划拨，致使存款、汇款转移的；

（三）将不应当冻结、划拨的存款、汇款予以冻结或者划拨的；

（四）未及时解除冻结存款、汇款的。

第六十六条 违反本法规定，金融机构将款项划入国库或者财政专户以外的其他账户的，由金融业监督管理机构责令改正，并处以违法划拨款项二倍的罚款；对直接负责的主管人员和其他直接责任人员依法给予处分。

违反本法规定，行政机关、人民法院指令金融机构将款项划入国库或者财政专户以外的其他账户的，对直接负责的主管人员和其他直接责任人员依法给予处分。

第六十七条 人民法院及其工作人员在强制执行中有违法行为

或者扩大强制执行范围的，对直接负责的主管人员和其他直接责任人员依法给予处分。

第六十八条 违反本法规定，给公民、法人或者其他组织造成损失的，依法给予赔偿。

违反本法规定，构成犯罪的，依法追究刑事责任。

第七章 附 则

第六十九条 本法中十日以内期限的规定是指工作日，不含法定节假日。

第七十条 法律、行政法规授权的具有管理公共事务职能的组织在法定授权范围内，以自己的名义实施行政强制，适用本法有关行政机关的规定。

第七十一条 本法自 2012 年 1 月 1 日起施行。

人力资源社会保障部关于印发《全国人力资源社会保障系统法治宣传教育第七个五年规划（2016—2020 年）》的通知

（2016 年 8 月 23 日 人社部发〔2016〕77 号）

各省、自治区、直辖市及新疆生产建设兵团人力资源社会保障厅（局），各副省级市人力资源社会保障局，部属各单位，公务员局：

现将《全国人力资源社会保障系统法治宣传教育第七个五年规划（2016—2020 年）》印发给你们，请结合本地区、本部门实际作出具体安排，认真组织实施，确保人力资源社会保障系统法治宣传教育第七个五年规划任务的全面落实。

全国人力资源社会保障系统法治宣传教育第七个五年规划（2016—2020年）

2011—2015年，随着《全国人力资源社会保障系统法制宣传教育第六个五年规划（2011—2015年）》的顺利实施，法制宣传教育在推动实现充分就业、健全社会保障、构建和谐劳动关系、建设法治人社中发挥了重要的作用。党的十八大以来，以习近平同志为总书记的党中央对全面依法治国作出了重要部署，对法治宣传教育提出了新的更高要求。为了认真贯彻落实习近平总书记系列重要讲话精神和《中共中央 国务院转发〈中央宣传部、司法部关于在公民中开展法治宣传教育的第七个五年规划（2016—2020年）〉的通知》《全国人民代表大会常务委员会关于开展第七个五年法治宣传教育的决议》，在人力资源社会保障系统深入开展法治宣传教育，特制定本规划。

一、指导思想、主要目标和工作原则

（一）指导思想

高举中国特色社会主义伟大旗帜，全面贯彻党的十八大和十八届三中、四中、五中全会精神，坚持创新、协调、绿色、开放、共享的发展理念，按照全面依法治国和推进法治政府建设的新要求，扎实推进依法治理和法治创建，深入开展人力资源和社会保障法治宣传教育，推进法治宣传教育与法治实践相结合，为不断开创人力资源和社会保障事业新局面作出新的贡献。

（二）主要目标

紧紧围绕“十三五”时期人力资源和社会保障事业发展的目标任务，切实落实全面依法治国和全面从严治党的各项要求，牢牢把握“民生为本、人才优先”的工作主线，法治宣传教育实效性进一步增强，人力资源和社会保障依法治理全面深化；人力资源社会保障系统全体工作人员尤其是领导干部法治观念和全体党员党章党规意识明显增强，依法行政和公共服务的能力水平进一步提高；“谁执法谁普法”的普法责任制得到有效落实，人力资源和社会保障法律法规得到有效贯彻和执行，社会知晓度不断上升，“十三五”时期人力资源和社会保障事业创新发展的良好法治氛围基本形成。

（三）基本原则

——坚持围绕中心，服务大局。紧紧围绕“十三五”时期人力资源和社会保障事业发展的目标任务开展法治宣传教育，为顺利完成促进就业创业，建立更加公平更可持续社会保障制度，加快人才队伍建设，深化人事制度改革，完善工资收入分配制度，构建和谐劳动关系，推进公共服务体系建设，营造良好的法治环境。

——坚持突出重点，注重实效。不断提高法治宣传教育的针对性和实效性，结合本地区本部门实际、人力资源和社会保障事业发展情况，根据不同对象，分类开展法治宣传教育，创新工作理念、机制、载体和方式方法，把法治宣传教育融入立法、执法、公共服务和贯彻落实党内法规的整个过程之中。

——坚持以人为本，服务群众。从人力资源和社会保障工作实际出发，回答热点难点问题，回应群众关注关切，加强法律法规政策解读，更好满足群众日益增长的法律知识和维权能力需求，引导群众自觉守法、遇事找法、解决问题靠法。

二、主要任务

（一）深入学习宣传习近平总书记关于全面依法治国的重要论述。党的十八大以来，习近平总书记站在坚持和发展中国特色社会主义全局的高度，对全面依法治国作了重要论述，提出了一系列新思想、新观点、新论断、新要求，深刻回答了建设社会主义法治国家的重大理论和实践问题，为全面依法治国提供了科学理论指导和行动指南。全系统工作人员要深入学习习近平总书记关于全面依法治国的重要论述，深入学习习近平总书记关于人力资源和社会保障工作的重要指示，切实把思想和行动统一到中央的决策部署上来，大力宣传人力资源社会保障系统参与科学立法、严格行政执法、促进全民守法的生动实践，使全社会了解和掌握全面依法治国、推动法治人社建设的重大意义和总体要求，更好地发挥法治的引领和规范作用。

（二）突出学习宣传宪法。坚持把学习宣传宪法摆在首要位置，在全系统工作人员中普遍开展宪法教育，以宪法精神凝心聚力，使宪法精神深入人心。深入学习宣传宪法确定的理念和原则，学习宣传宪法确立的国家根本制度、根本任务，学习宣传公民的基本权利和基本义务等宪法基本内容，宣传宪法的实施和宪法宣誓制度，认真组织好“12·4”国家宪法日集中宣传活动，使全系统工作人员全面深刻理解宪法，坚决维护宪法尊严，做带头尊法学法守法用法的模范。

（三）深入学习宣传党内法规。突出宣传党章，教育引导人力资源社会保障系统党员干部尊崇党章，以党章为根本遵循，坚决维护党章权威。深入学习宣传《中国共产党廉洁自律准则》《中国共产党纪律处分条例》等各项党内法规，宣传党要管党、从严治党的各项具体要求，宣传党员的权利义务。党内法规的宣传要注重与国家法律法规宣传的衔接和协调，教育引导全系统党员干部做党章党规党纪和国家法律的自觉尊崇者、模范遵守者、坚定捍卫者，做“讲政治、有信念，讲规矩、有纪律，讲道德、有品行，讲奉献、有作为”的合格党员，为人力资源和社会保障事业改革发展提供坚强组织保障。

（四）深入学习宣传法治政府建设方面的法律法规。深入学习宣传立法法、行政许可法、行政处罚法、行政强制法、国家赔偿法等依法行政领域的法律法规，学习宣传《法治政府建设实施纲要（2015—2020年）》，学习宣传行政诉讼、行政复议、调解、仲裁、信访等矛盾纠纷排查化解方面的法律法规和涉及人力资源和社会保障领域的刑法修正案、立法解释等，大力宣传党的十八大以来在依法推进简政放权、放管结合、优化服务改革方面取得的成绩。在传播法律知识的同时，更加注重弘扬法治精神、培育法治理念、树立法治意识，推动各级人力资源社会保障部门树立“法定职责必须为、法无授权不可为”的意识，促进法治政府建设。

（五）深入学习宣传人力资源和社会保障领域的法律法规。法治宣传教育，关键要取得实效。要把法治宣传教育与促进就业创业、建立更加公平更可持续社会保障制度、推进人才强国战略、构建和谐劳动关系等重点工作结合起来。着眼于实施充分就业的发展战略，面向全系统、全社会，突出大学生、农民工等重点群体，大力宣传就业促进法及职业培训、人力资源市场等方面法律法规，宣传党的十八大以来人力资源社会保障系统简政放权、转变职能及鼓励大众创业、万众创新的方针政策；着眼于建立更加公平更可持续的社会保障制度，大力宣传社会保险法及工伤保险条例、失业保险条例等社会保障领域法律法规，宣传社会保障制度改革及社保经办管理、社保基金监管方面的新政策、新精神；着眼于服务推进人才强国战略，深入学习宣传国家建设高层次人才队伍和高技能人才队伍、公务员管理及分类改革、事业单位人事制度改革、军队转业干部安置等方面的法律法规和政策；着眼于构建和谐劳动关系，深入开展劳动法、劳动合同法、劳动争议调解仲裁法等法律法规及工资、工时与休息休假、女职工和未成年工特殊劳动保护等规范劳动关系、维护职工合法权益方面的制度宣传，尤其要宣传中央关于化解过剩产能、稳岗就业的政策，加强对用人单位和劳动者的法治宣传教育，帮助、引导用人单位依法用工，帮助、引导劳动者依法维权，自觉运用法律手段解决矛盾纠纷。

（六）深化依法治理。坚持法治宣传教育与法治实践相结合，把法律条文变成引导、保障人力资源和社会保障事业发展的基本规则，把依法行政作为履职的基本理念，运用法治思维和法治方式推进改革发展。将人力资源和社会保障工作纳入法治化轨道，坚持重大行政决策法定程序，健全行政执法程序，规范行政执法行为，强化行政执法监督和问责，完善执法责任制和行政处罚裁量权基准；以健全就业、社保等公共服务体系为重点，扎实推进基本公共服务法治化、均等化；发展繁荣法治文化，积极组织、参与法治文艺展演展播，弘扬法治精神，推动法治实践。严格落实《人力资源和社会保障法治建设实施纲要（2016—2020 年)》，坚持问题导向，深入基层、深入群众调查研究，积极解决问题，努力推进工作。

三、工作步骤和安排

全国人力资源社会保障系统第七个法治宣传教育五年规划从 2016 年开始实施，至 2020 年结束。共分为以下三个阶段：

（一）启动准备阶段（2016 年)。人力资源社会保障部制定全系统法治宣传教育第七个五年规划，组织编写统一的普法教材，分级分类举办普法师资力量培训班。各地根据人力资源社会保障系统法治宣传教育"七五"规划和地方党委政府要求，制定实施方案，通过网站、报刊等方式进行宣传。各地的实施方案，要在 2016 年底前报人力资源社会保障系统法治宣传教育领导小组办公室。

（二）组织实施阶段（2017—2020 年)。各地要根据本规划和各自的"七五"普法规划实施方案所确定的目标、任务和工作要求，制定年度工作计划，每年 1 月底前报送上一年度普法工作进展情况。年度工作计划要与《人力资源和社会保障法治建设实施纲要（2016—2020 年)》相衔接，结合实际，突出重点。2018 年，人力资源社会保障部将组织对全系统"七五"普法工作情况进行中期督导检查，推动全系统法治宣传教育工作深入开展。

（三）检查验收阶段（2020 年)。人力资源社会保障部制定全系统"七五"普法总结验收方案，各地根据方案要求组织对本地区普法工作进行自查。在各地自查基础上，人力资源社会保障部组织开展"七五"普法工作检查验收。根据检查验收情况，部里将对全国人力资源社会保障系统"七五"普法工作进行总结，对工作成绩突出的单位和个人予以通报表扬，并向全国普法办推荐全国法治宣传教育先进单位和先进个人人选。

四、工作措施和要求

各地要根据本规划和各自的实施方案，深入宣传发动，全面组织实施，确保第七个五年法治宣传教育规划各项目标任务落到实处。

（一）建立完善制度。人力资源社会保障部门要在管理、服务过程中，结合工作实际和特定群体的法律需求，开展法治宣传教育。一是落实“谁执法谁普法”的普法责任制，要将对执法对象宣讲相关法规作为执法的必备内容和程序，切实履行普法责任。落实“谁主管谁负责”的普法责任，人力资源社会保障部门及其所属的人力资源、就业服务、劳动关系协调、社会保险经办等机构，在提供服务过程中都要主动宣传相关法律法规。二是完善国家工作人员学法用法制度，推进人力资源社会保障系统领导干部学法工作制度化、规范化。完善党组（党委）中心组集体学法制度，把宪法、法律和党内法规列入党组（党委）中心组学习内容；人力资源社会保障部每年至少举办1期领导干部法治专题培训班，地方各级人力资源社会保障部门每年应当举办2期以上法治专题讲座；把法治教育纳入干部教育培训总体规划，加大对公务员初任培训、任职培训中法律知识的培训力度；建立健全行政执法人员岗位培训制度；增加公务员录用考试中法律知识的比重；把尊法学法守法用法情况作为考核领导班子和领导干部的重要内容。三是颁布新的法律法规时，要同步策划宣传教育方案，印发宣传提纲，准备解答口径，区分不同的普法对象，有针对性地开展普法活动，增强普法的实效性。四是把学习培训人力资源和社会保障法律法规作为技工院校必修课程的重要内容。认真总结推广各地开展法治宣传教育的好经验、好做法，充分发挥先进典型的示范和带动作用，推进法治宣传教育不断深入。

（二）推进工作创新。结合人力资源和社会保障工作特点，坚持集中法治宣传教育与经常性法治宣传教育相结合，量身定做普法内容，不断丰富普法形式，继续深化人力资源和社会保障法律进机关、进乡村、进社区、进学校、进企业、进单位的“法律六进”主题活动。在法律进企业活动中，对中小微企业和单位进行集中培训，对大型企业和单位，提供专项培训和讲解。积极利用“12·4”国家宪法日、重大法定节假日及大学生就业季、农民工返城返乡时节等关键节点开展法治宣传，在人力资源社会保障服务大厅和服务窗口增加法治宣传教育功能。建立以案释法和警示教育制度，加强人力资源和社会保障行政执法案例整理编辑工作，通过案例向全系统工作人员和群众宣传人力资源和社会保障法律法规。加强新媒体新技术在普法中的运用，加强各级人力资源社会保障部门网站建设，充分发挥各级人力资源社会保障部门门户网站的作用，有条件的要开通微信公众号，推进“互联网+人社”法治宣传行动。积极运用公共活动场所电子显示屏、服务窗口触摸屏、公交移动电视屏、手机屏等，推送人力资源和社会保障法治宣传教育内容。加大人力资源和社会保障法律法规咨询服务系统建设力度，提升“12333”公益服务电话服务品质，不断扩大法治宣传教育的覆盖面。

（三）健全体制机制。全国人力资源社会保障系统法治宣传教育工作领导小组及其办公室，要充分发挥组织协调监督作用，部内相关司局要按照职能将法治宣传教育与人力资源和社会保障业务工作紧密结合，在普法教育中发挥积极作用。探索组建普法讲师团，通过门户网站向社会提供普法精品课程和重点法律法规制度访谈、音视频。各级人力资源社会保障部门要加强对普法工作的领导，成立机构，充实人员，把法治教育纳入人力资源和社会保障工作重要内容，全系统形成职责明确、运转高效、配合有力的大普法格局。加强工作考核评估，健全人力资源社会保障系统法治宣传教育工作考评指导标准和指标体系，完善考核办法和机制，健全激励机制，注重考核结果的运用。要切实保障法治宣传教育相关工作经费，配备必要的人员和设备，确保普法工作有效开展。要探索各种方式，动员和组织社会力量、利用社会资金，推动和开展各种形式的法治宣传教育。各地人力资源社会保障厅（局）要确定一名普法联络员，定期将工作情况报送全国人力资源社会保障法治宣传教育领导小组办公室。

人力资源社会保障部关于印发《人力资源和社会保障法治建设实施纲要（2016—2020年）》的通知

（2016年9月2日　人社部发〔2016〕82号）

各省、自治区、直辖市及新疆生产建设兵团人力资源社会保障厅（局），部属各单位，公务员局：

现将《人力资源和社会保障法治建设实施纲要（2016—2020年）》印发给你们，请结合本地区、本部门实际认真贯彻执行。

人力资源和社会保障法治建设实施纲要（2016—2020年）

为贯彻落实中共中央、国务院印发的《法治政府建设实施纲要（2015—2020年）》，全面推进人力资源和社会保障法治建设（以下简称法治人社建设），制定本实施纲要。

一、总体要求

（一）指导思想

全面贯彻党的十八大和十八届二中、三中、四中、五中全会精神，深入贯彻习近平总书记系列重要讲话精神，根据全面建成小康社会、全面深化改革、全面依法治国、全面从严治党的战略布局，围绕建设中国特色社会主义法治体系、建设社会主义法治国家的全面推进依法治国总目标，结合人力资源和社会保障工作实际，坚持问题导向和目标导向，以体制机制创新为突破口，运用法治思维和法治方式，协调推进立法、执法、执法监督和普法工作，为人力资源和社会保障事业科学发展提供有力法治保障。

（二）总体目标

到2020年，人力资源和社会保障法律制度体系基本完备，各项职能依法全面履行，行政决策科学民主合法，人力资源和社会保障法律法规规章严格公正实施，行政权力规范透明运行，公民、法人和其他组织的合法权益切实有效保障，工作人员特别是领导干部法治思维和依法行政能力明显提高。

（三）基本原则

建设法治人社必须坚持党的领导，坚持尊崇宪法、依法行政、简政放权，坚持围绕中心、服务大局，坚持以人为本、促进共享，坚持从实际出发，把人力资源和社会保障工作全面纳入法治轨道，实行法治人社建设与创新人社、廉洁人社、服务型人社建设相结合。

二、主要任务和具体措施

（一）健全人力资源和社会保障法律制度体系

目标：深入推进科学立法、民主立法，立法质量进一步提高，人力资源和社会保障法律制度体系基本完备，行政管理各方面制度更加成熟更加定型。

步骤和措施：

1. 制定立法规划和立法工作计划。2016年年底前，制定《人力资源和社会保障“十三五”立法规划》，明确“十三五”时期立法工作的总体要求和主要任务。每年以该规划为依据，结合部中心工作，提出人力资源和社会保障领域法律、行政法规项目制定和修改的建议，拟订规章项目和时间进度安排，制定人力资源社会保障部年度立法工作计划并严格执行。

2. 健全立法工作程序。2017年，开展立法项目向社会公开征集和委托第三方起草立法草案试点。根据立法法和国务院有关规定，修改《人力资源社会保障部立法工作规定》，健全立法草案立项、起草、论证、协调、审议机制，完善立项论证、立法听证、专家咨询、风险评估、廉洁性评估、公开征求意见等制度，探索向公众反馈意见采纳情况，提高立法公众参与度，规范立法行为，提高立法质量。

3. 推动重点领域法律、行政法规制定工作。对近期已列入国家立法规划和年度计划的职业教育法（修订）、失业保险条例（修订）、人力资源市场条例、外国人在中国工作管理条例等项目，配合制定机关按时完成。按照中央关于完善公务员制度、增强劳动力市场灵活性、完善社会保障制度等改革要求，尽快提出修改公务员法、劳动合同法、社会保险法等法律的建议。对促进就业创业、人才培养和使用、职业技能开发、企业工资支付保障、基本劳动标准、集体合同、劳动保障监察、社会保险基金及补充保险基金监管等进行立法必要性和可行性论证，适时向全国人大常委会、国务院提出立法建议。对法律、行政法规实施中需要解释的问题，及时报请全国人大常委会、国务院进行立法解释。

4. 加快规章制定工作。近五年规章立法的重点是：规范各类人力资源和社会保障执法行为；社会保险法、劳动合同法、人力资源市场条例等法律和行政法规的配套规章；对实践证明已经比较成熟的经验和行之有效的举措，尽快制定规章；修改和废止不适应改革和经济社会发展要求的规章。加强规章实施过程中具体问题的解释工作。

5. 推动地方立法工作。坚持维护法制统一与体现地方特色相结合，对人力资源和社会保障领域已列入地方人大和政府立法计划的项目，配合做好立法调研、论证评估、征求意见、沟通协调等工作，确保按期完成。

6. 开展立法后评估。根据工作需要，对人力资源和社会保障法律、行政法规实施情况进行评估和分析，研究提出修改完善的建议，为修法做好准备。2017 年，开展规章立法后评估试点。2019 年年底前，制定《人力资源和社会保障规章立法后评估办法》，要求部属相关单位或者委托第三方定期或者不定期对规章实施情况进行评估。

7. 加强规范性文件管理和监督。2016 年年底前，制定《人力资源社会保障部规范性文件合法性审查规定》，明确规范性文件的规定事项、制定主体、合法性审查的范围、程序、时限和内容。落实合法性审查、集体讨论决定等制度，实行制定机关对规范性文件统一登记、统一编号、统一印发制度。涉及公民、法人和其他组织权利义务的规范性文件，应当按照法定要求和程序予以公布，未经公布的不得作为行政管理依据。

8. 建立规章和规范性文件清理长效机制。2016 年年底前，完成建国以来部制定的文件清理工作，并向社会公布清理结果。2017 年年底前，完成省市县级人力资源和社会保障规范性文件清理工作，并向社会公布清理结果。2017 年年底前，制定《人力资源社会保障部规章和规范性文件清理办法》，建立规章和规范性文件定期清理制度，明确清理的责任单位、程序和周期。2018 年年底前，地方各级人力资源社会保障部门要根据部和当地政府的要求，建立规范性文件清理长效机制，探索实施规范性文件有效期制度。

（二）依法全面履行政府职能

目标：人力资源社会保障部门职能转变基本到位，各项职能依法全面履行。

步骤和措施：

9. 全面清理行政审批事项。2016 年年底前，对法律、行政法规和国务院规定的行政审批事项进行全面梳理，逐项进行论证并提出清理意见。2017 年 6 月底前，对地方立法规定的行政审批事项进行梳理，逐项进行论证并提出清理意见。做好已取消和下放行政审批事项的落实和衔接，鼓励大众创业、万众创新。2017 年年底前，建立国家职业资格目录清单管理制度，分批公布职业资格目录清单，明确设置依据和实施部门。全面清理规范行政审批中介服务，向社会公布行政审批中介服务清单。

10. 对保留的行政审批事项实行规范化管理。2016 年年底前，对部本级实施的行政审批事项编制唯一编码，制定服务指南和流程图，并向社会公布。2017 年年底前，对地方实施的行政审批事项编制唯一编码，制定服务指南和流程图，并向社会公布。2019 年年底前，对保留的行政审批事项，实现一个窗口办理、规范办理、网上办理，提高行政效能。

11. 做好权力和责任清单编制工作。2016 年年底前，基本完成市县两级人力资源社会保障部门权力清单公布工作，将部门职能、法律依据、实施主体、职责权限、管理流程、监督方式等事项以权力清单的形式向社会公开。参照《国务院部门权力和责任清单编制试点方案》，对部本级权力和责任事项进行全面梳理，做好按照国务院部署编制人力资源社会保障部权力和责任清单的准备。

12. 加强市场监管。落实《人力资源社会保障部关于“先照后证”改革后加强人力资源市场事中事后监管的意见》。2016 年，配合工商行政部门推进“五证合一、一照一码”登记制度改革。建设人力资源和社会保障信用信息共享系统，到 2018 年实现与国家信用信息共享平台的信息交换。2019 年年底前，清理、废除妨碍全国统一人力资源市场和公平竞争的各种规定和做法，发挥市场在人力资源配置中的决定性作用。

13. 优化公共服务。落实《人力资源社会保障部关于加强和改进人力资源和社会保障领域公共服务的意见》。结合金保工程二期项目实施，建设国家异地就医结算信息系统，2016 年基本实现跨省异地安置退休人员住院医疗费用直接结算，2017 年在全国范围内基本实现符合转诊规定的参保人员异地就医住院费用直接结算。推进社会保障卡应用，2020 年社会保障卡持卡人口覆盖率达到 90%，实现全国社会保障一卡通。

（三）推进行政决策科学化、民主化、法治化

目标：行政决策制度科学、程序正当、过程公开、责任明确，决策质量显著提高，违法决策、不当决策明显减少并得到及时纠正。

步骤和措施：

14. 健全依法决策机制。2018 年年底前，制定重大行政决策程序规定，明确重大行政决策的主体、事项范围、法定程序和责任追究办法，规范决策流程。

15. 增强公众参与实效。涉及群众切身利益的重大行政决策事

项，应当广泛听取意见，与利害关系人进行充分沟通，并注重听取有关人大代表、政协委员、人民团体、基层组织、社会组织的意见。加强公众参与平台建设，对社会关注度高的决策事项，应当公开信息、解释说明，及时反馈意见采纳情况和理由。

16. 提高专家论证和风险评估质量。建立人力资源和社会保障行政决策咨询论证专家库，充分发挥专家在制定重大行政决策、推进依法行政中的作用。落实重大人力资源和社会保障决策社会稳定风险评估机制。

17. 加强合法性审查。建立行政机关内部重大决策合法性审查机制，未经合法性审查或者经审查不合法的，不得提交讨论。2017 年底前，建立法制机构人员为主体、吸收专家和律师参加的法律顾问队伍，保证法律顾问在制定重大行政决策、推进依法行政中发挥积极作用。

18. 坚持集体讨论决定。重大行政决策应当经部门领导班子会议讨论，由行政首长在集体讨论的基础上作出决定。行政首长拟作出的决定与会议组成人员多数人的意见不一致的，应当在会上说明理由。集体讨论情况和决定要如实记录、完整存档。

19. 严格落实决策责任追究。健全并严格实施重大决策终身责任追究制度及责任倒查机制，根据实际需要进行重大行政决策后评估，对决策严重失误或者依法应该及时作出决策但久拖不决造成重大损失、恶劣影响的，严格追究相关责任人员的党纪政纪和法律责任。

（四）严格规范公正文明执法

目标：权责统一、权威高效的执法体制基本建立，人力资源和社会保障法律法规规章得到严格公正实施，各类违法行为得到及时查处和制裁，公民、法人和其他组织的合法权益得到切实保障。

步骤和措施：

20. 加强重点领域执法。全面治理拖欠工资问题，加快建立从源头上治理拖欠工资问题的长效机制。以易发、频发违法问题的行业和企业为重点，扩大日常巡视检查和书面审查覆盖范围，及时发现和纠正违法行为。会同有关部门在全国范围组织开展针对突出违法行为的专项检查。

21. 完善行政执法协作配合机制。2018 年年底前，制定《社会保险费强制划拨管理办法》，明确社会保险费征缴工作中与银行或者其他金融机构的职责分工。加快推进与其他相关执法部门之间各司其职、各负其责、相互配合、齐抓共管的工作机制建设，实现信息资源开放共享、互联互通。健全跨地区执法协作制度，加强跨区域案件执法协作。

22. 健全行政执法与刑事司法衔接机制。2016 年年底前，建立拒不支付劳动报酬、社会保险欺诈、人事考试等领域行政执法和刑事司法衔接制度，完善案件移送标准和程序。2017 年年底前，建立健全查处和防范社会保险欺诈工作联席会议制度。

23. 完善行政执法程序，规范执法行为。2016 年年底前，对完善行政执法程序工作进行部署。2019 年年底前，分阶段制定行政许可、行政处罚、行政强制、行政给付、行政确认、行政征收、行政收费、行政检查等执法行为的程序规范，明确具体操作流程。2019 年年底前，指导各地分阶段制定每一行政处罚事项的具体裁量标准和适用规则，规范裁量范围、种类和幅度。2017 年，指导地方开展推行行政执法公示、执法全过程记录和重大执法决定法制审核试点。

24. 创新执法方式。加强行政执法信息化建设和信息共享，完善网上执法办案及信息查询系统。推广运用说服教育、劝导示范、行政指导、行政奖励等非强制性执法手段。健全公民和组织守法信用记录，完善守法诚信褒奖机制和违法失信行为惩戒机制。

25. 全面落实行政执法责任制。2017 年年底前，制定人力资源社会保障部全面落实行政执法责任制的规定，确定执法主体、岗位和执法人员的执法责任。地方各级人力资源社会保障部门要根据部和当地政府的要求，全面落实行政执法责任制。2017 年开始，探索建立行政执法评议考核制度，组织开展对行政执法行为的案卷评查。

26. 健全行政执法人员管理制度。2016 年年底前，对行政执法人员进行一次严格清理，全面实行行政执法人员持证上岗和资格管理制度，未经执法资格考试合格，不得授予执法资格，不得从事执法活动。逐步推行行政执法人员平时考核制度，科学合理设计考核指标体系，考核结果作为执法人员职务级别调整、交流轮岗、教育培训、奖励惩戒的重要依据。规范执法辅助人员管理，明确其适用岗位、身份性质、职责权限、权利义务、聘用条件和程序等。

（五）强化对行政权力的制约和监督

目标：科学有效的行政权力运行制约和监督体系基本形成，各方面监督形成合力，违法行政行为得到及时纠正，违法行政责任人依法依纪受到严肃追究。

步骤和措施：

27. 自觉接受党内监督、人大监督、民主监督、司法监督和社会监督。各级人力资源社会保障部门党组（党委）要切实履行主体责任，主要负责人是第一责任人，对本部门党风廉政建设负总责。认真执行向本级人大及其常委会报告工作制度，接受询问和质询制度，向政协定期通报有关情况，及时研究办理人大代表和政协委员提出的意见和建议，切实改进工作。支持人民法院依法受理行政案件，尊重并执行人民法院生效裁判。积极配合检察机关对在履行职责中发现的行政违法行为进行的监督。建立对违法行政行为投诉举报登记制度，畅通举报监督渠道，方便群众举报投诉、反映问题，依法及时调查处理违法行政行为。

28. 加强行政监督。完善内部层级监督，改进上级对下级的监督，建立健全常态化、长效化的监督制度。加强对内部权力的制约，对财政资金分配使用、国有资产监管、政府投资、政府采购、公共资源转让、公共工程建设等权力集中的部门和岗位实行分事行权、分岗设权、分级授权，定期轮岗，强化内部流程控制，防止权力滥用。

29. 全面推进政务公开。修改《人力资源社会保障部政府信息公开办法》，拓宽政府信息公开渠道，进一步明确政府信息公开的范围、内容和程序。修改《人力资源社会保障部政府信息依申请公开办法》，依法规范申请政府信息公开的受理、办理、答复等各个环节。地方各级人力资源社会保障部门要根据部和当地政府的要求，完善本部门政府信息公开相关制度。2017 年年底前，建立部门新闻发言人、突发事件舆论引导等制度，做好对热点敏感问题的舆论引导，及时回应人民群众关切。在部门户网站设立政策法规专栏，公布人力资源和社会保障法律、行政法规、规章和公开执行的规范性文件，并进行动态调整。2018 年年底前，地方各级人力资源社会保障部门要根据部和当地政府的要求，建立本部门网站政策法规栏目。

30. 落实纠错问责机制。加大问责力度，坚决纠正行政不作为、乱作为，坚决克服懒政、庸政、怠政，坚决惩处失职、渎职。认真落实党风廉政建设责任制，坚持有错必纠、有责必问，对“四风”问题突出、发生顶风违纪问题或者出现系统性腐败案件的单位，既要追究主体责任、监督责任，又要严肃追究领导责任。

（六）依法有效化解社会矛盾纠纷

目标：公正、高效、便捷、成本低廉的多元化矛盾纠纷解决机制全面形成，人力资源社会保障部门在预防、解决行政争议和劳动人事争议中的作用充分发挥。

步骤和措施：

31. 健全依法化解纠纷机制。创新劳动关系协调机制，建立畅通有序的职工表达合理诉求渠道，从源头上有效预防劳动争议。健全劳动人事争议多元处理机制，完善劳动人事争议调解制度，健全人民调解、行政调解、仲裁调解、司法调解联动工作体系。2017 年年底前，修改《劳动人事争议仲裁办案规则》和《劳动人事争议仲裁组织规则》，完善劳动人事争议仲裁制度。制定《事业单位工作人员申诉办案规则》，规范事业单位申诉工作。完善信访事项化解机制，规范信访工作程序，畅通群众诉求表达、利益协调和权益保障渠道，引导群众在法治框架内解决矛盾纠纷。加强人力资源和社会保障形势分析与研判，及时收集分析热点、敏感、复杂矛盾纠纷信息，加强群体性、突发性事件预警监测，强化依法应对和处置群体性事件机制和能力。

32. 加大普法力度。按照《全国人力资源社会保障系统法治宣传教育第七个五年规划（2016—2020 年）》的部署，落实“谁执法谁普法”责任制，围绕国家宪法日、五一劳动节等开展主题法治宣传教育活动，营造良好法治氛围；探索建立人社普法微博、微信平台，发挥新型媒体平台的互动作用，实现普法宣传的高效化、便捷化；创新普法形式，针对不同对象开展个性化、菜单式的法治宣传教育；推进法治文化建设，通过法律知识竞赛、普法宣传品开发等方式，带动广大群众参与普法活动，增强学法用法自觉性。

33. 妥善处理行政争议。修改《人力资源社会保障行政复议办法》，完善行政复议工作制度，改进行政复议案件审理方式。2017年年底前，制定《人力资源社会保障部行政应诉工作规定》，完善应诉工作制度，建立健全法制机构牵头协调、涉诉业务机构具体承办、法律顾问配合参与的行政争议出庭应诉机制。2018 年年底前，地方各级人力资源社会保障部门要根据部和当地政府的要求，完善本部门行政复议和行政应诉工作制度。加强对案件类型、特点及存在问题的研究，梳理分析人力资源和社会保障领域主要行政法律风险，探索改进行政行为的方式方法，为政策制定提供参考。完善行政复议案件调解制度，对事实清楚、争议不大的行政复议案件，探索建立简易程序解决行政争议。探索成立行政复议委员会，对情况复杂、争议较大的行政复议案件由行政复议委员会讨论后作出决定。

（七）全面提高工作人员法治思维和依法行政能力

目标：系统工作人员特别是领导干部牢固树立宪法法律至上、法律面前人人平等、权由法定、权依法使等基本法治理念，恪守合法行政、合理行政、程序正当、高效便民、诚实守信、权责统一等依法行政基本要求，做尊法学法守法用法的模范，法治思维和依法行政能力明显提高，在法治轨道上全面推进各项工作。

步骤和措施：

34. 树立重视法治素养和法治能力的用人导向。抓住领导干部这个全面依法治国的“关键少数”，把法治观念强不强、法治素养好不好作为衡量干部德才的重要标准，把能不能遵守法律、依法办事作为考察干部的重要内容，把严守党纪、恪守国法的干部用起来。在相同条件下，优先提拔使用法治素养好、依法办事能力强的干部。

对特权思想严重、法治观念淡薄的干部要批评教育、督促整改，问题严重或者违法违纪的，依法依纪严肃处理。

35. 加强法治教育培训。把法治教育纳入系统干部教育培训总体规划，将法治课程列为领导干部和工作人员初任培训、任职培训、专题培训、党校培训以及各类业务培训的必修课，确保法治培训课时数量和培训质量。落实领导干部学法制度，把宪法法律和党章党规列入党组中心组年度学习计划，组织开展集体学法。部每年至少举办一期领导干部法治专题培训班。新的法律、行政法规、规章和重要规范性文件出台后，都要在全系统组织专题培训。2017 年开始，用 3 年时间，对地方各级人力资源社会保障部门主要负责同志进行一次法治专题轮训。加强行政执法人员和法制机构工作人员法治专题培训，纳入年度培训计划逐年开展，提升系统工作人员特别是领导干部法治思维和依法行政能力。

36. 完善考核评估机制。制定《人力资源社会保障部领导干部任职前法律知识考查和依法行政能力测试办法》，将考查和测试结果作为领导干部任职的重要参考，督促其严格履行法治建设职责。地方各级人力资源社会保障部门要根据当地政府的要求，制定本部门领导干部法治能力考查测试制度。定期组织开展国家工作人员法律考试。

三、组织保障和落实机制

37. 加强党对法治人社建设的领导。把党的领导贯彻到法治人社建设各方面，坚持法治工作与党建工作、业务工作同部署、同推动，及时消除制约法治人社建设的体制机制障碍。各级人力资源社会保障部门党组（党委）每年至少召开一次会议，听取法治工作情况汇报，研究部署年度法治人社建设重点工作。

38. 加强法制机构和队伍建设。各级人力资源社会保障部门要切实加强法制机构建设，使机构设置、人员配备与法治人社建设任务相适应。加大法治工作人员的培养、使用和交流力度，把优秀干部选配到法治岗位。法制机构要加强自身队伍建设，努力当好本部门领导在依法行政方面的参谋、助手和法律顾问。

39. 加大法治经费保障力度。各级人力资源社会保障部门要积极争取同级财政等部门的支持，将法治人社建设工作经费列入年度预算，为开展法治宣传教育、专家咨询论证、聘请法律顾问、行政执法、行政复议和行政应诉案件办理、示范创建、信息化建设、考核评议、表彰奖励等提供必要的经费保障。加大对基层人社法治工作的经费支持，改善基层法治建设的基础设施和装备条件，为有效实现法治为民提供必要保障。

40. 落实工作责任。党政主要负责人要履行推进法治人社建设第一责任人职责，带头遵守法律，带头依法行政，将法治人社建设摆在工作全局的重要位置。部属各单位和地方各级人力资源社会保障部门要按照本纲要的安排，认真谋划和落实好法治人社建设的各项任务，制定实施方案，建立工作台账，确定每一项任务的责任人、完成时限和具体要求，确保按期完成任务。

41. 建立年度报告制度。地方各级人力资源社会保障部门应当于每年 1 月底前向本级人民政府和上一级人力资源社会保障部门报告上一年度法治人社建设情况。部属各单位应当于每年 1 月底前向法规司报送上一年度法治人社建设情况。法规司起草年度法治人社建设工作情况报告，经部党组会讨论通过后按要求报党中央、国务院。

42. 强化考核评价和督促检查。把学法用法和推进法治人社建设情况列入年度考核重要内容，建立领导干部述法制度，领导班子和领导干部在年度考核述职中要围绕法治学习情况、重大事项依法决策情况、依法履职情况等进行述法。部属相关单位和地方各级人力资源社会保障部门发生重大违法行政案件的，该单位和部门及其主要负责人、分管负责人和直接责任人员当年考核不得评为优秀，不得评为“七五”普法先进。结合法治人社建设年度重点工作，开展定期检查和专项督查，确保各项工作任务落到实处，对工作不力、问题较多的，要及时约谈、责令整改、通报批评。

43. 开展法治人社示范创建活动。积极开展法治人社示范创建活动，大力培育法治人社建设的先进典型，及时总结、交流和推广经验，充分发挥先进典型的示范带动作用。